日本人の仏教史

目次

I

神と仏

一　はじめに

三月というのに、今日このごろの京都はまだ時々氷雨《ひさめ》の降る寒さである。関西の人々はこんなとき、かならず

お水取りだから無理もない

といってあきらめる。

私も関西在住四十年以上になるので、この季節にかならずおこるアレルギー性鼻炎の嚔《くしゃみ》が出ると、すぐ「お水取り」だとおもう。いうまでもなくお水取りは俗称で、東大寺観音堂（二月堂）修二会《しゅにえ》、または東大寺十一面観音悔過会《けかえ》のことであるが、これがわれわれの生活のリズムのなかに、すっかり根をおろしてしまっている。

お水取りはもと旧暦の二月一日から十四日までの法会《ほうえ》であった。いまは一月後れで

三月であるが、これが終るころには京都では北野の梅が散って彼岸桜が綻《ほころ》びはじめる。それでも三寒四温のめぐりあわせで、寒い突風が旋風《つむじかぜ》をともなって街を通りぬけ、雪花さえちらつくことがある。若いものは

あ！　春一番だ！

などというが、中年以上の人ならきまって、

比良《ひら》の八荒荒《はっこうあ》れじまいで、寒うおすなあ！

と挨拶《あいさつ》をする。

比良八荒は比良八講《はっこう》の訛《なま》りで、菅原道真《すがわらのみちざね》に由緒ぶかい琵琶湖《びわこ》西岸の比良明神、いまの白鬚《しらひげ》神社（高島市）でおこなわれた法華八講会《ほっけはっこうえ》のことである。菅公《かんこう》の怨魂《えんこん》を鎮めるために、その御命日の旧暦二月二十四日を結願《けちがん》として修せられたので、そのころの突風を比良八荒といい、菅公の怨霊のしわざとして琵琶湖上の船がおそれたのである。このような一地方の仏教行事が関西の人々の季節感にむすびつくほどに、かつては日本人と仏教の関係は密接であった。

それというのもこれらの仏教行事は、日本人の宗教観念の根本をなす神と霊の、祭や鎮魂に関係があるからであった。東大寺お水取りも外見上は、僧侶が経・陀羅尼《だらに》を読んでおこなうので、仏教行事のように見えておりながら、実際には神名帳や過去帳を読んで神や霊をあつめ、その加護によって災を除き、豊作をもたらそうとするもの

であった。そして聖なる水を汲《く》んだり、大松明《たいまつ》を焚《た》いて、火と水の祭典といわれるように、仏教よりは日本の原始宗教の色彩が濃厚である。大和《やまと》の農民はお水取りに参詣すれば、境内の種物屋の露店から野菜の種を買って帰る農耕信仰ものこっている。これは日本人の宗教と生活に密着した仏教として、われわれの心に深く根をおろしたのである。

比良八講も、法華八講としては法華経八巻を、五日または四日のあいだに一通り講義するという法会であるが、その目的は法華経の教理である正覚《しょうがく》(さとり)を成《じょう》ずるということではなく、菅公霊の怨魂《えんこん》を鎮めることにあった。そうすれば怨魂によってひきおこされる落雷や暴風や疫病がさけられるという信仰があったのである。それならどうして比良明神と菅公霊の関係があったのかということになるが、いまはそれを説くいとまがないので後にゆずることとする。しかし日本人にとってもっともポピュラーな法華経という経典が、死者供養と怨霊《おんりよう》鎮魂の信仰で普及したのは、日本人の罪《つみ》穢《けが》れの宗教意識に結合して、滅罪経典になったためであることだけは、心にとどめておく必要がある。

このようにきわめて身近な例をとってもわかるように、日本人と仏教の関係は、日本民族に固有の神観念や霊魂観念、あるいは罪業《ざいごう》観念や呪術《じゅじゅつ》観念の上に成り立ったものである。それらは日本人の宗教意識のもっとも深い底辺にある庶民信仰というもので、それと関係のない仏教は日本人の仏教、すなわち日本仏教にはならなかった。季節季節の仏教行事も、霊仏・霊場への参拝や巡礼と、豊作や開運や良縁・安産・厄除《やくよけ》などを祈願するのも、庶民信仰に根ざした日本人の仏教である。ちかごろは交通安全や受験合格まで仏寺も神社も区別なしに祈願の対象になる。これを程度の低い宗教、俗悪な仏教と評価するのは、一握りの観念論的インテリやブルジョア的思想家の宗教観であって、相手にする必要もない。いかなる思想も哲学も、民衆の生活に密着した赤裸々な宗教的要求を無視して、ヒューマニズムを主張することはできない。

私がこのように言うのは、現実に日本人のものになり切った仏教が存在するし、また古代から、中世・近世を通じて厳然と存在しつづけたからである。これを従来の仏教学も仏教史も無視してきたために、僧侶も信仰者も邪道ではないかと、うしろめたい思いをしてきた。それが祈禱《きとう》仏教とか葬式仏教という言葉を侮蔑《ぶべつ》的なものにし、いろいろとゆがんだ現象を生んできたのである。

いま建て前と本音という言葉が流行している。インテリや大学の仏教と、現実の寺院の仏教ぐらい、この言葉にあてはまるものはない。しかし建て前としての仏教は、実は仏教文化としての哲学や思想であって、本音の仏教こそ、宗教または信仰としての民衆救済の仏教だったのである。日本仏教はまず日本の民衆を物心両面から救済しなければならない。事実、日本仏教は日本の民衆によって支えられているのだから。

そのためには僧侶はまず自己をすてて、民衆を救済する信仰を身につけ、高潔な人格と超人間的な力（カリスマ）をもたなければならない。その方便として仏教的実践の修行と、仏教哲学の学問が役立つことになる。

このことは座禅や千日行などの苦行も、仏教学の学習も一つの方便であって、仏教の目的は民衆の救済であることをしめすものである。このようなわかりきったことが現在はわすれられて、仏教とは学問や思想であり、祈禱や葬式の救済活動は低俗な行為と見られている。したがって従来の日本仏教の歴史は、学問や思想の歴史であり、これを追求した高僧や学僧の歴史にすぎなかった。また建て前としての仏教が、いかに国家や権力者に保護（帰依《きえ》）されたかという歴史や、いかに壮麗な伽藍《がらん》を建て、外来の文化を模倣《もほう》し、仏像や仏画をもつようになったかの歴史であった。しかしそのような仏教文化がつくられる蔭《かげ》に、民衆の信仰の力がいかに結集され、それを結集するために、乞食のような生活をした民間宗教者（ひじり）があったことは、ほとんど無視されてきた。

一方、日本仏教史には寺院や仏教教団の社会的・経済的側面をあきらかにしようとする、寺院荘園史や教団史、一揆《いっき》史・本末寺檀関係史が、一つの流行となっている。しかしこれも日本社会経済史の一部分として、日本仏教史がとりあげられているにすぎない。したがって、そのような歴史事象の底流をなす、日本の民衆の庶民信仰としての仏教は、別に追求されなければならないのである。

以上の状況をふまえて、私は日本仏教の歴史を、日常の事象に即してわかりやすく説いてゆきたいとおもう。それはいかにも平易なことのようであるが、従来なかった、まったく新しい視点から見直さなければならないものも多く、安易な道ではない。それに対する批判や毀誉褒貶《きよほうへん》には謙虚に耳をかたむけながら、話をすすめてゆきたいものである。

二　仏教の伝来と山岳修行者

仏教ははじめインドで成立した。そして北伝仏教は中国に伝わり、朝鮮半島を経て日本に流伝したことは、誰でも知っている。ただその時期についてはいろいろとややこしい学説がある。その学説をいちいち検討する必要もないが、概略をのべておくと、『日本書紀』欽明《きんめい》天皇条にいう十三年壬申《みずのえさる》の年（五五二）伝来説は否定されて、『上宮聖徳法王帝説《じょうぐうしょうとくほうおうていせつ》』の志癸島《しきしま》天皇（欽明天皇）戊午《つちのえうま》の年（五三八）に信憑性《しんぴょう》がみとめられている。

何故かといえば、これは天平《てんぴょう》十九年撰上の『元興寺伽藍縁起幷流記資財帳《がんごうじがらんえんぎならびにるきしざいちょう》』の欽明天皇七年歳次戊午とも一致するし、伝教大師がその著『顕戒論《けんかいろん》』に引用した『弘仁十年南都上表文』にも「志貴島宮《しきしまのみや》御宇天皇歳次戊午」の伝来となっている。この『法王帝説』と『日本書紀』の喰《く》い違いは、『日本書紀』紀年の誤りを指摘される端緒《たんちょ》ともなったが、継体《けいたい》天皇は『古事記』の紀年にしたがって二十一年丁未《ひのとひつじ》（五二七）崩御とすれば、安閑《あんかん》・宣化《せんか》二天皇の在位を戊申《つちのえさる》（五二八）から辛亥《かのとい》（五三一）のあいだとするか、あるいは安閑・宣化朝（五三二—五三九）と欽明朝の両朝併立とするかはともかくとして、欽明天皇の即位を壬子《みずのえね》（五三二）とすることはうごかないであろう。そうすることによって書紀紀年の宣化三年戊午（五三八）を欽明天皇七年にあてることができ、宣化三年戊午伝来とする『大安寺審祥《しんじょう》大徳記』（『三国仏法伝通縁起』引用）とも一致することがわかる。

　このような書紀紀年の是正という手続きをとれば、日本への仏教の伝来は従来よりも十四年早いことになる。ところがもうすこし早く伝わったとする説があって、『扶《ふ》桑略記《そうりゃっき》』の引く『日吉《ひえ》山薬恒《やこう》法師法華験記《ほっけげんき》』には継体天皇十六年壬寅《みずのえとら》（五二二）に司馬達等《しばたっと》が大和坂田原の草堂で、仏像を安置して礼拝していたとある。しかもこの仏像は「大唐の神」とよばれていたという。これは『日本書紀』でも仏菩薩《ぶつぼさつ》が「蕃神《ばんしん》」とよばれたのとおなじであった。しかしこれは百済《くだら》と日本の間の公式の伝来、すなわち公伝でなく、一渡来人の個人的礼拝であったので、密伝とよばれている。

　こうなると、私の説を立てる余地が出てくる。というのは密伝ならばもっとさかのぼることができるだろうということである。朝鮮半島との文化的往来は三世紀から文献の上でも頻繁《ひんぱん》であるから、半島に仏教が伝来すれば、半島からの渡来人なり、日本からの商人なり使者を通して、民間ベースでの密伝は十分ありうることになる。ところが半島に仏教が中国東晋《とうしん》から公式に伝えられたのは、高句麗《こうくり》小獣林王《しょうじゅうりんおう》二年（三七二）であり、百済へは枕流王《ちんりゅうおう》元年（三八四）のことであって、欽明天皇七年（五三八）よりも一世紀半も前のことである。このように長い間、半島の仏教が日本人に知られぬはずはなく、司馬達等のような有名人でない民間の礼拝者が、存在しなかったという方が不自然である。民間ベースでの仏教信仰の交流が高まったればこそ、欽明天皇朝には公式に高度の仏教文化として、金銅仏像・仏具・経巻が奉献されたとかんがえられよう。

　私がこのような突飛《とっぴ》なことを言うのは、単なる想像ではなしに、多くの修験道《しゅげんどう》の山や庶民信仰の寺院縁起に、仏教公伝以前の開創や開山を主張するものが多いからである。たとえば『熊野年代記』が神武天皇五十八年の降神や孝昭天皇五十三年の裸形《らぎょう》仙人開山を言うのはもちろん信ずるに足りないが、『伯耆《ほうき》大山寺《だいせんじ》縁起《えんぎ》』が神代に密勝仙人・仏覚仙人の開山をしるし、『筥根《はこね》山《さん》縁起幷序』（建久二年）が孝昭天皇代の聖占仙人の開創とするなど、荒唐無稽の中に、仏教以前には神仙術の山岳修行者があったことを暗示するものと見てよい。私は仏教渡来以前にも山岳修行者が神仙術や仙薬をもとめて半島と往来したものと信じている。そして『彦山流記《ひこさんるき》』（建保元年）では、北魏滅亡の甲寅《きのえとら》（五三四）に北魏の王子善正《ぜんしょう》が渡来して開いたという。また『日本書紀』欽明天皇十四年（五五三）の吉野寺放光仏《ほうこうぶつ》出現の記事は、書紀編纂時に存在した『吉野寺縁起』をもとにしたものとかんがえなければならないし、『扶桑略記』に引く『善光寺縁起』も欽明十三年の創建とするなど、仏教公伝以前の開創縁起を、仏教公伝に遠慮して、その同年または一年後としたものと推定されよう。

以上のようないろいろの傍系史料や庶民史料は、山岳修行者がもっとも早く陰陽道《おんみょうどう》と仏教をうけいれたことを想定させるもので、かれらはまず日本民族に固有の山岳信仰の神を奉ずる庶民宗教家であった。そしてその神を修行者の身に憑依《ひょうえ》させ、その験力によって祈禱《きとう》や予言託宣などの庶民救済をするのに、外来の陰陽道と仏教の力によって、いっそう効果を大きくしようと意図したものとおもわれる。

三　山神と悔過《けか》の仏

仏教公伝から聖徳太子の崇仏《すうぶつ》、そして推古《すいこ》・白鳳《はくほう》・天平《てんぴょう》にいたる諸大寺の建立や、東大寺・国分寺の創建、および国家の仏教統制と保護によって、古代仏教は花開いた。しかし一般庶民と仏教がどのような関係にあったかは、あきらかにされていない。

それをいささかでも暗示するのは山岳修行者の活動や庶民宗教家の動静であって、かれらは奉仕する山神や水神を、それにふさわしい仏教の神や仏でまつりはじめていた。日本の庶民の仏教受容は、まず仏菩薩明王天部《てんぶ》等の諸尊を、日本の神と同格化してまつることからはじまったものとおもう。そこに「蕃神《ばんしん》」というよび方も出たのであって、神仏習合という現象は、仏教の渡来とともに山岳修行者によってはじめられたとかんがえられる。

われわれは現在でも、家の中に神棚と仏壇を同居させている。これを日本仏教の御都合主義とか、日本文化と宗教の重層性などと評価するのは、キリスト教的宗教観で日本人の宗教を見ているのである。実は日本人の神仏観の根底にあるのは祖霊であって、これが神道的に表現されれば氏神《うじがみ》となり、仏教的に表現されれば仏になる。その祖霊が山に鎮まって山神としてまつられる。したがって庶民信仰では神も仏も同根の祖霊の表出であるから、その習合は容易なのである。

日本民俗学には「霊魂昇華説」と名付くべき仮説《ヒポテーゼ》があって、死者の霊は鎮魂と滅罪の供養によって祖霊となり、なおいっそう罪穢《つみけが》れが浄化されて神になるという構造をもっている。これが理論的神道では、死者は穢《けが》れているからといって、理想化された清浄な神と截然《せつぜん》と区別されてしまった。しかし庶民の信仰構造を儀礼と実践に即して追求してゆくと、死霊と祖霊と神霊は一連のものであることがわかる。いまわれわれは阿弥陀如来も薬師如来もホトケであるのに、死者もホトケとよばれるのを不思議とおもっていない。実は神道で最高神とされる天照大神《あまてらすおおみかみ》も、伊勢の宗廟《そうびょう》といわれるように天皇家の祖霊であり、始祖として特別の祭をうけるものである。

ところが祖霊は山の頂《いただき》(末)にとどまって、「高山の末、低山の末」から子孫を見守るものとされ、これが山神の原始的な霊格である。したがって山神は大山祇神《おおやまつみ》などという特定の神名をもつものではなく、その山を日々仰ぎ見る麓の民の祖霊が神格化されたものである。この山神をまつり、祖霊の霊力(マナ)を身につけて、呪術《じゅじゅつ》や託宣や鎮魂をおこなう山岳修行者が、まず仏をまつりはじめたのは当然であろう。

そのような山岳修行者はのちにくわしくのべるように、古代文献では聖《ひじり》・沙弥《しゃみ》・優《う》婆《ば》塞《そく》・禅師《ぜんじ》または菩薩とよばれた。そして葛城《かつらぎ》山の役《えんの》優婆塞が孔雀明王《くじゃくみょうおう》を本尊にまつり、東大寺開創の金鷲《こんじゅ》優婆塞(のちの良弁《ろうべん》)が執金剛神《しっこんごうじん》を本尊としたように、忿怒形《ふんぬぎょう》の明王・天部をまつることが多かった。今も修験道の本尊はほとんど不動明王や金剛蔵《ざ》王《おう》菩薩(権現《ごんげん》)のように、恐ろしい面相の仏ばかりである。これはかれらのまつる山神は、祖霊の恐ろしい懲罰的な性格をのこしていて、完全に仏になりきらないせいでもあるし、荒神《あらがみ》として子孫のために外敵や悪魔をはらう力を要求されるからでもある。

しかし古代の山岳修行者のまつった仏には、薬師如来や十一面観音のような、一見やさしい仏菩薩もあるではないか、といわれるかもしれない。実際に古代山岳寺院には薬師如来を本尊とするものが、実に多い。高野山金堂でさえ薬師如来である。真言密教を開いてからの空海の本尊にはふさわしくないので、空海以前から住んだ山人によってまつられていた可能性もある。空海はのちに高野《こうや》明神または狩場《かりば》明神として、高野山の守護神になる山人によって、この山へ案内されたのである。

またおなじ真言宗の醍醐寺《だいごじ》の発祥は山岳宗教の上《かみ》醍醐で、ここも薬師堂と五大力堂が中心である。奈良の東山には金鷲優婆塞のように、平城京以前から薬師如来をおがむ山岳修行者がおった。そのたしかな史資料（遺物）が、新薬師寺にまつられていた代表的白鳳仏の香薬師《こうやくし》像であった。これは七十三センチの小像であったためか二度も盗難に遭い、戦後の盗難で行方不明になった。しかしこの香薬師が春日《かすが》山中の香山寺《こうぜんじ》にまつられていたことはたしかで、天平十九年の新薬師寺造立のとき山から降ろして香山薬師寺とし、やがて新薬師寺と香山薬師寺が合併したとき香薬師像は客仏になった。

この香薬師のあった高山《こうぜん》（香山）は春日奥山の花山（四九七メートル）の一部で、高山神社と鳴雷《なるいかずち》神社と龍王池がのこっているから、一つの霊場だったことがわかる。その位置からいって春日山の山神をまつった春日若宮《わかみや》の、上社または奥社だった時代があり、この山神をまつる山岳修行者の本尊が香薬師であったろう。ここでくわしく説明することはできないが、春日神社は平城京ができてから藤原氏一門の氏神として、鹿島《かしま》・香取《かとり》の武甕槌《たけみかづち》神と経津主《ふつぬし》神を勧請《かんじょう》し、枚岡《ひらおか》の天児屋根《あめのこやね》神と比売《ひめ》神を合祀《ごうし》したもので、春日山とその麓《ふもと》の民とは何のかかわりもない。だから春日本社の祭には大和の民衆は参加しないが、地主神である春日若宮の「おん祭」（日本三大祭の一）には、大和一国の民衆の芸能の奉納があることは誰でも知っている。若宮は春日本社の御子神のように言うものがあったら、その無知は笑うべきものであって、謡曲『春日龍神』も若宮をテーマにしたのである。

このようなことを私が指摘するのは、民衆の宗教があまりにも無視されているからで、それは仏教においても神道においてもおなじことである。そのような誤った常識を否定した上で、真実の日本人の仏教観や神道観ができる。その例として春日山と春日若宮の関係、したがって春日山神信仰と香山寺香薬師信仰の関係をとりあげたまでである。春日本社が藤原氏の権勢で創建されてからは、春日山神をまつった若宮の影はうすくなり、山神を香薬師としてまつった香山寺は、聖武天皇とこれを支える官僚的僧侶たちによって平地におろされ、御願寺《ごがんじ》新薬師寺に吸収されてしまった。

したがっていまはその原始形態をしのぶことができないが、庶民信仰の本質からいって、春日山麓の人々は、かつて春日山をふりさけ見て、祖霊のこもり鎮まる神奈備《かんなび》の山と信じたことは疑いがない。これは三輪山《みわやま》の「神奈備の御室《みむろ》」とおなじパターンだったのである。そのようなところに「峯《みね》の薬師」がまつられたということは、山岳修行者が「薬師悔過《けか》」をおこなうためであった。

春日山の他の峯では金鷲優婆塞《こんじゅうばそく》が「執金剛神悔過《しっこんごうじんけか》」をおこなっていたように、香山《こうぜん》には無名の優婆塞たちがいくつかの「山房《せんぼう》」にこもって薬師悔過をおこなっていたことが、奈良時代の『東大寺古絵図』にうかがえる。悔過というのは山岳修行者の罪穢《つみけが》れを祓《はら》い浄めるために、苦行によって身をくるしめ、神と仏に懺悔《さんげ》することである。東大寺二月堂のお水取りは練行衆《れんぎょうしゅう》（浄行者）が天下国家の人々になり代って、十一面悔過行をおこなうのである。その苦行は五体投地《ごたいとうち》（礼拝行）や走りの行、あるいは参《さん》籠《ろう》・垢離《こり》・不眠・断食等の行であった。『日本霊異記《りょういき》』（中巻二十一話）では、金鷲優婆塞は執金剛神《しゅこんごうしん》像（今も東大寺三月堂の北戸に現存する）の足に縄をつけて、それを引きながら「礼仏悔過《らいぶつけか》」したとある。

このような悔過は日本民族固有の宗教観念から出たもので、人間の病気や不幸、共同体の災害・凶作・疫病などは罪と穢《けが》れ（無意識におかした罪）の結果である。したがってこれを宗教者の犠牲的苦行で懺悔滅罪《さんげめつざい》すれば、不幸は去るという論理であった。それは仏教以前には祖霊と山神に対しておこなってきたものが、仏に代えられたにすぎない。『続日本紀《しょくにほんぎ》』（天平十七年九月条）に

癸酉《みずのととり》（中略）天皇不予《ふよ》なり。（中略）京師《けいし》と畿内の諸寺及び諸名山浄処をして、薬

師悔過を行は令《し》む

とあるのは、天皇もまた庶民信仰に同調して、山岳修行者の薬師悔過の代受苦《だいじゅく》で、病気を治そうとしたためである。このように見てくると、古代の十一面観音も阿弥陀如来も、釈迦《しゃか》牟《む》尼《に》仏《ぶつ》も吉祥天《きっしょうてん》も悔過本尊として造立され、信仰されたことを知るのであって、それは日本固有の神観念と別物ではなかった。

聖徳太子と夢殿

一　聖徳太子と仏教

寺院の境内というのは、現実の俗世界から切りはなされた聖地で、いわば寂光土《じゃっこうど》がそこに具現したものである。そうした聖地感の極致をわれわれは、法隆寺に見ることができるのは幸である。大和めぐりは古寺巡礼といってよいが、その巡礼の打ちどめは何といっても法隆寺である。

しかしちかごろは法隆寺境内も、あまりに埃《はこり》っぽく、騒々しい。私の学生時代は、当時の源豊宗《みなもととよむね》講師に引率されたわれわれ学生のほかには、人っ子一人いなかった。また戦後は、この寺の金堂で人に知られることなく、千年にわたっておこなわれてきた金堂修正会《しゅしょうえ》を、特別に拝観させていただいたことがあるが、その深夜の修法、声明《しょうみょう》や乱声《らんじょう》の荒々しい音は、この境内の静寂をいっそう神秘的なものにした。正岡子規が門前の茶店で、柿を喰《く》いながら鐘の音をきいたのも、そのような寂しい法隆寺であったろう。

この寺が四天王寺とともに聖徳太子建立であることは誰知らぬものはないが、学者のあいだでは再建非再建論争が騒々しかった。またちかごろでは怨霊《おんりょう》の寺という説まで出て、いろいろの謎《なぞ》がなげかけられている。しかし古代史というものは、どれをとりあげても謎にはこと欠かない。文献の稀少または欠如ということは、想像や空想の翼が羽ばたく余地をのこしたことになるからである。そのような中で、聖徳太子その人もまた謎に充ちているといえないだろうか。

太子は日本にはじめて仏教文化の華を開かせた人で、それはまた飛鳥《あすか》文化とよばれている。日本仏教はその歴史のなかで多くの宗派に分れたが、共通の祖師としてあがめられるのは聖徳太子だけである。そのために「上宮聖徳法王《じょうぐう》」とよばれ、「上宮皇太子菩薩《ぼさつ》」といわれ、また「和国の教主《きょうしゅ》聖徳皇」と和讃にうたわれてきた。戦中戦後に、日本仏教の合同運動があったとき、開祖を聖徳太子とし、河内磯長《こうちのしなが》の太子廟《たいしびょう》と叡《えい》福寺《ふくじ》を、総本山にしようとしたほどである。

つねに統一は理想であり、分裂は現実である。したがってそのような日本仏教の統一は実現されなかったが、聖徳太子自身が偉大な理想主義者で、日本の古代的統一国家を理想とし、その中心理念に仏教を据えようとした。日本が世界にも数少ない仏教

国となったのは、太子のおかげといってもよいのである。その理想は『十七条憲法』の

篤《あつ》く三宝《さんぽう》を敬へ、三宝とは仏法僧なり、則《すなわ》ち四生《ししょう》の終帰《しゅうき》、万国の極宗《ごくしゅう》なり。

にあらわれており、『天寿国曼荼羅《まんだら》銘文』には、太子はつねに

世間《ハ》虚仮《ナリ》　唯仏《ノ》　是真《ナリ》

といったという。ほんとうの理想をもった政治家ということができよう。

太子の仏教理解は、大乗仏教の根本をしめす法華《ほけ》経、勝鬘《しょうまん》経の二経を講讃したり、これに維摩《ゆいま》経を加えて『三経義疏《さんぎょうぎしょ》』を制作したことにあらわれている。その中の『法華義疏』は太子自筆本と信じられてきたもので、その巻首に

此《ハ》　是大委国《やまと》《ノ》　上宮王《ノ》　私撰《ナリ》。非《ズ》二　海彼《ニ》　本一

と記されたように、日本人の理解であることを誇った。ということはこのとき仏教の日本化が企図されていたということができよう。三経の選択や、義疏の本義とした中国の光宅寺法雲、あるいは僧肇《そうじょう》の註疏《ちゅうそ》の採用には、太子の仏教の師、高麗《こうらい》僧恵慈《えじ》や百済《くだら》僧慧聡《えそう》の助言があったとおもわれるが、仏教公伝から七十年しかたたないこの時期としては、きわめて高い仏教への理解をしめしたものとして驚嘆に値する。

また太子建立の寺院も多く、『上宮聖徳法王帝説』には四天王寺、法隆寺をはじめ、中宮寺、橘寺《たちばなでら》（菩提寺）、蜂岡《はちおか》寺（広隆寺）、池後寺《いけじり》（法起寺）、葛木《かつらぎ》寺の七か寺があげ

られ、『扶桑略記』ではこれに元興寺《がんごうじ》（法興寺《ほうこうじ》）と日向寺《にっこう》をくわえて九か寺とする。そのほか六角堂や片岡寺（達磨寺《だるま》）のような太子伝説の寺もすくなくない。これらのなかで当面問題になる法隆寺は、御父用明天皇のご病気のとき、推古天皇とともに発願されたもので、その由来は現法隆寺本尊の薬師三尊光背の銘文であきらかである。しかし太子建立の法隆寺は、おそらく法隆寺境内発掘であきらかになった若草伽藍《わかくさがらん》址にあったもので、現在の法隆寺建築物は、天智九年（六七〇）から和銅四年（七一一）にいたる前奈良期に再建されたと見るのが妥当である。

そのほかに聖徳太子の歴史にのこる事績はきわめて多い。冠位《かんい》十二階の制定、十七条憲法の起草、遣隋使《けんずいし》の派遣、国史の編纂《へんさん》（企画）など、古代国家の重要案件にすべて手をつけている。そして究極は仏教を基本理念とした、文化国家の建設を企図した偉大な政治家であった。しかしその伝記はいろいろの奇蹟と謎に充ちている。そのために中世以降太子を中心とする庶民信仰が発生するが、その源は太子の超人間的な偉大さがカリスマとして信仰対象になったことにある。すでにその誕生には『日本書紀』がキリスト伝に似た厩戸《うまやど》の誕生をつたえており、また同書は片岡の飢者《うえびと》に衣裳をあたえたというマルタン聖者とおなじ奇蹟をのせている。また天平勝宝六年（七五四）渡来した唐僧思託《したく》の『上宮皇太子菩薩伝』には陳《ちん》代（五五七―五八九）の南嶽慧《え》思《し》禅師の再誕とあり、延喜十七年（九一七）以前の成立である『上宮聖徳太子伝補闕《ほけつ》記《き》』には、甲斐《かい》の黒駒に乗って輔時岳《ふじ》（富士山）に登り三日にして還ったという黒駒伝説がある。

これらの諸伝を集大成したのが、延喜十七年に藤原兼輔が撰《せん》した『聖徳太子伝暦《でんりやく》』で、この中にはいっそう多くの奇蹟をのせている。これはちょうど弘法大師伝なども奇蹟談や入定《にゅうじょう》説を加える時期であるが、その結果、鎌倉時代の爆発的な聖徳太子信仰を生むことになったものとおもわれる。

二　片岡山飢者《うえびと》と逆修《ぎゃくしゅ》

『日本書紀』は史書であるけれども、多くの神話や伝説や縁起などの説話伝承をふくんでいることに、私はむしろ興味をもっている。そして歴史的事件の記録よりも、説話伝承の方に、古代人の精神生活や宗教的信仰、すなわち心の歴史を見ることができるとおもう。したがって『日本書紀』の推古二十一年十二月一日のこととして記録された、太子の片岡山に飢者を見て衣裳を与えた説話は、古代宗教の信仰と儀礼を説話化したものとして理解すべきであろう。

この話は太子が現在の王寺に近い片岡山を通りかかると、飢えた者が道に臥《ふ》していた。太子はこれに飲食を与え、また自分の衣裳を脱いで飢者《うえびと》を覆い、安らけく臥せよと歌を詠んだという。

級照《しなて》る　片岡山に　飯《いい》に飢《え》て　臥《こや》せる　彼《そ》の旅人《たびと》　哀れ（中略）刺竹《さすたけ》の　君はや無き　飯に飢て　臥せる　彼《そ》の旅人　哀れ

ところが太子が斑鳩宮《いかるが》に帰ってから、使者をやって視させると、飢者は死んでいた。そこで太子はこれをそのところに埋葬させて、

先《さき》の日、道に臥せる飢者は、其れ凡人《ただひと》に非じ、必ず真人《ひじり》ならむ。

といい、また使者をつかわして視させると、埋めた墓はそのままなのに、飢者の屍骨《かばね》はなかった。ただ太子の着せてやった衣裳は畳《たた》んで棺の上においてあったので、太子はそれを持ってこさせて常の如く着たという。

これがこの話の通りならば、たしかにありうべからざることである。そこで飢者は真人というのだから、禅の真人である達磨《だるま》大師ということになり、そこに達磨寺ができた。元来真人は仏（覚者）の意味であるが、中国の道教では神仙を指すので、『抱《ほう》朴子《ぼくし》』（内篇）の尸解仙《しかいせん》、すなわち「死して後蛻《もぬ》く」といわれるように、裳脱《もぬ》けの殻となって衣裳をのこす仙人だろうとの説もある。

しかしこの死者の着た衣裳を太子が常の如く着たということには、別の意味がかんがえられる。その別の意味はおそらく平安初期の太子伝である『上宮聖徳太子伝補闕記』は知っていたらしく、太子四十六歳の十一月十五日、山西科長《しなが》山本（下）陵を巡《めぐ》

看《み》した帰途に、道を枉《ま》げて片岡山に行って飢者に会ったとしている。この科長（磯長）陵は太子があらかじめ自分の墓として築造させていたもので、『聖徳太子伝暦』では四十七歳のときも築造中の科長墓処を視察し、墓室内に入って指図をしている。

　直に墓内に入り四望《あたりをみ》る。左右に謂ひて曰く、此処は必ず断て、彼処は必ず切れ、応《まさ》に子孫の後を絶え令《し》めんと欲するなりと。墓工命に随ひて、絶つべきは絶ち、切るべきは切る。太子大いに悦ぶ。

これは太子の過去の因果によって、禍《わざわい》が子孫に及び、子孫が続かないのを予見した処置となっており、おそらく物部守屋《もののべのもりや》を誅滅《ちゆうめつ》した因果応報をさしたのではないかとおもう。すなわちこのころにも、子孫断絶の悪墓相《あくぼそう》というものがあったらしい。

そこで私の推理では、聖徳太子は生前から自分の死後葬らるべき墳墓（磯長陵《しながのみささぎ》）をあらかじめ築造していた。これは現在見るような横穴式円墳である。生前このような墓に入って一旦死んだことにして葬式をするのが「逆修《ぎやくしゆ》」の古い形とおもわれ、私は奈良の白毫《びやくごう》寺墓地に、三昧聖《さんまいひじり》が銭をとってそのような儀礼をする墓があったということを、元奈良国立文化財研究所長の小林剛さんから聞いたことがある。これは現在でも火葬場が新設されたときの開場式に、大勢の老人があつまって来て、新しい火葬竈《がま》に入れてもらうことにもあらわれている。こうして一旦死んだことにして再生すると、健康で長生きするし、後生《ごしよう》が良くなって人の世話にならずに安楽に死ね、その上極楽に往生できるという信仰がある。私はこれを「擬死再生《ぎしさいせい》」の信仰もしくは儀礼とよんでいるが、仏教では「逆修」という。浄土宗の「五重相伝《ごじゅうそうでん》」や融通《ゆうずう》念仏宗の「伝法《でんぽう》」も逆修であり、浄土真宗の「帰敬式《ききょうしき》」(おかみそり)もこれである。真言宗の結縁灌《けちえんかん》頂《じょう》もおなじで、いずれも一旦死んだことを示す法名や戒名や、「血脈《けちみゃく》」をうける。血脈は阿弥陀如来または大日如来から自分までの法系図で、極楽へのパスポートになる。ポックリ寺というのも、実はこの擬死再生の儀礼をおこなう寺であったのであり、善光寺の地下の「戒壇《かいだん》めぐり」も、一旦死んで地獄と極楽をめぐって再生することであった。

この信仰は日本人の滅罪《めつざい》信仰から出たもので、一旦死ねばすべての罪がほろびて、不幸の源は絶たれるから、健康と幸福が得られるという論理であった。このような庶民信仰と民俗をふまえて片岡山飢者説話を見ると、太子は自分の墳墓は築造したけれども、これをほんとうの墓とするには、一度死人に入ってもらう必要があったのであろう。それで危篤の行路病者があるときいて磯長陵から道を枉《ま》げて片岡山へ来たもので、これをそこに埋めたのでなく、磯長陵にはこんで入れたものと推定される。そうでないと、墓を掘り返さずに屍骨《しこつ》の有無を視ることはできないし、着せた衣裳を取ることもできない。しかし瀕死の飢者が消えてしまったのは、飲食をもらったので元気づいて出ていったものか、はじめから儀礼としての約束だったか、そのいずれかかもしれない。その代り残して行った衣裳は、一旦死んだ者の身につけたものとして、やはり擬死再生の功徳があり、長寿と健康のために太子は身につけたものであろうとおもう。その証拠に『上宮聖徳太子伝補闕記』は、太子と共にこの飢者に会ってその芳香をかいだ太子の従者、調使麻呂《ちょうしまろ》は、その香にふれただけでも

汝は寿延長すべし

と太子から祝福されたとのべている。

私のこのような推理は、もう一つの根拠がある。それは鎌倉初期の『顕真得業口決抄《けんしんとくごうくけつしょう》』に、後冷泉院《ごれいぜいいん》の天喜《てんぎ》二年（一〇五四）に、誑惑《きょうわく》の聖《ひじり》で名を忠禅《ちゅうぜん》という者があり、太子廟窟《びょうくつ》に人を入れ、この擬死再生をやっていたらしい記事がある。

誑惑の聖あり、其の名を忠禅と云ふ。太子廟窟に入り、不思議の作法を現はす。爰《そ》の時、人太子の御舎利《しゃり》破損の分と疑ひ、注進せ令《し》むるが為め、勅宣《ちょくせん》を申し下す。（下略）

とある「不思議の作法」は、白毫寺《びゃくごうじ》墓地のように、その中に人を入れて、何等《なんら》かの作法をおこなったのであろう。その後、元久年中（一二〇四―一二〇六）にも、太子廟寺僧の浄戒・顕光なるものが、太子の御歯を盗んで、これを東大寺大勧進聖人、俊乗坊重源に譲ったという記事がある。これは太子廟がつねに人を入れておったことをしめし、明治のごく初年までは入れたということで、このころの東本願寺法主も入った

という話を聞いた。そのとき廟窟入口に有名な『弘法大師御記』なるものがたしかに刻されていたというから、弘法大師もこれに入ったのかもしれない。

このことは聖徳太子が崇仏《すうぶつ》太子であるとともに、日本の民俗的庶民信仰も重んじて、みずからも擬死再生の逆修儀礼をおこなったばかりでなく、おそらく遺言によって、自らの廟窟を逆修儀礼の道場に提供したことを意味するものであろう。このような不思議な信仰と儀礼は、表向きの仏教史には決してあらわれて来ない。しかしわずかな文献と民俗の照応と考証によって、かくれた庶民仏教の秘密を掘り出すことができる。そしてこうした「隠された秘儀」が、聖徳太子をその後の庶民信仰にむすびつけて行ったのであろうとおもう。

三　八角円堂と救世《ぐせ》観音の空洞

私は作家野間宏氏の『わが塔はそこに立つ』という長篇小説の中で、主人公の海塚実道（草二）が、少年時代に法隆寺へ父に連れられて参詣する意味を、作家自身も知らずに書いたのではないかとおもう。海塚実道の父実黴は、親鸞教の秘事法門の教祖で、ふかく聖徳太子に結びついている。秘密の伝法は百日行を果したのちにおこなわれるが、百日行日参《にっさん》の聖地が聖徳太子と同体の救世《ぐせ》観音をまつる六角堂と、黒谷と真如堂である。また野間氏が私との対談の中で明したところでは、この秘事法門は四天王寺とむすびついた「聖徳和讃会」という名称だという。

したがってこの秘事法門は法隆寺とのつながりがあったのであろう。これは『隠された十字架』よりも根っ子の深いものがあるけれども、くわしくのべる余裕がない。ただ一言だけのべておけば、東北地方の秘事法門や「かくし念仏」では、本尊として「黒駒《くろこま》太子像」または「孝養《きようよう》太子像」と親鸞聖人像と、六字名号をもちいる。黒駒太子像というのは、太子が甲斐の黒駒（烏駒）に乗って、従者調士丸《ちようしまる》をしたがえて富士山の上を飛ぶ図である。この掛軸は不思議なことに、死者を成仏《じようぶつ》往生させる功徳があるといわれ、棺の上でこれを振る儀礼がおこなわれていた。おなじことが信濃と越後の秘境、秋山郷にあったことは、鈴木牧之《ぼくし》翁の『秋山記行』と『北越雪譜』にのべられている。この図での太子またはダイシはおそらく死者の霊をあらわすもので、死者の乗るべき黒い馬で山上他界、または天上他界へのぼるのを表現したのではないかとおもう。仏教史的には念仏に縁のない聖徳太子が、善光寺如来と関係をもち、念仏の本尊となり、死者引導の仏となるというのも、その根源は片岡山飢者《うえびと》説話と太子廟窟の擬死再生儀礼にもとめることができよう。

最後に法隆寺夢殿についてのべるスペースがきわめて少なくなった。これには洛陽の紙価を高からしめた、梅原猛氏の『隠された十字架』の聖徳太子の怨霊鎮魂説がある。私は聖徳太子が怨霊になったという想定をもたないので、この説には与《くみ》し難いが、夢殿に「死の影」はみとめてよいとおもう。それは夢という語が「一期は夢」という無常をあらわす言葉であることにもよるであろうし、これが法隆寺東院の、太子の住んだ斑鳩宮《いかるがのみや》阯に立てられたということが大きな理由である。

聖徳太子の時代は古代葬法の殯《もがり》が、もっともよくおこなわれた時期である。しかし『日本書紀』にも各種の太子伝にも、殯の記事はない。これはおそらく平常の住居の正殿を殯として、とくに殯宮《ひんきゅう》をおこさなかったためであろう。ごく短期間にせよその殯にあてられた正殿はのちに毀《こぼ》たれたか、焼かれたかしたであろうが、その跡には殯を象徴する八角形の小堂があったとおもわれる。これが再建された法隆寺に見合うように再興されたのが、現在の夢殿だろうとおもう。「夢」に追善の茶会の軸物の「夢」字のように、太子を追慕する心がこめられている。

殯《もがり》が八角形であるのは、これが八角円堂とよばれるように、起源的には円形プランの円錐形だったからである。殯は死者を埋葬なり火葬なりするまで地上に置くとき、これを囲《かこ》ったり、掩《おお》ったりする構築物である。このようにするのは、死者が人に見えないようにするとともに、死んで間もない荒魂《あらみたま》（凶癘魂《きょうれいこん》）を、外へすさび出ないように封鎖する目的の咒術であった。夢殿に封鎖性があるという梅原氏の着想はさすがであるが、これを死者の荒魂と怨霊（いつまでも祟《たた》るもの）と取り違えたのである。人は誰でも死んで間もない期間は荒魂なので、殯の中に入れられる。太子は正殿の扉を封鎖した中に殯されたのであろうが、そのあとには殯の象徴である円錐形か八角形の構築物がおかれたものとおもわれる。

私は殯を㈠青山型殯、㈡忌垣《いがき》型殯、㈢モンドリ（円錐形）型殯、㈣霊屋《たまや》型殯、㈤スヤ型殯、㈥籠《かご》型殯、㈦幕垣《まくがき》型殯、㈧積石型殯に分類しているが、八角円堂の祖型はモンドリ（円錐形）型殯と推定する。そのために八角円堂はほとんどすべて霊屋《たまや》や廟《びょう》として建立されたのである。

梅原猛氏も法隆寺を太子怨霊の寺という発想が出ると、とめどもなく法隆寺の建物や構造は怨霊にむすびついてゆく。氏は自分の発想に感激の涙をながしながら、次から次へと論証をひろげていった。したがって私がこの夢殿もまた太子廟窟とおなじく、擬死再生がおこなわれたであろうと言ったら、人は五来もまた偏執《モノマニア》の気があるのではないかと疑うかもしれない。

しかしいま詳細をのべるいとまはないが、一つには安政四年（一八五七）まで奥三河地方の花祭におこなわれていた七年目ごとの白山《しらやま》行事では、四角形と円錐形の白山《しらやま》の中で、あきらかに擬死再生儀礼がおこなわれていた。この構築物の中を死後の世界（他界、あの世）として地獄の責苦をあたえ、その結果極楽に変じてここを出ると、再生の喜びにひたったという。おなじようなことが夢殿の八角円堂でおこなわれていたのを、ある時代に禁じたとき、救世観音像は白布に巻かれて秘仏にされ、人々の記憶から遠のいていったのであろう。

夢殿逆修のもう一つの論拠は、救世観音像の構造である。この像は前面が完成しているのに、背面は空洞である。これを学生時代には飛鳥仏の正面性《フロンタリティ》などと私も習ったが、その後いろいろしらべてみると、擬死再生（逆修）をうける信者が背面の空洞に入って、救世観音と一体化するためであることがわかった。これにも多くの事例をあげたいが、近世末期の遊行者木喰行道《もくじきぎょうどう》は寛政七年（一七九五）、七十八歳で日向《ひゅうが》国分寺に建立した五智《ごち》如来の中尊、大日如来大像背面に空洞をつくり、腰掛板までつけている。また越後長岡市上前島金毘羅《かみまえじまこんぴら》堂の自刻像も背面を空洞にしている。これは美作《みまさか》地方のヤセゴシさん信仰でするように、頭と背中を入れて背負い、堂をめぐることによって願をかける信仰に変化したのであろうが、大日如来の場合はその背面空洞に入って「不思議の作法」をうければ、大日如来と一体（即身成仏）になり、これを出て再生したものであろう。

このような擬死再生信仰は近世遊行者の伝統に連綿としてあったと私はかんがえている。というのは円空も飛騨国府《こくふ》町清峯《せいほう》寺の十一面千手観音像のように、自刻像がその足下に抱かれたような造型をとり、こうした遊行者の頂点にある弾誓《たんせい》阿弥陀仏も阿弥陀如来に抱かれて「最極大事の念仏」をさずかる。また伊勢・熊野・八幡《はちまん》・住吉・

春日の五神に背中を截割《たちわ》られて「神道の奥儀」をさずけられることなどが、『弾誓上人絵詞伝』や絵縁起にかたられている。

最後に夢殿の救世観音の光背《こうはい》について、梅原猛氏との見解の相違を書いて結んでおこう。梅原氏はこの光背が、百済観音のように背面に棒を立てて、ちょうど頭にあたる所に頭光背をとりつけることをしないで、光背を直接仏像の頭に釘で打ちつけたのが、呪い釘のように怨霊にとどめを刺したと見た。氏が、

私はこの原稿を書きながら、恐ろしい気がする。人間というものが恐ろしいのである。仏様の頭に釘を刺し、しかもそれを何らかの技術的必要のように見せかけて、けろりとしている人間の心が恐ろしいのである。

という詩人的感慨には私もうたれるが、実はこれは「技術的必要」だったのである。というのは、この救世観音の背面空洞に人が入ろうとすれば、そこに棒が立っていたのでは邪魔で入れない。私から見れば頭光背を仏様の頭に直接打ちつけて、背面の棒を取り払ったことそのことが、背面空洞に人が入った証拠と解するのである。

梅原氏との見解の相違は人が判断するであろうが、聖徳太子その人に仏教の日本化、土着化の意志があり、それをうけた行信《ぎょうしん》のような山岳修行者や遊行者がこれを継承し、表向きの仏教では想像もつかない庶民仏教を形成していったことは、間違いないとおもう。

奈良の聖たち

一　行基と三昧聖《さんまいひじり》

いまどこかの寺へお参りして、その説明をきき、縁起の刷り物などを見ると、たいていは行基菩薩の開創、弘法大師や慈覚《じかく》大師の中興となっている。仏像の方には弘法大師作が絶対に多いが、行基菩薩作もけっして少なくはない。これでは行基菩薩は毎日寺をつくって日本国中を歩いたことになるし、弘法大師は一日に二体も三体もの仏像を彫ったことになる。それではどうしてこのような伝承と信仰が生れたのだろうか。その謎を解くものに「聖」の問題がある。

大体、日本の仏教史には表もあれば裏もある。これは現代の仏教もおなじことで、本音《ほんね》と建《た》て前《まえ》がちがうのである。表の仏教、建て前の仏教は、インドで釈尊によって説かれた教説で、諸法皆空《かいくう》が小乗仏教であり、諸法実相《じっそう》が大乗仏教であるなどという。

すべての存在は因と縁によって仮に姿をあらわしたものだから、実体はすべて空《くう》であると悟れば、われわれは執着をはなれて現実の苦《くるしみ》から解脱《げだつ》できるのだという。だから諸法皆空と悟る知恵（般若《はんにゃ》）こそ仏教だというのである。

このような現実否定に対して大乗仏教は、諸法皆空と悟る般若（Prajñā）の知恵を獲得しさえすれば、諸法（すべての存在）はそのまま実在であり実相であると説く。すなわち花は紅《くれない》、柳は緑《みどり》と、あるがままの現実を肯定するから、煩悩はそのまま菩提（悟り）となる。もちろん大乗仏教の煩悩即菩提は安易な現実肯定ではなくて、諸法皆空の絶対否定を悟った上での絶対肯定であるが、この正覚（悟り）にいたる道——修道の実践的方法——に、インド仏教と日本仏教の相違、そして表（建て前）の仏教と裏（本音）の仏教との相違があったもの、と私はかんがえている。

実は私も日本仏教の歴史を研究する前は、インド仏教を専門としたが、その観念論の深さと論理構成の巧妙さに魅了されたのは事実であった。それはインド仏教の修道の実践的方法は、苦行を否定して瞑想《めいそう》と思弁《しべん》（禅定《ぜんじょう》）によるからであった。釈尊が六年間の苦行をやめて、菩提樹下の瞑想で正覚《しょうがく》を開いたのが、インド仏教だったのである。

しかし私はインド仏教の観念性と論理性の面白さにもかかわらず、その非現実性と非実践性と煩瑣《はんさ》哲学には釈然としないものがあった。それは私が日本人だからで、日本人は現実的で実践的で、直截簡明《ちょくせつかんめい》な信仰でなければ、ついてゆけないのである。これは日本人がインド人やユダヤ人のように、抽象的思考にすぐれた素質をもたないためであるとおもうが、そのために、日本仏教はインド仏教とは似ても似つかぬ仏教になってしまった。

日本仏教は問答無用の仏教である。したがって教理はできるだけ単純化され、信仰と実践（修行）がこれに代ったのである。しかもその信仰と実践はきわめて非仏教的な呪術性と苦行性にみちたものであった。これが日本仏教の本音であるが、建て前の仏教が国家統制（律令）の必要から正統《オーソドックス》になると、本音の仏教は反体制、反律令の仏教として迫害され、裏の仏教になってしまった。

この裏の仏教の担い手を聖《ひじり》という。表の仏教の担い手は官の諸大寺や諸国の国分寺、または貴族の准官寺（定額寺《じょうがくじ》）に住む僧尼で、国家の保護をうける代り、戒律と律令にしばられ、悪い頭で三論学や唯識学や華厳学の煩瑣哲学を学習しなければならなかった。しかしそれにあき足りないものがあれば、聖の真似をして、官寺を出て山林修行をしたり説教所（道場）を開いて、庶民教化をする者も出た。それでも半月は山寺ですごし、半月は奈良の都の本寺に帰るというような、不徹底さであった。

そこで聖という名称であるが、これはすでに私が旧著『高野聖《こうやひじり》』に説いたように、日本固有の宗教者の一般名称だったとおもわれる。「ひじり」は「聖火を管理する者」

の意味であるとともに、神話の中の「火焼翁《ひたきのおきな》」のように、知恵のある賢者でもあった。その民衆の尊敬が「ひじり」に中国の文字の「聖」をあてさせたのであろう、と私はかんがえている。

奈良時代には、聖とおなじく裏の仏教の担い手であったものは、優婆塞《うばそく》とも禅師《ぜんじ》とも沙弥《しゃみ》ともよばれた。聖の開祖であり頭目であり、偶像でもあった行基は、沙弥またはその同義語の小僧《しょうそう》とも聖ともよばれ、菩薩という称号も実は聖とおなじものであった。この菩薩は仏に次ぐ人という意味ではなく、庶民仏教、すなわち「聖の仏教」の担い手ということで、奈良時代には数多くの菩薩が知られている。

このことからわかるように、日本仏教の裏（本音）の仏教というのは、庶民の仏教だったのである。庶民のための民間寺院の開創者に行基があてられているのは、行基が聖であり菩薩であったことと、葬送の道を教えたということが、主な理由である、と私はかんがえる。というのは日本仏教にとって葬送儀礼をとりおこなうことは、重要な宗教的役割であり、同時に社会的機能でもあった。いやそれは現在でもおなじことなのであるが、僧侶みずからが葬送にかかわることを嫌い、仏教の恥部のようにかんがえている。したがってこれは裏（本音）の仏教にゆだねられ、聖たちが葬送をとりおこなうようになった。

行基が畿内に四十九院を建てたということは誰でも知っている。ところが学者というものは疑いぶかく陰性な人種で、なにか、文句をつけないと、権威がないと思うものが多くて、行基がそんなに多くの寺を建てられるはずはないという人もある。建築史の足立康博士などもその一人であるが、『続日本紀』の行基卒伝《そつでん》（遷化したときに、その人の行跡と徳をたたえる誄《るい》のごときもの）に、

> 和尚の霊異神験、類に触れて多し。時の人号して行基菩薩と曰ふ。留止《りゅうし》するの所に、皆道場を建つ。其の畿内には凡《およ》そ卌九処。諸道にも亦《また》往々にして在り。弟子相継いで皆遺法を守って、今に至るまで住持す。薨《こう》ずる時、年八十。

とあり、これを疑うには相当の理由がなければならない。むしろこの四十九処の道場というものの性格をかんがえる必要がある。

この「四十九処の道場」というのは、行基の死後二十四年たった宝亀《ほうき》四年（七七三）の勅《ちょく》には、

> 其の修行の院、惣て卌余処

と出ていて四十九院に近いが、この道場や院を、東大寺や薬師寺のように勘違いしては、行基を理解することはできない。これらの院も行基の事績が評価されるようになると、次第に寺院の形態をととのえたらしい。家原寺《えばらじ》とか菅原寺《すがわらでら》、大野寺、昆陽寺《こやでら》、菩提院、生《い》馬《こま》院（竹林寺）、石凝《いしごり》院、高渚《たかす》院、山崎院、隆福院などはそのようにしてできたのであろう。

そうすると行基四十九院（道場）のもとの形はといえば、火葬場を附設した説教所であったとおもわれる。それは古代の道場というものが、『大宝律令』の「僧尼令《そうにりよう》」に、

凡《およ》そ僧尼、寺院に在《おい》てするに非ずして、別に道場を立て、衆を聚《あつ》めて教化し、幷《あわせ》て妄《みだ》りに罪福を説き、（下略）

とあるように、寺院とはまったく異なるものであった。また行基四十九院と伝えられる寺には、ほとんど例外なく三昧聖がおったし、火葬場がついていた。したがって行基卒伝にいう「弟子」というのは三昧聖であり、「遺法」というのは道場教化（説教）と火葬のことでなければならない。

したがって行基がはじめて歴史に姿をあらわす養老元年（七一七）の詔《みことのり》に、

方今小僧《しようそう》行基幷《ならび》に弟子等、街衢《がいく》に零畳《れいじよう》し、妄《みだ》りに罪福を説き、朋党《ほうとう》を合せ構えて、指臂《しび》を焚《や》き剝《は》ぎ、歴門仮説《れきもんかせつ》して強《し》いて余物を乞い、詐《いつわ》って聖道《しようどう》と称し、百姓を妖惑す。（下略）

とある「弟子等」も三昧聖であろう。しかもかれらは自分たちのすることこそ「聖道」であって、正しい宗教活動であると誇っていたことがわかる。その宗教活動というのは、遊行と唱導《しようどう》と集団と苦行と勧進であった。

二　聖景戒と化主万福法師

私は聖というものの属性として旧著『高野聖』の中に、遊行性と唱導性と集団性と苦行性と勧進性、そして隠遁性、呪術性《じゆじゆつ》、世俗性の八種をあげた。これは奈良時代の聖たちばかりではないが、行基の聖集団はとくにこれが顕著であった。このような聖の活動をもっとも生きいきとえがいたのは『日本霊異記』（下巻）で、その著者景戒《きようかい》も行基聖集団の一員だったとかんがえられる。彼は自分の俗聖《ぞくひじり》の身の上を告白懺悔して、

> 炬生《きよせい》の身を以て俗家に居り、妻子を蓄へて養ふ物なし。菜食なく塩なく衣なく薪なし。万《よろず》の物毎《つね》に無くして、思ひ愁《うれ》へて我が心安からず。昼また飢寒《きかん》、夜また飢寒、我先世に布施行を修せず。鄙《いやし》い哉《かな》我が心、微なる哉我が行。

とのべているところを見ると、行基聖集団では妻子をもつことは珍しくなかったと見える。しかも夢の中で沙弥鏡日《きようにち》という聖が、彼の家の前に立って誦経教化《ずきようきようけ》して食を乞うた。彼もまた数多の子をもって養うべき食がないというのである。しかし景戒はこのような妻子を持った私度《しど》の沙弥こそ、ほんとうの菩薩であり、観音の変化《へんげ》だという。

> 沙弥は観音の変化《へんげ》。何を以ての故に、未だ具戒《ぐかい》を受けざるを名づけて沙弥となす。

観音も亦爾《しか》り。正覚を成《じょう》ずと雖《いえど》も、有情《うじょう》を饒益《にょうやく》するが故に、因位《いんに》に居る。

というのは、妻子をもって教化《きょうけ》(説教)乞食をする者こそ、ほんとうの菩薩というものだと主張する。したがって行基の菩薩号も、その教化に対して民衆が名づけたものであった。

ところで行基の教化の内容は「罪福の因果を説く」ことで、これは罪業の果として病気や災害があること、そして作善《さぜん》の因があれば罪業を滅ぼして福の果が得られることを説いたものとおもわれる。その実例として『日本霊異記』にのべられたような説話をあげて教化したのである。そうするとこれを聴いた一般民衆は、作善に参加して滅罪生善の果を得ようとするが、それが橋を架し、道をつくり、寺を建て、仏像を造立し経を写すことであった。

私はこの作善を社会的作善と宗教的作善に分けるが、橋を造る社会的作善と経を写す宗教的作善は一致すると説いた聖もあった。これは『紀州花園村大般若経』奥書にのせられた万福《ばんぷく》法師と花影《かえい》禅師で、これなども「奈良の聖たち」の一人とかんがえてよいであろう。万福法師は「河東の化主《かとうのけしゅ》」といわれているので、説教教化をする勧進聖の頭目の一人であった。

竊《ひそ》かに以《おもんみ》れば、昔、河東の化主、諱《いみな》は万福法師也、行事繁多なり。ただ略陳するのみ。其れ橋構の匠《たくみ》を曠河に啓《ひら》き、般若の願を後身に発す。(中略)是を以て洪

橋を改め造る花影禅師、四弘《しぐ》の願を宝椅に発し、一乗の行を般若に継ぐ。（下略）

これは「般若到彼岸《ブラジユニヤーバーラミダー》」は「般若波羅蜜多」のことで、彼岸に到る橋をつくることと、『大般若波羅蜜多経』（六百巻）を書写することは功徳は同じであるとする。この教化の結果、大和川には朱塗りの河内大橋（『万葉集』巻九にその歌がある）とともに大般若経六百巻（私は河内知識寺経と推定）とが完成されたのである。

このような事例から推定すれば、行基の聖集団の社会事業とよばれる架橋、道造り、樋《とい》造り、池造り、船泊り、布施屋などは、社会事業を目的としたものではなくて、行基や聖たちが「罪福の因果」を説いた結果、民衆は作善による滅罪を目的として、労力と金品を提供したのだとかんがえられる。

三　聖と優婆塞、そして庶民の力

奈良時代の聖のなかには山林に籠って俗界からはなれ、きびしい苦行をおこなうものもあった。これは日本仏教の本質である実践性と苦行性によるもので、滅罪のためには苦行と参籠と潔斎という浄行《じょうぎょう》を必要としたのである。そしてこの滅罪行を自分の罪業を滅ぼすためにするばかりでなく、聖たちは「代受苦《だいじゅく》」と称して、他人や信者や国民一般に代って滅罪の苦行をした。

このような山林に籠って浄行をおこなう聖を優婆塞《うばそく》という。役《えん》の行者を「役の優婆塞」とよぶのは、行基沙弥ということとおなじで正規の国家公認の僧ではなく、聖（私度僧）という意味であった。奈良時代にはこのような民間僧を、「聖、沙弥、優婆塞、禅師」と称したのである。

そのような優婆塞の一人に金鷲《こんじゅ》優婆塞がおった。その住んだ寺は奈良の東山《ひがしやま》にあって金鷲寺《こんじゅじ》といったと『日本霊異記』（中巻二十一話）はのべるが、これは金鍾寺《こんしゅじ》または金鐘寺《こんしょうじ》のことであろう。この寺はやがて東大寺になったとあるので、金鷲優婆塞は良《ろう》弁《べん》僧正の前身をさすことはうたがいない。

諾楽《なら》の京の東山に一寺あり。号して金鷲と曰ふ。金鷲優婆塞、斯《こ》の山寺に住す。故に以て字《あざな》となす。今東大寺と成る。未だ大寺を造らざるの時、聖武天皇の御世、金鷲行者、常に住して道を修す。

とあって、その修道の実践は、執金剛《しっこんごう》神（仁王）の塑像をすえ、その蹲《こむら》に縄をしばり、昼夜の別なく礼拝していると、その蹲から光が出た。天皇は夜、平城宮内裏からこの光を見て、使者を見にやると、一優婆塞がこの縄を手にもって「礼仏悔過《らいぶつけか》」していた。悔過というのは自己の罪や民衆の罪や、国民全体の罪を懺悔することである。聖たちはこれを今の坊さんのように、口先だけで、

我昔所造《がしゃくしょぞう》諸悪業　皆由無《かいゆうむ》始《し》貪瞋痴《とんじんち》

一切我今皆懺悔《がこんかいさんげ》

従身語意之所生《じゅうしんごいししょしょう》

という懺悔文をとなえるのでなく、はげしい礼仏、すなわち地面や床に額《ひたい》を打ちつける「額突《ぬかつき》」を実践したのである。

そこで聖武天皇はこの優婆塞をよんで、お前の欲しい事をかなえてあげようというと、出家得度して仏法を学びたいと答えたので、得度して正式の沙弥となることをゆるした。そうすればやがて受戒して正式の比丘《びく》（大僧）になることができる。その得度名が良弁であったが、一般庶民は優婆塞（聖）名で金鷲菩薩と称したという。おそらく悩み事があれば、その東山の山房に祈禱《きとう》をたのみに行ったのであろう。そのときの執金剛神が今の三月堂（法華堂）の秘仏となっている天平の執金剛神で、一年に一回だけ開扉される。

彼の光を放てる執金剛神像は、今の東大寺羂索《けんじゃく》堂の北戸に立てり。

とあるから、三月堂はもと羂索堂とよばれたことがわかる。優婆塞たちはすでに奈良時代初期から密教の仏菩薩、明王天部の不空羂索観音や十一面観音、千手観音、吉祥天、執金剛神などを礼拝していたのである。

このように一優婆塞出身なればこそ、東大寺のような意表外な巨大建築や大仏を企画したり、勧進造立することができたもの、と私はかんがえている。かれらは山岳修行をするので気宇壮大であり、山伏は大法螺吹きが本領である。どうせ造るなら山のような仏や寺を建てたいとおもうのは当然である。東大寺造立の秘密はこの「裏の仏教」である「聖の仏教」にもとめるべきで、華厳経《けごんきょう》や梵網経《ぼんもうきょう》にもとめるのはむしろ第二義的である。

また東大寺造立の動機として、知識寺大仏がある。聖武天皇は難波《なにわ》の行幸の途中で、信貴山《しぎさん》南西麓の河内六大寺の一である知識寺で大仏を見た。この大仏は高さ六丈と記録されているので、東大寺大仏より大きかったらしい。ところがこの大仏も聖たちによって造立されたときいて、聖武天皇は二度びっくりし、朕《ちん》もかくの如き大仏をつくりたいと願ったという。

この知識寺大仏の企画者も造立者も名は伝わっていないが、さきにあげた河内大橋架橋と大般若経書写を勧進した万福法師と花影禅師は、この大仏の勧進聖の頭目の一人であった、と私は推定している。そしてこの大般若経は流れ流れて紀州の一山村、花園村にとどまったが、私は書写当時はこの知識寺《ちしきじ》におさめられたものとかんがえている。（拙稿「紀州花園村大般若経の書写と流伝」『大谷史学』第五号、昭和三十一年三月）

ところで知識寺の「知識」という言葉は、知り合いとか友達の意味で「善友」などとも書かれる。「善知識」というのもこれである。すなわち「信仰を同じくする同志」ということである。この同志は平等の立場で講をつくるので、これを「知識結《ゆい》」と言うが、講を結びつける発起人が善知識であり、化主でもある。すなわち勧進聖なのである。一般庶民はこの勧進聖のすすめで知識寺大仏造立の講に入り、僅《わず》かな金品や労力を提供するが、その庶民の知識（講員）が多ければ、東大寺大仏より大きな大仏ができ上ってしまう。聖武天皇はこの庶民の力と勧進聖のはたらきに二度びっくりして、東大寺大仏造立には庶民の参加をもとめ、かつ聖である良弁や行基を起用したのである。天平十五年（七四三）の大仏造立の詔に、

　是の故に知識に預かる者は、懇《ねんごろ》に至誠を発して各々《おのおの》介福を招く。宜《よろ》しく毎日盧舎《るしゃ》那仏《なぶつ》を三拝し、自ら存念して各々盧舎那仏を造るべし。如《も》し人、一枝の草、一把《いちわ》の土を持ちて、像を助け造らんと情《こころ》に願ふ者あらば、恣《ほしいまま》に之を聴《ゆる》せ

とあるのは、すこし勿体《もったい》ぶっているが、庶民の参加をもとめた詔である。

このように見てくると、奈良時代の仏教史に見落されてきた聖の力、そして優婆塞の力と、これによって結集された庶民の力に、いまさらのようにおどろかされるであろう。これでは聖武天皇がおどろくのも無理はない。知識寺大仏については良弁のような開基の人物の名はわからないが、わからないが故にいっそう貴《とうと》いとおもう。従来の学者は大高僧、大学僧（一冊の著書もない華厳学者）である良弁が、山の中で礼仏悔過する金鷲優婆塞と同一人であるはずはないとするのが大方であった。しかし今のべて来たように、裏の仏教、聖の仏教、庶民の仏教なればこそ、あのように大きな仕事が出来たと見る方が真実であろう。

奈良の聖たちは学問もなく無知で、戒律はまもらず、妻帯しており、うすぎたない恰好《かっこう》で乞食《こつじき》して歩いていた。まことに僧というにはけがらわしく、箸にも棒にもかからぬ存在であった。しかし罪業観は滅法つよく、それを滅ぼすためには額突《ぬかつき》をしたり膝突《ひざつき》をしたり、皮を剥《は》ぎ指を焚《た》くなどの苦行も辞さなかった。しかもそれを人のためにして、最後は「焚身捨身《ふんしんしゃしん》」さえ実践したのである。また人のきらう死者のとりおきから火葬や葬送の一切の世話もした。日本仏教は金襴の衣を着て大伽藍に暖衣飽食した高僧たちによって、いままで相続されたものでないことを、裏の仏教史、聖の仏教史は教えている。

山岳仏教と密教

一　山岳仏教の禅定と禅師

日本の村や町の景観といえば、一般民家の上に大きな寺の屋根がそびえているのが特色である。大都市では高層ビルの谷間に落ちこんでいるが、それでも京都には東西本願寺があり、東京には浅草寺や増上寺があって、仏教の存在を主張している。ところがどこの村落寺院にも「山号」というものがある。また東西本願寺も大谷山と龍谷山という山号があって、それぞれの山号が設立大学の名称にまでつかわれている。浅草寺はいうまでもなく金龍山であり、増上寺は三縁山という。山の上や山の中にない寺がどうしてこんなに山を名《な》告るのだろうか。

いわんや全国に数多い山岳寺院は、比叡山延暦寺や高野山金剛峯寺のように、山か寺か、寺か山か、それは完全に一体化して、山号などとあらためて名告るのがおかしいくらいである。ところが不思議なことに南都七大寺には山号がない。そうすると日本仏教の秘密は、なにかこの山号からたどられそうである。

日本の寺院は村落寺院、都市寺院、山岳寺院と古代官寺に分類できる。そしてこれをもう一つまとめると、私寺（民間寺院）と官寺の二つになる。そしてこの私寺が日本人一般のための寺院であった。南都七大寺や東寺、西寺のような官寺は国家の宗教儀礼をおこなう場であって、信仰の場ではなかった。のちにそれを国家が維持できなくなると、庶民信仰と巡礼（七大寺巡礼など）に支えられて存続するが、ついに山号をもたなかったのである。

したがって山号は日本の民間寺院を象徴しているといってよい。これを中国五山（径山《きんざん》万寿寺・阿育王《あいくおう》山広利寺・太白山《たいはくさん》天童景徳寺・北山霊隠《りんにん》寺・南山浄慈《じんず》寺）や京都五山、鎌倉五山などの山号の影響とする説もあるが、これは禅宗以前、または禅宗以外の民間寺院の山号の説明にはならない。しかし古代の山岳仏教では、山が禅定《ぜんじょう》の場であった点では、禅と関係があるということができよう。これは弘法大師空海の「紀伊国伊《い》都《と》郡高野の峯に於て入定《にゅうじょう》の処を請《こ》ひ乞《こ》はるゝの表」（『性霊集《しょうりょうしゅう》』）に、

　空海聞く、山高きときは則ち雲雨物を潤し、水積るときは則ち魚龍産化《さんけ》す。（中略）但《ただ》恨むらくは高山深嶺に四禅の客乏《とも》しく、幽藪窮巌《ゆうそうきゅうがん》に入定の賓希《ひんまれ》なり。実に是れ禅教未だ伝わらず、住処相応《そうおう》せざるの致す所なり。今禅経の説に准《よ》るに、深

山の平地尤《もっと》も修禅《しゅぜん》に宜《よろ》し。

とあって、いかにも禅修行のために山岳寺院を建てようとしたかのごとく見える。ところが古代の禅定は臨済禅、曹洞禅のように、僧堂などで座禅して、仏祖単伝《ぶっそたんでん》の正法眼蔵《しょうぼうげんぞう》をさとるというものではなかった。禅は禅那（Dhyāna）の略で、静慮《じょうりょ》とか思惟《しゆい》と訳し、心身を安定して瞑想することである。仏教修行の根本となる三学（戒《かい》・定《じょう》・慧《え》）の定にあたり、六波羅蜜《ろくはらみつ》（檀《だん》・戒・忍《にん》・進・禅・慧）の禅にあたる。しかし日本の古代仏教では苦行をともなう山岳修行を禅定といい、ただ山にのぼることも禅定というようになって、富士禅定とか、立山《たてやま》禅定、加波山《かばさん》禅定などといわれた。そこから頂上を禅頂とよび、登山路を禅定路といい、登山に着る行衣《ぎょうい》を禅定衣という名が出た。

空海が深山を修禅に適するといったのは、まさに古代日本仏教の山岳修行をいったもので、入定というのも「禅定に入る」ことで、山岳修行に入ることと解さなければならない。もちろん入定は無念無想の三昧に入ることでもあるが、それはかならずしも幽藪窮巌《ゆうそうきゅうがん》でなければできないわけではない。幽藪は山奥の密林で、そこに迷いこめば道を失って生命の危険にもさらされるかもしれない。窮巌はそれから先は進めない大岩壁が立ちふさがって、ロッククライミングでもしなければ抜け出せない谿谷《けいこく》である。そのような厳しい大自然の中で死と直面しながら苦行することが入定であり、修禅であった。

古代仏教にはしばしば禅師というものがあらわれる。これを中世のように禅僧の敬称のようにかんがえるのはまちがいである。たとえば『日本霊異記』（下巻第一話）には、孝謙天皇の御代に紀伊国牟婁《むろ》郡熊野村に、永興《えいこう》禅師という修行者がおり、漁夫を教化して南《みなみの》菩薩とよばれたとある。私はこれが熊野修験の古代文献にあらわれた最初の人とかんがえているが、この永興禅師のもとに、もう一人の禅師がたずねて来て、一緒に修行をした。それは法華経の修行であったが、古代の山岳仏教の法華経修行は命をかけた苦行であった。それを持経者《じきょうしゃ》といって、捨身行《しゃしんぎょう》を実践する者がすくなかった。

その禅師も永興のもとで一か年を送ったのち、山中修行をするといって、山へ入ったまま姿を消した。それから二年半たって熊野川の川上で船材を伐る樵夫が、法華経を読経する声をきいて永興に知らせた。永興がそこへ行って見ると、両足を麻縄でしばって断崖の巌に結び、崖からぶら下った白骨が、舌だけ腐らずに法華経を読誦しているのであった。それは足下にのこされた水瓶で、さきの禅師であることがわかったという。

古代の禅師は文献の上では、沙弥《しゃみ》、聖《ひじり》、優婆塞《うばそく》、禅師とならべられるように、学者でも禅僧でもなかった。したがって空海が高野山を開こうとしたのは、座禅をするためではなかったし、密教の学問をするためでもなかったことはあきらかであろう。空海はこの上表を書いた弘仁七年（八一六）のころは高雄山寺《たかおさんじ》において密教灌頂《かんじょう》をおこない、ようやく朝野に名を知られるようになっていた。したがって崇道天皇《すどう》（廃太子早良親王《さわら》）の怨霊を鎮めるため、乙訓寺《おとくに》別当にも補せられ、また東大寺別当にもなった。このような世俗的名声とは別に、彼の密教信仰の原点である山林禅定への意欲を、高野山で実現しようとしたのが、高野山開創の上表文であろうと、私はかんがえている。

二　古代仏教と密教

空海はいまでは真言密教の開祖として、日本の歴史に不動の地位をもっている。従来はそれは空海の超人的能力のためであり、また唐都長安で密教の最盛期にあたっていたから、目先の見える空海はいちはやくこれを日本へもたらしたのだ、といわれていた。明治や大正期の学者、知識人が、欧米の哲学や文学や思想をトランクに入れてもって来たとおなじ見方である。

しかし私は空海の思想や行動から、そのようにはおもわない。なぜかといえば、空海の時代には密教はひろくおこなわれていたのであって、長安の密教がとくにあたらしい仏教であったとはいえない。真言密教の所依の経典といわれる『大日経』も『正倉院文書』の写経目録の中にしばしば出ていて、珍しい経典ではなかった。入唐僧玄《げん》昉《ぼう》は天平七年（七三五）には一切経五千余巻を日本へもたらしたが、その中には多くの密教経典があり、『大日経義釈』のような註釈書もわたっていた。決して空海以前は雑密《ぞうみつ》で価値がなく、空海以後だけが正統密教だということはできない。空海の密教は、日本民族に根源的な宗教である山岳宗教の呪術性を、密教呪術によってより効果的にし、強力にするとともに、仏教教理にもとづく合理的解釈をしようとしたのである。

これはまだ私の想像にすぎないが、欽明天皇十三年（五五二）または欽明天皇七年戊午（五三八）といわれる仏教公伝より早く、民間に密伝された仏教があったとすれば、それは密教の陀羅尼《だらに》であったろうとおもう。日《にち》羅《ら》の勝軍地蔵法とか、法道《ほうどう》の金剛摩《ま》尼《に》法、役《えん》の小角《おづぬ》の孔雀明王呪《くじゃくみょうおうじゅ》法などといわれる伝承は、山岳修行者の中に密教呪法が密伝されていたことを暗示する。事実中国にあきらかに密教が入ったのは東晋（三一七—四二〇）の時代で、帛尸梨蜜多羅《はくしりみたら》の『大灌頂神呪経』なども訳出され、四世紀末には曇無蘭《どんむらん》による『請雨呪経《しょううじゅ》』『止雨呪経《しうじゅ》』『呪歯経《じゅし》』など多くの陀羅尼経典が翻訳されている。そしてちょうどこの時代に朝鮮半島に仏教が公伝されるのであって、高句麗《こうくり》の小獣林王二年（三七二）に前秦王苻堅《ふけん》が仏経と仏僧を小獣林王におくった。

その後十二年で、日本と密接な関係をもっていた百済《くだら》に、インド僧摩羅難陀《まらなんだ》が仏教をひろめたというが、宗派や経典があきらかでないのは、雑密の陀羅尼だからであろう。そしてそれらは原始呪術と陰陽道で、病気祈禱や祈雨止雨などをおこなっていた朝鮮と日本の民間宗教家（のちの修験者）たちのあいだで、受け渡しされたものとおもわれる。のちにのべる虚空蔵求聞持法《こくうぞうぐもんじ》などは、長安で訳出された翌年には、日本に伝えられたと推定されるほど、民間仏教の伝播はスピーディーであった。

たとえば東大寺の前身である金鐘寺《こんしょうじ》（金鍾寺《こんしゅじ》）を建てた良弁《ろうべん》は、金鷲優婆塞《こんじゅうばそく》のとき、奈良の東山で山岳修行の苦行の一つである五体投地の礼仏悔過《らいぶつけか》をおこなっていたが、その本尊は密教の執金剛神《しっこんごう》であった。これが聖武天皇にみとめられて金鷲優婆塞が得度《とくど》をゆるされ、良弁となって金鐘寺を建てたとき、その本尊は不空羂索観音《ふくうけんじゃく》であった。この観音はいうまでもなく、十一面観音や千手観音、あるいは馬頭観音などとともに密教の観音で、一面三目八臂の六・三二メートルの巨像であるところも、山岳仏教らしく雄大である。

ところが、この観音を説くのは『不空羂索神変真言経《じんぺんしんごん》』（三十巻、菩提流支《ぼだいるし》訳）で、その巻二十八「灌頂真言成就品《じょうじゅぼん》」に光明真言が説かれている。光明真言は真言陀羅尼のなかでもっともポピュラーな真言で、死者の一切の罪障を消除する功徳がある。この真言で加持した土砂を、死者もしくは墓の上に散らせば、念仏でも救われない十悪五逆四重罪を犯した者でも、罪障消滅《ざいしょうしょうめつ》して地獄に堕ちない功徳があるという。これが東大寺の前身である金鐘寺本尊の経軌《きょうき》に説かれているのであるから、山岳仏教にともなって密教がひろまっていたことをよく知ることができる。もっとも光明真言は平安中期になって、恵心僧都《えしんそうず》源信の『二十五三昧起請《さんまいきしょう》十二箇条』にとかれ、二十五三昧講

不空羂索観音立像（奈良・東大寺）

（念仏講）の普及とともにひろまった。そして栂尾《とがのお》明恵上人高弁の『光明真言土砂勧信記《かんじんき》』（二巻・別記一巻）や『不空羂索毘盧遮那《びるしゃな》仏大灌頂光明真言句義釈』（一巻）や興正菩薩叡尊《こうしょうぼさつえいそん》の光明真言会《え》などのおかげで、いまも密教の念仏のようにひろく読誦されている。

ところで良弁が金鐘寺の本尊として不空羂索観音を安置した理由は、経軌にとかれた光明真言の滅罪性だけでは説明されない。私はこの観音が別名を「鹿皮衣《ろくひえ》観音」といわれるので、良弁は山岳修行の優婆塞のシンボルとして、

この観音をえらんだのではないかとおもう。というのは、優婆塞といわれるものは、鹿の皮衣を着たり、鹿皮の腰衣をつけたりしたからである。空也《くうや》像が鹿皮の腰衣をつけているのは誰でも知っているが、これは空也が若いとき優婆塞として山岳修行をしたからである。『空也《くうや》誄《るい》』に

少壮の日、優婆塞《うばそく》を以て五畿七道を歴《へ》て、名山霊窟に遊ぶ

とあり、のちに阿弥陀聖《あみだのひじり》となっても鹿皮を身にまとっている。後世の空也絵伝では、空也が鞍馬山で修行しているとき、空也の庵を毎夜おとずれる鹿が、狩人の平定盛《さだもり》に射殺されたので、その皮と角をもらいうけて、皮は腰に巻き、角は杖につけたのだという。もちろん定盛は発心出家して定盛《じょうせい》法師となり、空也の弟子として空也僧、鉢《はち》叩《たたき》の祖となった話がついている。これが空也の皮衣の因縁であるが、実際には皮衣は山岳修行者の身につけるものなので、今でも山伏は曳敷《ひっしき》と称して、毛皮を尻に下げている。したがって良弁も優婆塞のときは鹿皮を身につけていたとかんがえるべきで、これとおなじく、菩薩でありながら、戒律の禁ずる鹿皮を着た鹿皮衣観音を、優婆塞のシンボルとして、奈良東山の山寺《さんじ》、金鐘寺の本尊にしたのであろう。

また良弁が聖武天皇にすすめて、金鐘寺の麓に東大寺を建立し、大仏に盧舎那仏をすえたのも、山岳仏教の大日如来と華厳の教主と梵網経《ぼんもうきょう》の本師を兼ねたものと、私はかんがえている。普通大日如来は毘《び》盧《る》遮那《しゃな》仏（法身）であるが、盧舎那仏（報身）も

おなじで、これはまた釈迦如来（応身）と同体なのである。故西田直二郎博士の説では宇宙の中心である盧舎那仏を東大寺にすえて、その分身にあたる千釈迦を諸国国分寺に擬し、これをもって中央集権国家の理想を表現し、帝王権を誇示したとする。梵網経の『盧舎那仏説菩薩心地法門品第十』にはそのような思想がないわけではなく、東大寺大仏台座蓮弁《れんべん》の毛彫《けぼり》にはその説相があらわされているけれども、このような表現は説法会場《えじょう》の描写として理解すべきものであろう。それよりも金鐘寺の不空羂索観音と照応するものとしては、密教の大日如来を兼ねていることを見のがすべきではないとおもう。

また『不空羂索毘盧遮那仏大灌頂光明真言経』（不空訳）の存在は、空海のもたらした金剛界・胎蔵《たいぞう》界両部灌頂《かんじょう》とは異なった大日如来の灌頂というものが、山岳修行者によっておこなわれていたことを想定させる。このことは『日本書紀』推古天皇三十一年条に、新羅《しらぎ》の大使が

仏像一具、及び金塔、幷《あわ》せて舎利、且つ大灌頂幡《ばん》一具、小幡《しょうばん》十二条

を貢《たてまつ》ったこととも関係があるらしく、密教の伝来はいよいよ古くさかのぼることができる。このことはいまくわしく説明する余裕がないが、この前々年（法王帝説は前年）に聖徳太子が薨《こう》じているので、その滅罪と供養に関係のある大灌頂幡と小幡であろうとおもう。

三　空海の山岳修行と即身成仏

日本の民間寺院の山号が象徴するように、日本仏教の原点は山であり、日本密教の母胎もまた山である。山岳信仰に根をおろした日本密教は、公伝された国家仏教よりはやく、民間に滲透して、山中で密教を実践する修行者、すなわち優婆塞や禅師が奈良時代以前から民間に活動していたことは、上にのべた通りである。

これは日本密教の大きな特色であり、個性であるとおもうが、ちかごろは梵文やチベット文で密教を研究するため、この日本密教、すなわち真言密教の個性を見失いがちである。私は数年前に、ある二、三の学者が、真言宗正依《しょうえ》経典の一である『大楽金剛不空真実三摩耶《さんまや》経』(般若理趣経《はんにゃりしゅきょう》)の十七清浄句《しょうじょうく》というものをとりあげて、弘法大師の密教は性の解放であるといった所論に、反対の批判をしたことがある。これはインドやチベットの密教と日本の密教、ことに空海の真言密教との相違に目を向けない、まったくの暴論であって、インドと日本の風土的相違も、人種的・文化的相違も無視したものといえよう。

日本は国土の八割までが山である。古代には狩猟、食糧採取(果実と自然薯等)、採鉱、採木等を山に依存した。平地で農耕がいとなまれるようになると、その水源もまた山であった。したがって山には強力な力をもった山霊山神がおり、これに真剣に祈れば恩寵《おんちょう》があるが、これを怒らせれば破滅的な不幸があると信じた。これが日本人の民族宗教の原点であって、密教もこれと結合しなければ日本に土着できないし、民衆化もしなかったのである。

日本人は山霊山神を鬼や天狗や、巨人（山人）あるいは山姥《やまんば》その他の魑魅魍魎《ちみもうりょう》で表現したので、三面六臂《ろっぴ》や忿怒形《ふんぬぎょう》の密教諸尊を受容しやすかった。しかしそれにもまして日本の山岳宗教の呪術性は、密教の複雑怪奇な神秘性と畏怖性（ヌミノーゼ）をもった呪術に転化しやすかった。ことに日本人の言霊《ことだま》信仰は、真言陀羅尼《しんごんだらに》のような呪文《じゅもん》ときわめて近い。神聖なる言葉《ロゴス》が現実をうごかす力があるというのが真言の宗教的意味で、これを第一義としたから空海は日本密教に「真言宗」と名をつけたのである。

弘法大師像
（東京国立博物館、出典：ColBase）

空海の密教との出会いは、この言霊信仰からであって、それは大学に在学中の十八歳のとき、『虚空蔵求聞持法《こくうぞうぐもんじ》』を行じて山岳修行する一沙門に会ったことであった。この出会いには諸説があるけれども、空海の自叙伝である『三教指帰《さんごうしいき》』(巻上)を信ずるのが正しい。それによると

爰《ここ》に一沙門有り。余に虚空蔵求聞持法を呈す。其の経に説《と》かく、若《も》し人、法に依って此の真言一百万遍を誦《じゅ》すれば、即ち一切の教法の文義《もんぎ》を暗記することを得と。

とあって、虚空蔵菩薩の真言(言霊)が、人間の記憶力を強くする呪力があると信じられた。そこで空海は阿波の大滝嶽や土佐の室戸《むろと》崎でこの法を修すると、実際に超人的記憶力を得たので、この不思議な密教に傾倒して、大学をすてて山林修行の一優婆塞になった。

空海の優婆塞としての生活については、やはり自叙伝文学『三教指帰』(巻下)にくわしい叙述があるが、平安中期以後にできた虚飾の弘法大師伝がこれを記さないので、私の優婆塞空海論(拙著『高野聖』所収)は、真言宗ではあまり評判がよろしくない。しかしこれは弘法大師の生《なま》の声を否定するもので、真言宗徒としてはいかがなものであろうか。

空海の求聞持法は言霊信仰にもとづく真言の実践であるが、ここに「法に依って」とあることが大切で、ただ口先で真言をとなえるのでなく、人境を遠ざかって深山幽谷に入り、滝に打たれて穢《けが》れをはらい、五体投地の礼拝悔過《けか》して真言をとなえてはじ

めて、その効験がある。このような山岳修行にともなう苦行主義が日本密教の特色であって、空海が高野山を修禅の地、入定《にゅうじょう》の山として択《えら》んだ理由がそこにある。

また空海の真言密教の特質は「即身成仏《そくしんじょうぶつ》」である。これも日本の山岳宗教は苦行によって一切の罪穢れをはらいおとせば、人間の身体に霊や神が憑依《ひょうえ》して、治病除災の奇蹟をあらわすことができ、未知の未来を予言することが出来るという。これを宗教学的にはシャーマニズムともいうが、私は人間（男女とも）が神になるという宗教なので、「即身成神《じょうしん》」と名づけ、これが空海の真言密教の「即身成仏《じょうぶつ》」の原点にあるとかんがえている。これは私がいろいろの日本人の庶民信仰や宗教現象を帰納して、原点にもどして見たもので、このままでは仏教としての真言密教にならない。そこで空海はこれを仏教として教理化するために『即身義』（一巻）をあらわした。ここで示したのが七言八句の即身偈《げ》である。

六大無礙《むげ》常瑜伽《ゆか》　四種曼荼《まんだ》各不離《ふり》
三密《さんみつ》加持速疾《そくしつ》顕　重々帝網《ていもう》名即身《そくしん》
法然具足薩《さ》般若《はんにゃ》　心数《しんじゅ》心王過刹塵《せつじん》
各具《かくぐ》五智無際《むさい》智　円鏡力《えんきょうりき》故実覚智

この偈は真言宗の僧侶ならば皆暗記して、卒《そ》塔婆《とうば》などに毎日書いているが、これを知っていたり、書いたりしただけでは即身成仏の効験はない。治病除災の効験がなければ、民衆にとって密教の必要はないのであって、それは厳しい山林での穀断や断食・不眠の禁欲生活や、決死の山岳抖擻《とそう》や岩屋籠りの実践を経て得られることを、空海みずからがもっともよく知っていたとおもう。そうした自己否定の結果、自然法爾《じねんほうに》の現実肯定と、父母所生のままの人間性や欲望の肯定が、『大楽金剛不空真実三摩耶経』となり、十七清浄句として際どく表現されたものである。

日本仏教の宗教としての歴史は、優婆塞空海とおなじ道をあゆんだ聖や沙弥、優婆塞、禅師によってつくられてきた。もちろん教理や哲学や文学や美術、芸能のような文化としての日本仏教も一方に存在するが、これに生命をあたえたのは、山岳修行と遊行によって、庶民の宗教的要求にこたえた無名の民間宗教者であった。

慈覚大師と山の念仏

一　天台宗の民衆化

私が学生時代にインド古典語のパーリ語を教わった長井真琴先生が、何かのついでに、次のように言ったのを憶えている。

比叡山は山の形がとんがり帽なので、そこにおこったいろいろの仏教はみな山からすべり降りてしまって、山には何ものこらなかった。高野山は八葉の峰にかこまれた盆地なので、いろいろの仏教が流れ込んで溜ったが、そのまま腐ってしまった。

これは長井先生の発想でなくて、誰か先学の言葉の引用だったようにおもうが、こう言ってさも愉快そうに、文字通り呵々《かか》大笑したのである。

このように単純な日本仏教の把握はまことに困ったものであるが、常識というものは大体こうしたものである。私はさきにもふれたように比叡山にも高野山にも南都諸大寺にも関係なく、山から山へ、里から里へ潜行して行った民間仏教のあったことをうたがわない。それは山岳修行者や民間遊行者によってもたらされる仏教であったが、南都なり、比叡山、高野山なりに偉大な宗教者が出ると、磁石と砂鉄のような求心運動がおこって、一つの宗教運動や宗教集団に結集してゆく。

私の歴史観は、一つの歴史現象がおこるには、すでに民衆のあいだに精神的にもせよ、物質的にもせよ、あるいは社会的にもせよ、一つの要求が潮のように高まって飽和状態になったとき、たまたまそこにあらわれた個人が核になって、あたらしい運動なり、あたらしい秩序ができあがるということである。歴史現象は個人がかならずしも偉大だからおこるのでもないし、いかに偉大な個人でも歴史をつくることはできない。偉大な司令官だけで戦争はできないのとおなじである。

とくに宗教史や仏教史では、個人が神的存在または菩薩的存在にまで偶像化されるので、そのかげで民間の宗教者や遊行《ゆぎよう》の聖《ひじり》の存在は姿がうすれてしまう。行基のかげにどれほどの聖があったのか、その具体的な生活は何であったのかは、まったく書かれていない。現代なら風俗小説がそれを書いたり、ドキュメンタリーニュースがとりあげたりしたかもしれないが、かれらについては景戒の『日本霊異記』や『続日本紀』の行基とその徒衆への禁令ぐらいしかない。しかしそうかといって、行基の周辺に民間遊行者が少なかったと断定するわけにはゆかない。おなじように空海の周辺には、山岳修行者があつまっていったとおもわれるが、伝教大師最澄の場合はどうであろうか。

奈良時代にはすでに法華経は滅罪経典として民衆化していた。これは『日本霊異記』に多くの法華持経者が出ており、また「法華滅罪之寺」としての国分尼寺がつくられたことからも察せられる。これに対して最澄はこの経典の教理哲学をあきらかにするとともに、大乗菩薩戒や密教と融合して、国家仏教の中に組み込もうとした。また同時に民衆救済のために、法華経二千部を写して上野《こうずけ》と下野《しもつけ》に安置させたり、信濃・美濃の境に広済《こうさい》院・広拯《こうじょう》院を立てて旅人の利便をはかったりした。

しかし天台宗の民衆化はむしろ慈覚大師円仁《えんにん》によって果されたのであって、そのために円仁は天台宗に大いに密教と念仏を導入した。円仁の入唐中の事蹟《じせき》はむしろ密教の受学受法にあったというべきで、その結果、「山の聖」といわれる山岳修行の験者《げんじゃ》(げんざ)が都の人々にむかえられるようになった。念仏の法の方は、円仁入唐中の偶然の機会に、これをうけたものであるが、「山の念仏」が都や地方にひろまったばかりでなく、日本仏教の大きな潮流をつくることになる。

関東・東北地方にも、奈良時代から山岳修行者は存在したとおもわれ、日光山を開いた勝道《しょうどう》上人や、箱根山を開いた万巻《まんがん》(満願)上人、筑波《つくば》山・磐梯《ばんだい》山の徳一《とくいつ》上人などは歴史的に実在を証明しうる。しかし無名の東北地方の山岳修行者にとって、円仁が偶像視された理由はどうもあきらかでない。公式の『慈覚大師伝』には国家的活動ばかり出ていて、東北遊化《ゆけ》のことがない。それにもかかわらず東北地方の山岳信仰の山には、慈覚大師開創が圧倒的に多い。円仁の生家が下野《しもつけ》の壬生《みぶ》氏なので、関東・東北に往来したことは十分察せられるが、その民間的事蹟がまったくあきらかでないのは、公式伝記の欠点というほかはない。こうした公式伝記や公式記録だけをつなぎあわせてつくられたのが、従来の日本仏教史であって、この人々のもっとも重大関心事であったにちがいない民衆救済は無視されてきたのである。

しかし山寺立石寺《りっしゃくじ》の縁起のように、東北地方の多くの山の開創は、慈覚大師の遊化を見て、磐司《ばんじ》、磐三郎《ばんざぶろう》のような狩人を兼ねた山の司霊者が、慈覚大師に山を譲った話になっている。これは円仁によって原始宗教の山伏が台密（天台系密教）に転じ、仏教化した現象をものがたるものであろう。

これに対して円仁の「山の念仏」の創始は、それまで無名の念仏者が充満していたところに、円仁が中国伝来の念仏の法をもたらして、大きな念仏運動をおこしたという図式にはあてはまらない。この念仏もやがて比叡山から流れ出して、浄土宗、浄土真宗、時宗、融通念仏宗を生むことになるが、直接円仁とその後継者のまわりに運動がおこったわけではない。しかしここで言えることは、死者の霊を鎮魂する民間宗教者が都鄙《とひ》にあって、「山の念仏」を鎮魂（往生と成仏）のために合唱するようになったのが、念仏による浄土往生の宗教運動になったことは、たしかなのである。そして円仁の念仏から、良忍や法然の念仏にいたる中間項に、空也と源信（恵心僧都《えしんそうず》）が位置することもまたたしかだといってよいであろう。

しかし私は、浄土宗や浄土真宗の前提として、円仁の「山の念仏」を位置づけようとしているのではない。それは本書のいままでの叙述でわかるように、一般民衆とどのようなかかわりをもったかが問題なのであって、その意味では円仁の「山の念仏」の直接の継承者は、一般民衆であったということをのべるためにここにとりあげたのである。

二　慈覚大師と五会《ごえ》念仏

いま念仏といえば、浄土宗や浄土真宗、時宗、融通念仏宗の念仏しかかんがえないのが、常識というものである。もちろん天台宗の勤行《ごんぎょう》には「朝法華夕念仏《あさほっけゆうねんぶつ》」というように、「例時作法」のなかで、多少の念仏をする。しかしもっとも多くとなえられたのは、宗派を越えた民間の「念仏講」の念仏であろう。

すべては民衆からはじめられなければならない。はじめに民衆《フォーク》ありき。つぎに宗派《セクト》をつくり給いき、であって、民衆のあいだに念仏があったから、宗派の祖師はその信仰的「意味づけ」の相違で宗派を立てたのである。

念仏講の念仏も、いまではほとんど声の抑揚や長短をもたない、いわゆる「団子念仏《だんごねんぶつ》」である。しかしもとは美しい曲調をもった念仏だったことは、仏教民俗の調査でまちがいなく断定できる。念仏が美しい曲調を失った間隙《かんげき》を埋めるために、各宗とも和讃と詠歌の合唱が流行したということができよう。

民衆の信仰はつねに集団的だから、念仏も合唱であって、合唱のためには曲調が必要である。これを私は「詠唱《えいしょう》念仏」と名づけるが、いま六斎《ろくさい》念仏とか融通《ゆうずう》念仏（融通念仏宗ではない）というのはそれで、それぞれの念仏講に節《ふし》がわかれたので、それぞれの地名でよぶこともある。ほとんど全国的な分布が推定され、節がそのまま民謡の節になったものもある。しかし念仏講の詠唱念仏は、死者の鎮魂（往生と成仏）とその供養のためにうたわれ、また共同体の一体化を強固にした。そしてその原曲にあたるものを、慈覚大師円仁がもたらしたのである。

円仁が偶然の機会で中国から伝えた詠唱念仏は、比叡山では「常行三昧《じょうぎょうさんまい》」の念仏といったが、民衆は「山の念仏」と称した。しかし中国では五台山の「法照流五会念仏《ほうしょうりゅうごえねんぶつ》」とよばれるものであった。日本ではそれがいろいろの変化をとげながら、現代まで民間にのこったけれども、おそらく中国では跡形もないのではなかろうか。この念

仏の後世への影響はきわめて大きいのに、『慈覚大師伝』は

仁寿元年（八五一）五台山念仏三昧の法を移し、諸弟子等に伝授し、始めて常行三昧を修す。

と一行でのべるにすぎない。

慈覚大師坐像（滋賀・金剛輪寺 提供）

ところで常行三昧というのは、「成仏の念仏」であって天台大師の『摩訶止観《まかしかん》』に説かれた悟りを体験する四つの方法、すなわち四種三昧の一である。その第一は「常座三昧」（一行三昧《いちぎょうさんまい》）で、文殊《もんじゅ》菩薩を本尊として、九十日間静座瞑想する。その第二が「常行三昧」（般舟《はんじゅ》三昧または仏立《ぶつりゅう》三昧）で、阿弥陀仏を本尊として人里をはなれた閑所において、九十日間本尊のまわりを行道《ぎょうどう》しながら念仏する。

歩々声々念々、唯《ただ》阿弥陀仏に在り。

と説かれて、往生のためではなくて無念無想になり、成仏するための念仏であった。したがってこの念仏は禅と一致するものだから、中国で

は禅念一致の念仏禅となり、日本では鎌倉時代の法燈《ほっとう》国師（心地覚心《しんちかくしん》）の禅となった。一遍はこの門に出た念仏者である。

比叡山の西塔には、いま常行堂と法華堂が弁慶の荷《にな》い堂といって並立しているが、常行堂が堂行三昧のために建てられたものであることは、いうまでもない。これに対して法華堂は第三の「半行半座三昧」（方等三昧または法華三昧）のためにできたもので、釈迦如来を本尊として、陀羅尼《だらに》を誦しては周旋行道《しゅうせんぎょうどう》し、正座しては実相中道を思《し》惟《ゆい》することをくりかえす。第四は「非行非座三昧」（覚意三昧、随自意三昧）で、一切時、一切所において、つねに随時随所に三昧を行ずるもので、これが四種三昧の究極であるという。したがって普賢菩薩の行願を実践するものではあるが、特定の堂を必要としない。

以上の四種三昧の中で、とくに後世に大きな影響をあたえた常行三昧は、慈覚大師円仁のはじめたものである。そしてこれは美曲の詠唱念仏であったために、他の三昧が堅い鹿爪《しかつめ》らしい修行であるのに対して、三昧僧も楽しいし、聴く方も楽しかったであろう。いわば宗教と芸術の一致だから、やがて「山の念仏」として愛好され、民衆もこれを習おうとしたにちがいない。その民衆の要望にこたえようとしたのが、大原の良忍という仏教音楽（声明《しょうみょう》）の不世出の大天才の作曲になる、「融通念仏」（融通念仏宗ではない）とよばれる詠唱念仏であった、というのが私の研究の結果得られた結論である。

しかしこれは、従来の常識をくつがえすものなので、良忍についての別論で説明することとしたい。ただこの念仏はそのままではどこにも伝わっていないので、いろいろの推定をかさねるほかはないが、この推定のなかでいろいろのことがわかってくる。それはこの念仏の音曲がむずかしい声明であったために、堂僧という音楽の専門家ができたことである。親鸞の越後における妻、恵信尼《えしんに》の手紙（『恵信尼文書』）に

このもん《（文）》ぞ、殿（親鸞）のひへ《（比叡）》のやまにたうそう《（堂僧）》つとめておはしましけるが、やまをいでて六かくたう《（六角堂）》に百日こもらせ給て、こせ《（後世）》の事いのり申させ給ける、九十五日のあかつきの御しけん《（示現）》のもん《（文）》なり。

というように親鸞が堂僧であったのは、常行三昧堂に勤務する僧というばかりでなく、声明と念仏に堪能な合唱僧であったことを意味する。このような芸能僧は、比叡山でも戒律その他の制約にしばられない身分だったし、ファンもあったろうから、容易に妻帯できたものと私は推定している。しかし親鸞はこれを罪業として深刻に悩んだところに、弥陀の本願に到達する出発点があった。

またこの堂僧は都へ出て、庶民信仰の寺の法会《ほうえ》に「山の念仏」を出張演奏したことを想定させる史料もある。したがって美声の堂僧は人気もあったし、都へ下る機会も多かったとおもわれる。音楽の天才である良忍は、比叡山東塔の常行堂の堂僧であっ

たが、晩年は大原に下って来迎院で声明に専心し、そのかたわら民衆にうたいやすい「融通念仏」を作曲した。『声明《しょうみょう》源流記』には

本覚房（良忍）は尾張国の人なり。本《もと》は叡山東塔阿弥陀房の堂僧なり。慈覚大師弘《ひろ》く声明《しょうみょう》を伝へて以後、各々一曲に達して習学練磨し名を飛ばす。良忍上人彼の哲に謁《えっ》し、習聚精研し、以て一と為す。

とある。阿弥陀房は常行堂《じょうぎょうどう》の堂僧の住房《じゅうぼう》であろう。

三　山の念仏の音楽性

慈覚大師円仁が「山の念仏」の原曲にあたる五台山の法照流五会《ごえ》念仏をもたらした由来は、円仁ののこした世界的旅行記『入唐求法《にっとうぐほう》巡礼行記』にくわしくのべられている。この旅行記の研究は多いが、この念仏についてはあまり注目されていないのはどうしたわけであろうか。

円仁は空海の没後三年の承和《じょうわ》五年（八三八）七月に入唐し、長安の開元寺《かいげん》に止住し、天台山と五台山を巡礼したいと願い出たが許されなかった。翌年遣唐使が帰朝するので、一緒に帰ろうとして乗船したところ、暴風で吹きもどされてしまった。これは五台山を巡礼せよとの思召しであろうと、下船して二人の弟子と従僕をともなって、千

辛万苦のすえ山西省の五台山へ登った。これは承和《じょうわ》七年（唐の開成五年）五月のことであったが、五台山の竹林寺は法照《ほっしょう》和尚の旧蹟で、その般舟《はんじゅ》道場において五会念仏を見聞したのである。

円仁の旅行記ではこの念仏は打槌《だつい》念仏とか表歎《ひょうたん》念仏と書かれているけれども、『浄土五会念仏略法事儀讃』によると、極楽の七宝樹林をテーマにした五楽章の合唱念仏であった。その楽章名から、その大体が想像できる。

第一会　平声緩念《ひょうしょうかんねん》　南無阿弥陀仏
第二会　平上声《ひょうじょうしょう》緩念　南無阿弥陀仏
第三会　非緩非急念　南無阿弥陀仏
第四会　漸急念《せんきゅうねん》　南無阿弥陀仏
第五会　四字転急念《てんきゅうねん》　阿弥陀仏

これははじめゆるやかな調子で、平声でナムアミタフを歌い、やがて声を張りあげながらゆっくり歌う。第三楽章では緩ならず急ならずのアンダンテ調で歌い、第四楽章で次第に急調子になる。ここまではナムアミタフの六字に抑揚長短のメロディをつけて歌うが、終章にはアミタフの四字を急調にくりかえす。

日本の六斎念仏には四遍《しへん》、白舞《はくまい》、阪東《ばんどう》などの曲があり、四遍には第一会から第三会までがふくまれ、白舞は第四会にあたる行進曲である。そして阪東は急調子の踊り曲なので、第五会にあたるとおもわれる。阪東ではナムマイとかアミダー、アミダンブなどの四字転にあたるくりかえしがあるが、これはおのずからエクスタシーに入る調子である。中国の五会念仏には踊りがあったかどうかは不明であるけれども、日本ではこれが鎮魂舞踊に結合して、踊念仏または大念仏になったのである。

詠唱念仏と踊念仏についてはあらためて別稿でのべることとして、円仁のもたらした五会念仏がいかに音楽的であったかを見てみよう。『天台座主記』（『天台霞標』第二編之二）によると、

慈覚大師　承和十五年新たに常行三昧堂を建つ、仁寿元年五台山念仏三昧の法を移す。此の法は法道（照）和尚、現身に極楽国に住し、親しく水鳥樹林念仏の声を聞く。大師（慈覚）在唐の日、一夏《いちげ》の間其の音曲を学ぶ。象牙の笛を以て音律を伝ふと云ふ。件の笛は伝へて叡岳の前唐院《せんとういん》に在り。

といい、象牙の笛というのは象牙の尺八であった。このことから見て尺八は、詠唱念仏の伴奏楽器になったものとおもわれ、中世には尺八をもった暮露《ぼろ》（梵論師《ぼろんじ》）が、如《にょ》法《ほう》念仏をうたったり、大念仏の主宰をしたりした。『徒然草』（百十五段）に

宿河原といふところにて、ぼろぼろおほく集りて、九品《くほん》の念仏を申しけるに

とあり、『七十一番職人歌合』には暮露が腰に尺八を差して唐傘をもっていた姿がえがかれている。

この念仏の尺八については、ほかの伝承もある。『帝王編年記』（巻十三、承和十四年の条）には

大蘇山の法華三昧と清涼山《せいりょう》（五台山）の常行三昧とは、大師（慈覚）の伝ふる所なり。帰舟の纜《ともづな》を解きて野馬台《やまと》に赴くとき、船上に三尊顕現し、「成就如是也《じょうじゅしょせや》」の節を伝へ給ふ、或る記に曰く、渋河鳥《しむか》は隋《ずい》の煬帝《ようだい》、汴《べん》の渋河に於て此の曲を作る。慈覚大師は引声《いんせい》念仏を笛を吹いて之《これ》を渡さる。今の曲は其の音なりと、

とあって、円仁が念仏を日本へ伝えるのに笛をもちいたのはよほど有名であったらしい。この笛を楽書『教訓抄』（天福元年＝一二三三）は横笛としているが、『古事談』（建保三年＝一二一五）は円仁の声明の声量が不足したので、尺八で引声《いんしょう》阿弥陀経を伝えたとしている。しかし引声念仏を引声阿弥陀経と誤ったもので、詠唱念仏の五会念仏だったことにかわりはない。すなわち

慈覚大師、音声不足にましまさしめ給ふの間、尺八を以て引声の阿弥陀経を吹かしめ給ひぬ。

とあり、尺八は伴奏楽器であるとともに声継ぎにしたというのは、よほど声をながく引く節があったものかとおもわれる。今も藤沢遊行寺《ゆぎょうじ》の詠唱念仏には「アミ引きダ張り念仏」というのがあり、「南無阿ー弥ー」とながく引き、「陀」を高く張り上げる。また「琵琶声」などといって声を細くながく引くテクニックもあるのは、その名残り

とかんがえられよう。

ところで慈覚大師円仁は、この念仏をもって承和十四年（八四七）に帰朝し、十五年に常行三昧堂を比叡山東塔に建て、仁寿《にんじゅ》元年（八五一）から常行念仏をはじめたという（『山門堂舎記』）。しかし円仁の寂後は、貞観《じようがん》七年（八六五）から「大師本願不断念仏」としておこなわれるようになった。これがいわゆる「山の念仏」で、『栄花物語』（「うたがひ」の巻）には、寛仁三年（一〇一九）の道長出家に、

八月、山の念仏は慈覚大師の始め行ひ給へるなり。中の秋の風涼しく、月明かなる程なり。八月十一日より十七日まで七ケ日が程、公のまつりごと、私の御いとなみを除きて籠《こも》り在しまして、やがて御修法《みすほ》行はせ給。

とあるように、九十日の常行三昧は七日間になっていた。これは貞観七年始行から約百二十年後に書かれた『三宝絵詞《えことば》』（永観二年）でもおなじであるが、正しくは「比叡不断念仏」とよばれていたことがわかる。したがって「山の念仏」を往生をねがう観想の念仏と理解するのは誤りで、実は滅罪の念仏であった。

（比叡不断念仏）念仏は慈覚大師のもろこしより伝て、貞観七年より始行へるなり。四種《ししゅ》三昧の中には常行三昧となづく。仲秋の風すゞしき時、中旬の月明《あきらか》なるほど、十一日の暁より十七日の夜にいたるまで、不断に令《おこなわしむる》レ行なり。（中略）身は常に仏を廻る。身の罪こと〴〵くうせ《（失）》ぬらむ。口には常に仏を念ず。心のあや

まちすべてつき（尽）ぬらむ。（下略）

このように平安中期では比叡山常行三昧の念仏は滅罪の信仰でおこなわれ、「八十億劫《おくこう》の生死の罪をけし、忽《たちまち》にその国（極楽）にむ（生）まる」と滅罪の結果として往生できるものとしている。これもまた「山の念仏」の根本的な性格であって、「念仏」といえばすべて「往生」という一つ憶えの常識は、「山の念仏」にも「里の念仏」（念仏講の念仏）にもあてはまらない。これはまた円仁の著といわれる『述懐抄』（良忠著『般舟三昧私記』所引）に、常行堂参詣のとき、次の文をとなえたことにもあらわれている。

無始已来無量罪　　今世所犯極重罪
日々夜々所作罪　　念々歩々所起罪
念仏威力皆消滅　　命終決定生極楽

このようにして比叡山には、東塔常行堂についで寛平《かんぴょう》五年（八九三）には西塔の常行堂が建立され、康保《こうほう》五年（九六八）には横川《よかわ》常行堂ができた。比叡山外でも三井寺《みいでら》には貞観十七年（八七五）に常行堂ができ、安和《あんな》二年（九六九）には多武峯《とうのみね》常行堂で九十日間の常行三昧がはじめられた。また長元三年（一〇三〇）に道長の法成寺《ほうじょうじ》東北院に常行堂ができ、九月十三夜の東北院念仏会と称して、京中の貴賤老若が結縁《けちえん》にあつまった。その有様は『釈氏《しゃくし》往来』（守覚法親王）や『東北院職人歌合』にくわしい。
（拙稿「東北院念仏会と職人歌合」角川版『新修日本絵巻物全集』月報25）

これらの比叡山内山外の常行堂を通して「山の念仏」は民衆のあいだにひろがったが、山の堂僧が出張して法照流五会念仏を披露する場合もあった。これは『石清水不断念仏縁起』（延久二年）に見え、治暦《ちりやく》三年（一〇六七）まで二百余年のあいだに、比叡山上の不断念仏に結縁する者、幾千万とも知れないが、延久二年（一〇七〇）より比叡山西塔院常行堂僧を招いて、石清水八幡の宝前において、念仏三昧を修するようになったとある。しかし来年からは八幡宮護国寺の僧にこの念仏の度曲（曲調）を教えて、年中行事とすることを発願している。

このようにして「山の念仏」は良忍によって「里の念仏」となり、また法照流五会念仏がうたいやすい「融通念仏」に改曲されて、ますますひろまった。一方では源信（恵心僧都）の『往生要集』で念仏の観想化がおこり、浄土往生を目的とする浄土教が盛んになった。私はこれを「詠唱の念仏」に対して「願生の念仏」とよぶこととしているが、わが国の民間念仏は往生だけが目的でないことを、知っておく必要があるとおもう。

理源大師と大峯修験道

一　大峯山と理源大師

大峯山《おおみねさん》という名称はよく知られているが、一般には、その実体があきらかでない。これはいうまでもなく、山伏《やまぶし》の修行場として神秘の扉にとざされてきたからである。そこに何があり、そこで何がおこったかは、山伏が「他言無用」の金打《きんちょう》をして、その山に入ったために知られることがなかった。

また大峯山と金峯山《きんぶせん》は同義語のようにもちいられてきたが、この金峯山がはっきりしない。『万葉集』や『梁塵秘抄《りょうじんひしょう》』などで「金《かね》の御嶽《みたけ》」とよまれたのは、吉野金峯山のことであるが、平安朝中期以降は金峯山といえば大峯山上ヶ嶽《さんじょうがたけ》を指した。したがって『源氏物語』や『枕草子』に「御嶽精進《みたけそうじ》」とあるのは、大峯山上ヶ嶽に登るための精進潔斎のことである。

これらの文学から、厳重な精進をしなければ登れない山として、金峯山すなわち大峯山はいっそう神秘的になった。その神秘性は十世紀末の中国にもなりひびいていたようで、中国五代の世の後周《ごしゅう》(九五一―九六〇)の『義楚六帖《ぎそ》』には、日本国都城の南五百余里に、金峯山有り。頂上に金剛蔵王菩薩《こんごうざおう》有り。第一の霊異の山にして、松檜名花異草有り。大小の寺々数百、節行高道《せつぎょうこうどう》の者、之に居る。曾て女人の上るを得たること有らざるか。今に至りても、男子上らんと欲せば、三月酒肉欲色を断つ。求むる所、皆遂ぐと云ふ。菩薩(金剛蔵王)は弥勒の化身にして、五台(山)の文殊の如し。

とあって、かなり正確に大峯山上ヶ嶽の金峯山をつたえている。ただし山上の寺数百といったのは、吉野金峯山との混同であろう。

いまも大峯山といえば山上ヶ嶽を指し、毎年数万の男子がのぼり、女人禁制の山として有名である。十年前までは吉野金峯山、すなわち奥の千本といわれる金峯神社や西行庵のある青根《あおね》ヶ峯(八五八メートル)が「女人結界《けっかい》」で、それから先は山上ヶ嶽まで三十キロ、女人はのぼれなかった。いまはこの山上ヶ嶽の周辺、南北四キロ、東西二キロほどが女人禁制である。

女人禁制は山を神秘のヴェールで包む。この世の中に神秘がなくなったら、砂漠のようになってしまうだろう。すくなくも日本人の半数を占める女性に、この山上ヶ嶽の男の行場をのぞき見ることを許さないタブーがあるということは、日本の山に宗教的神秘性をのこすために必要なことであるとおもう。というのは、日本人にとって山は男の孤独な苦行の場であって、なりふりかまわぬ命がけの苦行で、超人間的な力《カリスマ》を身につける聖地だったからである。それは長いあいだ、日本人の精神をやしなってきたのである。

もちろん戦前までは、吉野金峯山から大峯山上ヶ嶽をへて、熊野にいたるまでの、約百五十キロがすべて女人禁制であった。この女人禁制の全山が、実は大峯山だったのである。したがって、大峯山という特定の山があるのでなく、山伏の命がけの苦行をする吉野から熊野までの一本の山道が大峯山である。そのあいだには有名な山をあげただけでも、山上ヶ嶽のほかに大普賢《だいふげん》嶽、小普賢嶽、行者還《かえり》嶽、弥山《みせん》、釈迦嶽、大日嶽、地蔵嶽、行仙《ぎょうせん》嶽、玉置《たまき》山などがある。修行の山伏は峯にのぼり谷に下りして、これらのピークをすべて踏んでゆくのである。この修行がすなわち修験道というもので、その創

役の行者木像
（滋賀・石馬寺 提供）

始者が役《えん》の行者《ぎょうじゃ》であり、中興が聖宝《しょうぼう》理源大師であるといわれている。

山伏は山へ入ると行場行場の勤行《ごんぎょう》に

南無神変《じんぺん》大菩薩（役の行者）

南無聖宝尊師（または南無聖宝理源大師）

をかならずとなえる。これは役の行者と理源大師を修験道の祖とする伝承と信仰ができていたからである。ところが歴史的に見てゆくと、そのように簡単にはいえない。そこでこの伝承を検討して、日本人にとって修験道とは何であったかをかんがえて見たい。

二　大峯山の成立

山が神や霊の世界であり、神秘の世界であるという山岳宗教は、原始の日本人が宗教生活をいとなむようになって以来のものとおもわれる。日本人は山の神霊の力で、病気を治したり、死者を蘇らせたり、雨を降らせ、豊作をもたらすような呪術をおこない、未来を予知する予言託宣をおこなった。そのような山岳宗教者、すなわちのちの山伏は、外来の呪術によって、これをいっそう効果的にしようとして、中国の陰陽《おんみょう》道《どう》や仏教をとりいれた。その初期の段階での偉大な山伏が役の行者であったが、この行者は実は大峯山ではなくて、葛城山《かつらぎ》の山伏であった。しかし役の行者が修験道の偶像にまつりあげられると、大峯山はもちろんのこと、全国の有名な山はすべて役の行者が開いたという伝説ができるようになった。それでもいろいろの史料をもとにしてかんがえると、吉野金峯山に蔵王権現《ざおうごんげん》をまつって、仏教を導入したところまでは、役の行者の仕事であったろうとおもう。

これに対して熊野にも裸形《らぎょう》仙人とか、南菩薩永興《えいこう》などの山伏が熊野修験道を開いた。そして熊野三山のみならず、玉置山から釈迦嶽へと修行路を北へのばした。吉野側からも八世紀末から九世紀には、山上ケ嶽を経て弥山《みせん》へと修行路を南へのばし、双方の修行路が結合したのが、十世紀のことで、これが聖宝理源大師の時代にあたる。ここに大峯山という修行路ができて、大峯修験道が成立したことになる。このような修行路の啓開に容易ならぬ困難があったことは、山伏の斧と山刀を見てもわかる。修行路の啓開は、千古の密林の大木を倒し、荊棘《けいきょく》を伐り払わなければならなかった。

山伏が山野を跋渉《ばっしょう》するのを抖擻《とそう》というが、普通、抖擻は梵語のドフータ(dhūta)すなわち頭陀《ずだ》の音訳といい、乞食《こつじき》することだとする。はたしてそうだろうか。人っ子一人おらない密林のなかで、誰に食を乞うというのだろうか。抖も擻も「払い去る」意なので、胸中の俗塵を払い去ることだという解釈もある。しかし山伏の抖擻ということは、別の意味があると私は理解している。すなわち樹木や叢藪を、斧と山刀で伐り払い、修行路を啓開する苦行を指すものとおもう。
現在でも大峯修行路を維持することは、大そう困難である。毎年奈良県観光課が多数の人夫で道を修理するが、大日嶽から先は永いあいだ不通であった。この道は明治初年の有名な大峯修行者、実利《じつかが》行者が修理してからのち、また不通になっていた。それが最近修験道ブームで、地元北山村の努力で通れるようになったという。したがって八世紀から十世紀にかけて、まったくの自然林に道をつけた労は想像を絶するものがあったとおもう。いわゆる「山を開く」というのは、初登頂するということではなくて、道を開くことであった。
したがって大峯山を開くことは、どんな偉大な山伏でも、一人や二人でできることではない。無名の多数の修行者が、道を開くことそれ自体を修行として、長年をかけてできたのである。そのような中で八世紀のごく末の延暦十年（七九一）前後には、大峯山上ヶ嶽が開かれていたことは、空海の自叙伝的文学『三教指帰《さんごうしいき》』（巻下）の
或る時は金巌《きんがん》に登って、雪に遇うて坎壈《かんらん》たり。或る時は石峯《せきほう》に跨《また》って、粮《かて》を絶って轗軻《かんか》たり
の文や、『性霊 集《しょうりょうしゅう》』（巻九）の述懐、
空海少年の日、好んで山水を渉覧せしに、吉野より南に行くこと一日、更に西に向って去ること両日程《りょうじつ》にして、平原の幽地有り。名づけて高野と曰ふ。

によってあきらかであるとおもう。

実はこのことが、聖宝理源大師の大峯中興の伝承に密接な関係が出てくるのであって、聖宝は大峯修験道の確立を、祖師弘法大師の遺志を継ぐものとして、熱意をもやしていたであろう。しかし聖宝の宗教的活動は、東大寺と醍醐寺の経営が最大の仕事であり、興福寺、弘福寺《ぐふくじ》、現光寺（吉野寺）、西寺、東寺、普明寺《ふみょう》などに、仏像や建物を建立することでいそがしかった。ただ吉野金峯山については、

金峯山に於て、居高《いだか》六尺金色の如意輪観音を建立幷びに造り、一丈多門(聞)天王、金剛蔵王菩薩像を彩《いろど》る。現光寺（吉野）に於て弥勒丈六《みろくじょうろく》菩薩、一丈地蔵菩薩像を造る。金峯山の要路、吉野川の辺に船を設け、渡子《とし》の傜丁《ようてい》六人を申し置く。

とあるだけで、大峯山へ登ったということは一言も出て来ない。これは『聖宝僧正伝』というものが、醍醐寺のこともあまりしるさず、南都での活動を主としていることにもよるであろう。しかしこれをどう解釈したらよいであろうか。

現在、大峯山の修行路には、聖宝の遺跡としては山上ヶ嶽から奥駈《おくがけ》道を三十町ほど入った、「小篠《おざさ》の宿《しゅく》」に理源大師堂がある。奥駈というのは山上ヶ嶽から熊野まで越えることで、命がけの行である。山上ヶ嶽までは男なら誰でものぼれるが、奥駈はプロの山伏の修行するところであった。その第一の入口に聖宝をまつり、当山派（醍醐派）の山伏はここで正灌頂《しょうかんじょう》という大事な儀式をする。よほど大事なところなのである。

登り口の聖宝理源大師像（提供：ピクスタ）

また奥駈の第一日の行程の最後の難所に「聖宝八丁」という急坂がある。弥山《みせん》へ登る坂であるが、その登り口に青銅の理源大師像があって、これに触れるものがあれば、かならず雨が降るという。雨乞信仰があったのかもしれない。しかし弥山の八経《はっきょう》ヶ嶽（一九一五メートル）は大峯山系の最高峯であり、ここから下れば弘法大師ゆかりの天河《てんかわ》弁財天社のある坪内《つぼのうち》で、高野山に通ずる。このことからおもえば聖宝は吉野から山上ヶ嶽を経て弥山にのぼり、天河に下って吉野へ帰るという奥駈修行をはじめたのではないかとおもう。事実、醍醐三宝院門跡が入峯《にゅうぶ》するときは、このコースをとったのである。それが別の理由で、役の行者開創の後をうけて、大峯中興の祖となったのであるとおもう。

一般に伝えるところでは、大峯山はすでに役の行者が開いたが、毒蛇があらわれたので修行路が閉されて二百年あまり経った。そこで理源大師は毒蛇を退治して七段に斬り、これをすてたのが大普賢嶽をすぎて、「児泊《ちごどま》り」から国見嶽にいたる間の「七つ池」であるという。それからは大峯修行ができるようになったので、理源大師を大峯山中興の祖とするのである。

しかしこれが歴史事実でないことはすでにのべた通りで、大峯修行路を開いたのは多数の無名の山伏と、十津川《とつがわ》谷および北山川谷に住んだ山人たちであったとおもう。しかし文献的に吉野から熊野へ越えたという山伏は、ちょうど聖宝の生存した延喜年間の陽勝《ようしょう》仙人というものであった。これは『本朝法華験記』（巻中）の「叡山西塔宝幢院陽勝仙人」に見えるもので、金峯山にのぼって穀断や断食によって神仙術を体得し、ついに熊野へ飛んだという。

延喜元年（九〇一）の秋、陽勝永く去り、烟霞《えんか》のごとく跡無し。著《き》る所の袈裟を松の枝に懸け置く。（中略）陽勝已《すで》に仙人と成り、身中に血肉無く、異骨奇毛有り。両翼身に生じ、虚空を飛行すること、麒麟鳳凰《きりんほうおう》の如し、龍門寺の北峰にて適《たまたま》会見し、又熊野松本峰にて本山（比叡山）の同法に遇ふ。

などとあり、吉野と熊野のあいだは、仙人でもなければ越えられないとおもわれていた。しかし陽勝は吉野の龍門山で会った人があったばかりでなく、熊野の松本峰で会った人があったということと、聖宝理源大師の大峯修行路中興の伝承とを合せて、十世紀初頭に吉野から熊野へ修行した山伏がおったことを推定することができる。

なお聖宝と大峯修験道をむすびつけるもう一つの証拠は、鳥栖《とりすみ》（吉野郡黒滝村）の鳳閣寺《ほうかくじ》である。ここは中世から近世にかけて、当山派（真言系）山伏の支配権をもつ総袈裟頭《そうけさがしら》という地位をほこったが、それは聖宝が大峯修験道の最高の儀式である「峰《ぶ》中灌頂《ちゅうかんじょう》」をおこなったためとされている。伝説では聖宝はここで毒蛇を退治したといい、現在大蛇の頭骨というものがこの寺にあるが、『扶桑略記』（天慶六年七月五日条）によれば、この寺をひらいたのは、聖宝の弟子、貞崇《じょうすう》（八六六―九四四）である。しかし貞崇はすべての功を師の聖宝に帰《き》したもので、寺の本尊も笈《おい》を負い、兜巾《ときん》、篠《すず》懸《かけ》、錫杖《しゃくじょう》の入峯《にゅうぶ》姿の聖宝理源大師である。

もちろん貞崇の鳥栖鳳閣寺開創は聖宝の志を嗣いだものであり、聖宝はまた空海の志を嗣いだものとおもうが、聖宝の大峯修験道への功績は、多分に貞崇のものであったと私はかんがえている。『扶桑略記』は、

本願あるに依り、金峰山の辺に籠り、一新草堂を結構し、三十余年、更に出山の思を絶ち、一生の間、臥雲《がうん》の志を遂げんと欲す。

とのべて、三十年の山岳修行をしたとしている。そのあいだに大峯修行もして、この修行を終えた山伏の即身成仏《そくしんじょうぶつ》を証明する「峰授密灌《ぶじゅみつかん》」をおこなった。これが貞崇撰《せん》の『大峰界会万行自在法』（『自心自在法』）とされているが、くわしくは『大峰界会万行自在次第』（成賢撰）にあって、この灌頂は昌泰《しょうたい》三年（九〇〇）四月二十五日に大和国吉野郡鳥栖山真言院道場において、大祇師《だいぎし》は法務聖宝、中祇師は別当観賢《かんげん》、小祇師は

寺主貞崇でおこなったとしている。これがすなわち慧印灌頂《えいんかんじょう》という修験道独特の灌頂になったもので、これを大峯修験道の成立とすることができる。

この儀礼にともなって教理もできたが、これは『最勝慧印三昧耶表白集』などにのべられていて、すべて金剛界、胎蔵界の合一、すなわち両部不二という密教教理を根底にしている。そしてこれらはすべて龍樹菩薩の教示を理源大師がうけたもの、という形をとっている。

三　理源大師と上醍醐

戦乱の多かった京都の市内には、平安期の建物を見ることは困難であるが、宇治の平等院と山科の醍醐寺には、創建当初の建物が見られる。醍醐寺の五重塔がそれである。したがって聖宝理源大師といえば、醍醐三宝院の庭園とこの五重塔がおもい出される。しかし聖宝の本質は上醍醐にあった。これは山は低いけれども山岳宗教の山だからである。

聖宝は弘法大師の孫弟子にあたるが、その密教は高野山の真然《しんぜん》の系統に属し、都市の貴族的密教よりも、山岳の庶民的密教を重んじた。都市密教が華麗な文化を生んだのに対し、山岳密教は山林修行による法験をあらわし、信仰と奇蹟によって庶民を救済した。弘法大師の本質も、少年時代の山林修行ばかりでなく、長く高雄山に住み、高野山を開くなど、山岳密教、修験的密教にあったということができる。聖宝はこうした弘法大師の志を継ぎ、また発展させたのである。

聖宝が上醍醐に入ったのは元慶《がんぎょう》のはじめ（八七七ごろ）といわれ、四十四、五歳のころであった。それまでは主として南都東大寺で法相宗を学び、元興寺で三論宗を学んだ。おそらくこれにあきたらなかったのであろう、醍醐寺山に登って修行をはじめたが、『聖宝僧正伝』によると、この山は

高嶺嶮崒《こうれいけんすい》　幽渓嵯峨《ゆうけいさが》として、雲帯《うんたい》山腰を遶《めぐ》り、水石腋《せきえき》を錐穿《すいせん》す。

とあるように幽邃《ゆうすい》であり、清水が湧いていた。この水が醍醐の味であるというので、醍醐水と名づけ、山を醍醐山、寺を醍醐寺というようになった。

しかし聖宝はここに安住したのでなく、東大寺別当に任じられたり、貞観寺《じょうがんじ》座主に補せられたりした。東大寺別当としては、東大寺に密教を入れ、弘法大師の旧蹟である大安寺の佐伯院《さえきいん》を、一夜のうちに解体して東大寺に移したといわれている。これが現在の東大寺本坊東南院で、中世には東大寺は真言宗を称した。よほど弘法大師を慕う心が深かったのである。そして貞観寺座主に補せられたときは、密教受法の師である高野山の真然《しんぜん》僧正に書を送って

残熱を惟《おもんみ》るに、道体康和《どうたいこうわ》なりや。山鎚《さんかん》遥かなりと雖《いえど》も、憑頼《ひょうらい》近きが如し。苦行年

を送る。馳心《ちしん》何ぞ休《や》まん。朝夕慈護せられんことを、深く渇望する所なり。

と、師をおもう心が厚かった。真然僧正はいうまでもなく弘法大師の甥で、大師ののこした高野山を完成した人である。その高野山の苦行と、寺塔経営の馳心をおもい、師の自愛を渇望したこの手紙は、聖宝の真情にふれる思いがする。

空海の密教がどのようなところに真意があったかは、依用《えゆう》の経典や著述だけではわからない。本音と建て前はちがうからである。むしろその行為や、後継者にあらわれたものを見る必要がある。ただ後継者は真雅《しんが》・真然のように山岳密教と、実慧《じちえ》・真紹《しんじょう》・宗叡《しゅうえい》のような都市密教とにわかれた。そして前者は聖宝や観賢《かんげん》や貞崇《じょうすう》を通して小野流《おのりゅう》となり、後者は貴族出身の益信《やくしん》や空理《くうり》（宇多法皇）や寛空《かんくう》・寛朝《かんちょう》を通して広沢流《ひろさわ》となった。しかし空海の肉親である真雅・真然の山岳密教にその真意があったことを信じて、聖宝理源大師は上醍醐を開き、大峯修験道を開いたということができよう。

その意味で上醍醐は重要な意味をもっている。これが西国三十三観音霊場としての庶民信仰をあつめたのも、その発祥が庶民救済にあったからである。しかし聖宝は七十八歳で延喜九年七月六日に、貞観寺の南の深草の普明寺《ふみようじ》で入寂した。そしてその遺骨は上醍醐の最高峯に埋められ、その上に開山堂が建った。いわば醍醐寺山の山神をまつる場所に開山がまつられたのである。これは修験道の奥儀に、開山は山神と同一であるという信仰があったからだと私はかんがえている。

これは高野山における弘法大師もおなじで、奥之院弘法大師廟は、山神の丹生津比売《にうつひめ》と高野明神に対して同格なのである。これは山岳信仰では開山は山神と同格化するからで、密教の即身成仏とは修験道の即身成神のことなのである。これは人間の生身を通して神があらわれるので、人神《ひとがみ》信仰ともよばれている。高野山の弘法大師は、歴史上の弘法大師とはまったくちがうのであって、異常な霊力と験力をもつ神的存在であるのは、このような山岳宗教の構造を見ないと理解できない。

その意味で役《えん》の行者も聖宝理源大師も神格をもった開山として、山伏はこれを礼拝し、その霊力をうけようとする。

南無神変大菩薩

南無聖宝理源大師

の宝号は、歴史上の役の行者と、歴史上の聖宝尊師の名をとなえているのではない。私はここで歴史上の聖宝尊師をかたったが、これが山岳宗教、あるいは修験道においてはまったく意味が異なるのである。したがって聖宝理源大師は、現在今日でも、山伏たちが入峯《にゅうぶ》の行場行場で宝号をとなえるたびに現前《げんぜん》して、信仰するものの願いを叶え、奇蹟をあらわすものと、私は信じている。

II

空也と茶筅

一　空也僧の茶筅売り

鉢たたき　昼は浮世の　茶筅売《ちゃせんうり》

支考《しこう》の句であるが、江戸時代には空也《くうや》僧鉢叩《はちたたき》は、京の市中で茶筅を売った。鉢叩というのは、もと鉄鉢を打ちながら、食物や銭を乞うて托鉢《たくはつ》したためという説と、兜《かぶと》の鉢をたたいて踊念仏《おどりねんぶつ》をしたという説とがある。また念仏の鉦《かね》を打って街や村をあるいたので、鉦打《かねうち》ともよばれたが、実際は鉦と瓢簞《ひょうたん》をたたいて墓所を巡り、念仏をしたのである。

京都では市街の周辺に五三昧《ごさんまい》または七墓《ななはか》とよばれる、広大な墓所があった。時代によって場所や名称はちがうが、江戸初期の『日次紀事《ひなみきじ》』は船岡山・中山・鳥辺山《とりべやま》・最《さい》勝河原《しょうがわら》・珍皇寺《ちんこうじ》をあげている。昔は三昧聖《さんまいひじり》が死者を六道の辻や六地蔵の前で受け取り、家族はそこで別れて帰らなければならなかった。墓地の入口の地蔵尊に「うけとり地蔵」の名があるのは、そのためである。そこから先は三昧聖にまかせられ、ふたたび家族が墓参りすることはなかった。その代りに空也僧が、その回向《えこう》と供養をしたものとかんがえられる。一般の人は盆、彼岸をのぞいては、穢《けが》れの多い墓地、三昧に入ることができなかったのである。

もちろん墓地回向の念仏は、空也上人がはじめたものである。これを空也僧たちはながくうけ継いだが、江戸時代では旧十一月十三日から十二月三十日の大晦日まで、毎夜五三昧巡りの寒林《かんりん》念仏をした。この空也僧が俗に鉢叩（鉢敲）とか鉦打とよばれたので、

長嘯《ちょうしょう》の　墓もめぐるか　鉢敲《たた》き

の芭蕉の句がある。しかし芭蕉のころはすでに、寒夜に洛中洛外の夜空にひびく鉢の音を、風流として鑑賞するようになっていた。芭蕉の、

納豆《なっと》切る　音しばしまて　鉢叩き

の句などは、その鑑賞的態度をあらわしている。

旧十一月十三日から十二月三十日まではちょうど四十八日になるので、弥陀四十八願にならって四十八夜念仏といった。ところがこの十一月十三日を、いつのころから か空也忌というようになり、空也僧は踊念仏をして空也上人を偲ぶことになっている。

しかし空也の忌日は『空也誄《るい》』その他で、天禄三年（九七二）九月十一日がはっきりしているので、これは他の理由があるであろう。のちにはこの忌日との矛盾をさけるために、空也上人は十一月十三日に京洛を出て奥州へ赴き、会津八葉寺で九月十一日に入寂したというようになった。江戸時代初期に海北友雪《かいほうゆうせつ》（一五九八―一六七七）によって画かれた『空也上人絵詞伝』（三巻、天明二年上梓）の下巻には、

上人康保二年（九六五）霜月十三日に平安城を出て、出羽奥州に至り説法、念仏をすゝめ給へば、教にしたがふ者数をしらず。時に天禄三年九月十一日、奥州会津黒川にて、臨終の時、（下略）

とのべている。すなわち奥州へ行けば、何時何処《いつどこ》で果てるともわからないから、この門出の日を我が忌日とせよといったというのである。

昔から遊行者《ゆぎょうしゃ》というものは、何時何処で終焉《しゅうえん》をとげるかも知れぬ旅に出るものであった。たしかに空也の後の空也僧は「阿弥陀の聖」とよばれて、行方《ゆくえ》定めぬ放浪者である時代がながかった。おそらく各地に定着したのは中世末期ではないかとおもう。そのような遊行者は家なり村なりを出るときが、忌日だったのである。また十一月十三日はたしかに四十八夜念仏の開白《かいびゃく》の日であるが、この日には大念仏法要があって踊念仏を修行し、空也上人を弔うとともに、有縁無縁の精霊を弔ってから五三昧巡りに出たものとおもわれる。これがまた十一月十三日を空也忌とするようになった理由で

あろう。
そこで空也僧の鉢と茶筅の関係であるが、これは今の文献の歴史や仏教史ではどんなにしてもわからない。しかし民衆というものは歴史を生活や祭のなかにのこすので、民俗や民俗芸能からあきらかにする道が、ちかごろ開けたのである。本書もこの方法論で、民衆のなかに保持された日本の仏教をあたらしく掘りおこしている。そうすると空也僧と茶筅の関係もわかってくるのである。

まずその前に、空也僧すなわち鉢叩の茶筅売りを見ておこう。これは『都名所図《みやこめいしょず》会《え》』などでお馴染《なじみ》なように、黒衣に頭巾をかぶった鉢叩が、一間ほどの竿の先に藁《わら》ぼてをむすび、これに干魚を挿す「べんけい」のようにたくさん串をさして、串に茶筅をつけてかつぐ。鳴物は鉦と瓢箪を叩いてあるいたもので、戦後に復活したときは、茶筅を買えば瓢箪型の干菓子をくれた。これは昭和二十三年に物好きな風俗史家が、『都名所図会』などで考証したといって、京都市観光課にすすめ、空也堂所属の空也僧に扮装させて、四条通りを歩かせたのである。

『都名所図会』の鉢叩き（出典：国立国会図書館デジタルコレクション）

戦前は空也堂の空也僧は四十八夜念仏の結願《けちがん》と称して、大晦日に青竹茶筅を売りあるき、元日の大服茶《おおぶく》（王服茶）の茶筅とした。しかし江戸時代は大晦日とはかぎらず、平素茶筅を作り、これを売ることを業としたのである。そのときの服装は法衣ではなく、鷹の羽大紋の襖《あお》であった。宝永三年の『風俗文選《もんぜん》』の「鉢扣《たたき》の辞」に、

かれが修行は瓢箪を鳴らし、鉦打ちたたき、二人三人つれても謳《うた》ひ、かけ合ひても謳ふ。その唱歌《しょうが》は空也の作なり。かくて寒の内と春秋の彼岸は、昼夜をわかず、都の外、七所の三昧をめぐりぬ。無縁の手向《たむけ》のたふとければ、かの湖春も、わが家はづかし、とはいへり。常は杖の先に茶筅をさし、大路小路に出でて、商ふ業変りぬれど、さま同じければ、たたかぬときも鉢扣とぞ、曲翠は申されける。

（中略）法師ならぬ姿の衣引かけたれど、それも墨染にはあらず。多くは萌黄《もえぎ》に鷹の羽打ちちがへたる紋をつけて着たれば、（下略）

とあるのは江戸時代の風俗をあらわしている。

京都の鉢叩は四条坊門（蛸《たこ》薬師）櫛笥《くしげ》町の空也堂を中心に、十八家で構成されていた。その中から一人だけ清僧が出て空也堂の住職をし、他は俗形妻帯の生活をおくった。そして茶筅を作って売るのを生業《なりわい》とし、四十八夜念仏の修行によって空也僧の体面をたもったのである。しかし明治以後は特殊職業者として、いわれのない差別をうけたために、一家二家と京都をはなれたという。とくに名古屋・岐阜方面に移住する

ものが多く、現在は岐阜で空也忌の踊念仏をしているときいている。最後までのこって空也堂の踊念仏の世話をした岸啓真師も神奈川県の大和《やまと》市に移り、空也念仏の復興を企図していたが、最近は消息も絶えた。戦後空也堂をささえた住職の葛原定斎師も歿後久しくなり、市中《いちなか》道場（空也堂極楽院）の様子はどうかと、一昨年訪ねて見たときは、狭い境内も貸駐車場になって、昔の閑寂な俤《おもかげ》はなくなっていた。

二　空也踊念仏とササラ

空也上人の念仏修行の姿といえば、六波羅蜜寺《ろくはらみつじ》や愛宕山《あたご》の月輪寺《がつりんじ》にある、空也上人像がおもいうかべられる。脛高《はぎだか》に衣をつけ、鉦鼓台《しょうこ》を胸にかけて、右手に撞木《しゅもく》、左手に鹿角杖《わさづえ》をもつ姿である。とくに口から六字六体の小阿弥陀仏がとび出す意匠が有名である。六波羅蜜寺像は運慶《うんけい》の四男、康勝《こうしょう》の作であることが胎内銘ではっきりした鎌倉時代初期の像であるから、いうまでもなく、これは同時代の空也僧をモデルにしたものであるが、空也の時代もこれに近い姿であったとおもわれる。というのは『今昔物語』（巻二十九の九）に、

其ノ寺ニ阿弥陀ノ聖ト云フ事シテ行ク法師有《ある》ケリ。鹿ノ角ヲ付タル杖ヲ、尻ニハ金ヲ杌《えぶり》ニシタルヲ突テ、金鼓ヲ扣《たたい》テ、万ノ所ニ阿弥陀仏ヲ勧メ行ケルニ、（下略）

とあるのは、六波羅蜜寺空也像に似ているからである。ただ鹿角杖の石突《いしづき》に杁《えぶり》がつい

ていたというのは問題である。

普通、杁というのは田畑の土を平らにする農具で、棒の先に横板と串をT字形につけてある。これを杖の石突につけるわけにゆかないので、これは別のものであろう。そうすると杖または細長い棒に刻みをつけて、丸竹の先を細く割った簓《ささら》で摺って音を出すのにエンブリササラ、俗にエンブリ(杁)というものがある。したがって阿弥陀の聖《ひじり》の杁というのは、農具の杁でなく、杖にギザギザをつけ、ササラで音を出す楽器だったものと私は推定する。

このようなエンブリササラは『融通《ゆうずう》念仏縁起絵巻』(清涼寺本・応永二十一年画)上巻の第三図に描かれているが、この図には別に胸に鉦鼓《しょうこ》台を懸けて左手に撞木《しゅもく》、右手に鹿角杖をもち、鹿の皮衣を着た空也僧または革聖《かわひじり》と、胸に鉦鼓台だけを懸けた空也僧または鉦打聖とが、一画面に描かれている。エンブリササラを摺るのは空也僧かどうかわからないが、この絵巻は下巻に瓢簞を叩いて歌をうたい、銭をもらうものも描かれているので、空也僧集団の中には六波羅蜜寺像のようなものや、鉦打聖やササラ摺りや瓢簞打ちなどもまじっていたとおもわれる。

また『天狗草紙絵巻』にはササラを摺って、無常をうたいかつ踊る放下《ほうか》が描かれている。放下僧は謡曲『放下《ほうか》僧《ぞう》』に見えるように禅宗系の放浪者であるが、放下はその

配下の念仏聖で、二本のコキリコをまわすので知られる。ところがコキリコのもとはササラであったことが、『天狗草紙絵巻』の図でわかるのである。しかも現在奥三河（新城市《しんしろ》大海《おおみ》、旧鳳来《ほうらい》町各地）にのこった「放下大念仏」という踊念仏では、音頭取りのホロ（放下または暮露）がササラを摺って歌念仏をうたいかつ踊る。このように踊念仏にササラがつかわれるのは、空也僧または阿弥陀の聖のエブリ（杁）から来ているとかんがえざるをえない。

そこで茶の湯の茶筅をよく見ると、これはササラを小さくして工芸化したものである。現在も空也上人の旧蹟、六波羅蜜寺では、正月三が日の王服茶を大きなササラで点《た》てている。このことから私は空也僧はもと茶筅を作って売ったのでなく、ササラを作って売ったものと推定している。ササラは髦子《たわし》の前の食器を洗う台所用具だったが、その前は田楽《でんがく》の楽器であったろうとおもう。今も田楽には中国の拍板《はくはん》が簓《ささら》になったビンササラとともに、日本在来のエンブリササラがもちいられている。したがって本来田楽の楽器だったササラを、空也または空也僧は、踊念仏の伴奏

空也僧
『融通念仏縁起絵巻』清凉寺本

楽器として利用したものにちがいない。

しかしササラが楽器であったあいだは、空也僧集団がこれを作って生業とするほどの需要があったはずはない。おそらく空也僧の中にアイディアマンがおって、細工に工夫して台所用具にしたために、大きな需要がおこったものとおもわれる。これは明治時代に亀の子髱子《たわし》が発明されたときのような、昔の台所革命であったかもしれない。それが茶の湯の普及につれて、一部は茶筅製作に転換したと、私は推定するのである。しかもこれは特別技能で、独占企業のような形をとったために、逆の差別が生じたのではないかとおもう。その結果ササラを作っている空也僧集団まで茶筅とよぶようになったもので、全国の鉢叩、鉦打が茶筅を作ったのではないであろう。

ともあれエンブリササラ（杁）はもと田楽の楽器であった。これを空也または空也僧が踊念仏の伴奏楽器に利用し、おなじ原始楽器の瓢箪（鳴りひさご、または鉢）とともにもちいた。金属の鉦鼓は頭目株でないと持てなかったであろう。そのササラは食器洗い道具となって台所革命をおこし、やがて工芸品化して茶筅となった、というのが空也と茶筅の関係をたどる私の推理である。

三　空也聖と葬送

空也僧、鉢叩が念仏修行で巡行するときは、つぎのような「空也和讃」をとなえてあるいたという。

人は男女に　かはれども
赤白二つに　分けられて
生ずるときも　ただひとり
死するやみぢに　友もなし
東岱《とうたい》前後の　夕煙
北嶺《ほくれい》朝暮の　草の露
おくれ先立つ　世のならひ
只何事も　夢ぞかし
となふれば　仏も我もなかりけり
南無阿弥陀仏　南無阿弥陀仏
　　空也上人の御法事

これは江戸時代の『嬉遊笑覧《きゆうしようらん》』（巻六上）に出ているものであるが、一般に「空也和讃」というものはもっと長い。そしてその中には「人天《にんてん》有為《うい》のたのしみは、電光朝露《でんこうちようろ》のごとくなり」というような、「放下」の歌も入っているけれども、この空也僧の簡単な和讃が、人々にもっとも端的に無常を教えた。東岱といったのは鳥辺野《とりべの》であり、北嶺といったのは船岡の墓所である。しかし空也と空也僧はただ空疎な「無常」を説いたのではない。無常にも死んでしまった死者を葬り、その霊魂を怨念の地獄から救い、永遠の安楽国にしずまらせようとした。この葬送の実践こそ、恰好《かっこう》のいいお説教より、はるかに貴いのである。

従来の日本仏教の歴史は、教祖と教団の歴史である。しかしそれを支えた民衆は、いかにして死の悲しみと恐れからのがれようかとくるしんだのであって、教団や伽藍《がらん》が目的ではなかった。死の悲しみと恐れは極楽のイメージによって薄らぐとはいっても、現実にそこに横たわった死者が厚く葬られてこそ、安心するのである。しかし古代には死の恐れと穢《けが》れの観念がつよくて、庶民は野辺に捨てられた。それをあえて死者をきよめ、葬り、回向《えこう》するという仕事にとりくんだのが空也であり、空也僧だったのである。

すでにのべたように行基の沙弥《しゃみ》（志阿弥）集団も火葬に従事した。ほんとうの宗教家というものは、教理、教団で大法螺を吹くよりも、目の前の一人の病者、一人の貧者、一人の蹇《あしなえ》、一人の死者を救うことが最大の課題である。したがって行基も空也も教団を作らなかったが、日本中のお寺で葬式をしない寺はない。その意味では行基と空也は宗派のない日本仏教の教祖であり、日本最大の宗派の開祖といえるかもしれない。しかし僧侶が特権階級意識をもつと、葬式をいやしめ、日本仏教を葬式仏教といって自嘲する。葬式仏教というのは、死者を葬りその霊魂を救済する意味をみとめない僧侶が、お布施だけを目的にいやいやながら葬式を執行することを言うのである。

空也には『空也誄《るい》』というもっとも信憑《しんぴょう》すべき伝記があり、これに、

曠野《こうや》古原に、若《も》し委骸(遺)有らば、之《これ》を一処に堆《つ》みて、油を灌《そそ》いで焼き、阿弥陀仏の名を留む。

としるされている。これは平安時代には貧しい者は風葬されていたことをものがたるもので、広い野原の墓地には風葬死体や骸骨がゴロゴロしていたのである。それをいつまでも証言しようと『餓鬼草紙』は、千年の歴史の波をくぐりぬけて、いまわれわれの手にのこされたものとおもう。その凄惨な風景に恐れ、心をいためないものはない。空也はそれを放置するにしのびず、死体をあつめて火葬し、清らかな白骨として葬り、阿弥陀仏の加護によって極楽に救いとらせようとした。もちろんこれには空也の宗教に賛同、帰依《きえ》する信者や弟子たちが参加したにちがいない。その人々はこのすぐれた善根《ぜんこん》(作善《さぜん》)によってもろもろの罪をほろぼそうとしたものであろう。

しかし朱雀《すざく》、村上、冷泉《れいぜい》朝のころの空也の評判は褒貶《ほうへん》相半ばしたであろうとおもう。民衆に交り、民衆の味方をするものは、時代にはあまりむかえられない。民衆自身が軽んずるのである。そのためであろうか、私度《しど》沙弥空也は四十六歳のとき比叡山にのぼって得度《とくど》受戒し、光勝《こうしょう》という僧名をもらった。しかしその後も「空也」という私度

沙弥名を改めなかったというのは、よほど深く期するものがあったのではないかとおもう。誄に、

僧正（延昌）基の行相《ぎょうそう》に感じ、推して得度せしむ。戒壇《かいだん》院に登り大乗戒を受け、度縁交名《とえんきょうみょう》して光勝と注す。然《しか》るに沙弥の名を改めず。

とある。したがって仏教史に空也を光勝と書くのは体制側のよび方で、空也の意志ではない。

この空也の態度にはいろいろの解釈ができるであろうが、私はやはりここに「聖《ひじり》の仏教」の伝統があったとおもう。というのは日本仏教は在家《ざいけ》仏教だから、仏教の真髄である菩薩の慈悲行を実践さえすれば、在俗の姿をあらためる必要はないという主張である。心は出家でなければならないから受戒はするが、生活は在俗でよいというのは「聖」の伝統である。半僧半俗、非僧非俗と表現することがあり、愚禿《ぐとく》の語で表現することもある。「禿」はカブロで、おかっぱ髪のことだから、有髪でよいという主張なのである。

『空也誄《るい》』にはいろいろ面白い話がのせられているが、これは空也の葬式に棺前で読みあげられたものだから、嘘いつわりはないとおもう。その中に神泉苑の水門外の一病女の話がある。中年をすぎて「年邁《たけ》て色衰え」た病女をあわれんで、空也は朝夕に問訊《もんじん》（見舞）をしていた。そのとき法衣の袖の中に籠をかくし、病女の欲するものな

らば葷腥《くんせい》（なまぐさもの）でも自分で買って来て与えていた。ところがあるとき病女がしきりに溜息《ためいき》をついて、空也に何かを訴えたい風情であったという。

或る時病女蘇《そ》息《そく》して、爰《ここ》に忙乱反覆す。言ふこと能はざるに似たり。上人語りて曰く、何の情ぞや。婦答ふ、精気充溢して交接を得んと羨す。上人食頃《しばらく》思慮し、遂に心に許さんとする色有り。病女歎じて曰く、吾は是神泉苑の老狐なり。上人は真の聖人《しょうにん》なり。遂に臥《ふ》す所の薦席《せんせき》を同じくせずと。忽然として又滅す。

「心に許さんとす」というのは、淫戒をいとわぬことであり、葷腥をはこぶ殺生戒も、病女を救うためにはいとわないというのが空也の真意であろう。

しかしこのような逸話が誄にのせられたのをみると、空也の身辺にはかなり俗臭があったのではないかとおもう。そして空也のような「聖の仏教」を表明し、沙弥名を改めないかぎり、俗臭がある方が正当なのである。『空也誄』にはまた西京の一老尼が空也の身辺の世話をしたことをのせ、

上人と情好有り、迭《たがい》に善友と称す

とあって、婦人の近づくことをあえてかくさなかった。したがって当時の貴族や南都北嶺からは非難されていたであろう。僧と尼の共住教団である一遍の時衆《じしゅう》も、当時の知識人や他宗から非難されたことは、『天狗草紙絵巻』や『野守鏡《のもりのかがみ》』によって知ることができる。

しかしその反面、社会的な作善を数多くおこない、奥州にまで念仏をひろめ、踊念仏《おどりねんぶつ》をはじめて念仏と民衆をかたくむすんだ。また勧進による造寺造仏造塔の、宗教的作善は数知れず、その多くは誄にのせられている。しかもその作善は念仏のみならず、法華経や密教にもおよんだ。ことに三月の供花会《くげえ》ということをはじめて、四月の法華八講に、昼は法華経を講じ、夜は念仏三昧を修するという方式をひらいた。これは空也の往生思想は念仏だけで往生できるものでなく、法華経によってあらかじめ滅罪して、念仏によって往生できるというものであることをしめしている。

空也は天禄三年九月十一日に京都東山の西光寺で入寂した。この西光寺は二代目中信上人のとき六波羅蜜寺となるが、ここに空也の墓はない。現在清水坂の中腹に西光寺という名ばかりの庵があって、空也上人供養塔があるけれども墓とはいっていない。空也の墓がはっきりしないところから、会津八葉《はちよう》寺や常陸《ひたち》新治《にいはり》郡出島《でじま》村（旧志士庫《しこ》村）宍倉《ししくら》の堂山、あるいは近江野洲《やす》郡立利村、神崎郡御園村などにも空也の墓と称するものがある。私は先年大分県の国東《くにさき》半島、国東町の空也池をたずねたが、その東池と南池に碑があり、空也廟の存在を刻んであった。

此南池中、当寺かいさんくうや（空也）の御びやう（廟）あり、本だう本ぞんくうやしやかによらい。并地主ごんげんの宮たうあり（下略）

このような空也廟や空也墓は、地方の空也僧集団の中心に作られているので、ことによると、空也の骨は弟子たちが分けて、それぞれ縁《ゆか》りの地に廟をもうけ、これを中心に空也僧の活動をつづけたものともかんがえられるのである。

橋の勧進

一　聖と橋

日本は山国なので、やたらに川が多いし、それも急流である。ヨーロッパでは大河が平野のなかを悠々と流れているが、日本のような急流はすくない。自然、日本の交通は渡し舟よりも橋を必要とする。したがって橋は実用とともに宗教的な意味をもつようになった。

かつて村のなかの橋は村人の共同の労働で作った。今日のように国や県の厄介にならなかったから、代議士や県会議員の選挙の道具にされなかった。しかし村人が出て作ることのできる橋は、あまり広くない川に橋杭《はしくい》を数本立て、丸太の桁《けた》を渡して、これも小丸太の横木をならべ、土をその上にのせたぐらいの小橋である。淀川や鴨川や、木津川、大和川、宇治川などとなれば、村人の手には負えない。

そこで大きな川の橋は数か村、数十か村の大衆を動員しなければならない。それを権力の強制労働でなく、よろこんで架橋に参加させることができる人は、その地方に広く人望をあつめた宗教家のほかにはない。それは聖《ひじり》とよばれるもので、平素から人々の悩みにこたえ、病を治し、祈禱や予言のできる超人間的能力（験力《げんりき》）を持つものが、橋を作ることの功徳を説くことによって、はじめて可能になる。

仏教が日本人のものになるためには、大衆の生活にプラスになる宗教活動が、仏教の名においてなされたからである。仏教の殺生禁断などは、日本人の生活にプラスになったかどうか疑問とする論もあるが、私は日本人が菜食民族になった利益は、非常に多かったとおもう。橋や道を作るということは、理屈なしに大衆の利益である。それが仏教の教えと一つになって作られたために、仏教は日本人のなかに融け込んだのである。

橋や道を作るのを、従来の日本仏教史は仏教の社会事業といった。しかし聖たちにとっては、橋や道を作ることが、仏教そのものであったことがわかってきた。その論理構造をあきらかにする前に、聖たちはどのように橋を作ったかをのべておこう。

聖の架橋のもっとも古い例は、大化二年（六四六）の道登《どうとう》の宇治橋架橋である。これは『日本霊異記《にほんりょういき》』（上巻第十二話）にあり、

高麗《こま》の学生、道登は元興寺の沙門なり。山背《やましろ》の恵満《えま》が家より出づ。往《い》にし大化二

年丙午《ひのえうま》、宇治橋を営《つく》り往来する時

（下略）

とあるばかりでなく、このときの石碑が現にのこっている。この石碑は寛政元年（一七八九）に宇治の橋寺《はしでら》で発見されたとき、下部三分の二が折れて失われていたので「宇治橋断碑《だんぴ》」というが、銘文の全体は『帝王編年記』に載せられてある

橋寺境内にある宇治橋断碑

ので、補修復元された。この銘文によると、宇治川は急流であるため、人馬の命をおとすものが多かった。そこで道登が大化二年にこの橋を作って人畜を済度《さいど》した。この橋を作るという作善《さぜん》の因《いん》によって、悟りの仏果《ぶっか》を得たが、法界衆生がこの架橋の願に賛同すれば、道登の霊はあの世から導くであろう、という意味の銘文である。

（上略）世に釈子《しゃくし》（僧）有り。名を道登と曰《い》ふ。山尻《やましろ》の恵満《えま》の家より出づ。大化二年丙午の歳、此の橋を構《かま》え立て、人畜を済度す。此の微善《びぜん》に因り、爰《ここ》に大願を発す。因を此の橋に結び、果《か》を彼岸《ひがん》に成《しょう》ず。法界衆生、普《あまね》く此の願を同じくするもの、夢裏空中、其の音縁に導かれん。

この断碑は日本最古の有銘石碑なので、偽物説もあったが、現在では各種の証拠か

ら、真物《ほんもの》であることが定説となっている。この銘の中で「因を此の橋に結び、果を彼岸に成ず」という句が重要で、実用の橋と仏教の彼岸は一つのものであった。というのは、仏教というものは般若《はんにゃ》（真実の智慧《ちえ》）の力で、人々を迷いの此岸《しがん》から、悟りの彼岸へ済《す》い度《わた》す宗教である。これが仏教の「済度」ということであるが、これは人々を此岸から彼岸へ渡す橋とおなじだ、というのである。

橋を架け道を作り貧者を救うことや、寺塔を建て仏像を造立し、経巻を写す善行を、仏教ではともに「作善」という。死者がこのような作善をせずに死ねば、生前に犯したかもしれぬ宗教的な罪のために、地獄へ堕ちると信じられていた。それで遺族が橋を架け貧者を救い、造像写経に参加することを、「追善」というのであって、法事をすることだけが追善ではない。

このような論理で、橋は仏教を表現するものであったから、庶民宗教家である聖《ひじり》たちは、人々にその功徳を説いて架橋に参加させた。これは大化時代ばかりでなく、奈良時代にも平安時代にもおこなわれ、なおいえば室町時代、江戸時代になってもおこなわれていた。もちろん大伽藍に住んで安穏に学問し、権力者に奉仕する僧侶は架橋《かきょう》作善《さぜん》と無関係であった。それは無知で寺もなく、乞食《こつじき》して放浪する聖の仕事であった。

ここで平安時代の橋聖《はしひじり》の話をする前に、前奈良時代から奈良時代の例を二、三あげておこう。大化の宇治橋は道登によって作られたが、洪水があれば流れてしまったであろう。そのあとで宇治橋を再造したのは、有名な道昭《どうしょう》であった。『続日本紀』（文武天皇四年三月十日条）には道照の卒伝が載っているけれども、これは道昭のことである。彼は入唐して玄奘三蔵《げんじょうさんぞう》から直接法相《ほっそう》学をまなんだ学僧でありながら、実践においては聖の道をあゆんだ。日本ではじめて火葬になったのも、この道昭である。

後に於て、天下を周遊し、路の傍に井を穿ち、諸津の済処《わたしどころ》に、船を儲《もう》け橋を造る。乃《すなわ》ち山背《やましろ》の国、宇治橋は、和尚の創造する所のものなり。和尚周遊すること、凡そ十有余載なり。

とあって、宇治橋は道昭がはじめて架したとしているのは、『続日本紀』編纂《へんさん》委員が道登の架橋を知らなかったミスである。

道登、道昭の伝統は奈良の聖たちによってうけつがれた。それは行基《ぎょうき》とその徒衆の、淀川の山崎橋と、木津川の木津橋がとくに有名であるが、大和川にも聖の橋が作られていた。それはすでに「奈良の聖たち」にあげた『紀州花園村大般若経』の奥書にある、万福《ばんぷく》法師と花影《かえい》禅師という聖の架橋である。万福法師は「河東《かとう》の化主《けしゅ》」と書かれているが、「化主」は聖または聖の頭目を指すものであり、「菩薩」も日本の庶民仏教では、聖の頭目を意味している。この河東とは「大和川の東」であるということを、私は昭和三十一年の「紀州花園村大般若経の書写と流伝」（『大谷史学』第五号）という論文でしめしたが、このとき大和川に架せられた橋は、『万葉集』（巻九）にうたわれた河内大橋であることを、拙著『高野聖』に書いた。すなわち「河内大橋を独去《ひとりゆ》く娘子《おとめ》を見る歌一首幷に短歌」で、多感な村の若者が、丹塗《にぬ》りの河内大橋を赤裳《あかも》の裾《すそ》を曳《ひ》いて渡る乙女を見て、恋わたるロマンチックな歌である。聖の仕事もまことに粋なもので、この橋が丹塗《にぬ》りの闌干《らんかん》をもっていたことが、この『万葉集』の歌でわかった。そうすると、この歌はまだ丹がはげていなかったので、橋が完成した天平勝宝六年（七五四）からあまり経《へ》だたらぬ年のものであることもわかる。

しかしそれよりも大切なことは、私のいろいろの考証によって、この橋の正面には河内大仏をおさめた知識寺《ちしきじ》が、信貴山《しぎさん》を背景に聳《そび》えていたことである。河内大仏は『二中歴《にちゆうれき》』では六丈と注せられているので、五丈三尺五寸の東大寺大仏より大きかったことになる。いうまでもなく、東大寺大仏は聖武天皇が知識寺の河内大仏を見て、朕もこれとおなじものを作りたいと発願したことからできたのである。しかもこの大仏は庶民の零細な寄附を結集して造立された。庶民の信仰集団を古代では「知識」といったもので、中世以降の「講」にあたる。これを結集して、造寺造仏、造塔写経、あるいは架橋造道するのが、聖であり、化主であり、菩薩であった。

ところで河内大橋の架橋の論理は、河東の化主、万福法師が、

橋構の匠《たくみ》を曠河に啓《ひら》き、般若の願を後身に発す。

といったことであきらかである。すなわち橋を作って人を渡す作善と、仏教の智慧

（般若）で迷いの此岸から、悟りの彼岸に渡すことはおなじだというのである。それは『大般若波羅蜜多経《だいはんにゃはらみた》』が、「智慧到彼岸《ちえとうひがん》」という意味だからである。この論理で万福法師とその後継者の花影禅師が、大衆を動員して大架橋と並行して写経させた天平の『大般若経』六百巻が、各地を転々として室町時代に紀州花園村に納まり、惜しいことに昭和二十八年の大水害で流失してしまった。

二　鳥羽橋と五条橋

以上のような道登や道昭、行基、万福などの架橋は平安時代になってもつづいた。もちろんこれは全国でおこなわれていたであろうが、記録にのこったのは多く京都の場合であった。十穀橋《じっこくばし》というのは十穀聖の勧進でできたものであり、勧進橋も聖の勧進で作られたのである。これは伏見稲荷にあって知られているが、奈良の帯解橋《おびとけ》も勧進聖が通行人から勧進銭を橋銭として取って架け替えた。熊野詣《もうで》の熊野街道には「橋の本願」「道の本願」というものがあって、橋や道路や坂を修理する代りに、参詣者から銭をもらっていた。いまの有料橋、有料道路であるが、これは霊仏霊社の参詣路にかぎられていて、これを作ることも、これを渡ることも、すべて神仏の功徳につながっていた。したがって世俗の用事で通行するものも、宗教的な橋や道路を通らなければならなかったから、霊場は繁昌するし、人々は神仏に結縁《けちえん》できたのである。

『今昔物語』（巻三十一）には、桂川《かつらがわ》の鳥羽橋が無名の聖の勧進でできたことが語られている。

> 今昔、鳥羽ノ村ニ大キナル橋有ケリ。此レハ昔ヨリ桂川ニ渡セル也。其ノ橋壊レテ、人渡ル事無カリケリ。□ノ比《ころ》、一人ノ聖人有テ、此ノ橋壊レテ、人皆河ヨリ渡ル事ヲ歎テ、往還《おうかん》ノ人ヲ助ケムガ為ニ、普《あまね》ク諸ノ人ヲ催《もよおし》テ、知識ト云フ事ヲ以テ、其ノ橋ヲ渡シテケリ。其後其ノ知識ノ物多ク残タリケレバ（下略）

とあるように、この聖は橋を作って難儀する人を救うことが、いかに莫大な功徳があるかを説いて、その知識（信仰集団）への参加をすすめたのである。したがって知識に加わる者は「知識ノ物」という金品を提供したが、それはきわめて零細なものであったろう。

このような勧進聖にはまた「多数作善《たすうさぜん》」の論理というものがあった。作善というものは大きな寄附を一寺一仏にするよりも、小さな寄附を多寺多仏にすることが、その数の倍数だけ功徳が多くなるという。また東大寺のような大寺大仏でも、一人で建てればその功徳は一であるが、万人が少しずつの寄附で建てれば、その功徳は万倍の万倍になるというのである。これを私は庶民信仰の「共同体原理」、あるいは「融通の原理」と名づけているが、これが念仏ですると「融通念仏」になる。多数の人に功徳を説き、零細な知識物をあつめるということは、大へんな労力と不屈の意志と、長い年月を要することである。強い信仰の支えがなければ容易にできることではない。しかしその聖の勧進と唱導が、一般庶民に神仏への信仰を深く植えつけたにちがいない。京都の最大の霊場は清水寺であったので、ここへ詣る五条大橋はつねに勧進によって作られた。この五条大橋は現在の戦時中の疎開道路で広くなった五条通りの橋ではない。いま松原橋《まつばらばし》といわれて、六波羅蜜寺《ろくはらみつじ》や珍皇寺《ちんこうじ》の横を、真直ぐに清水寺へのぼる細い車大路《くるまおおじ》につながる。牛若丸と弁慶の像はこの松原橋の方でなければ意味をなさない。

旧五条大橋が信仰の道であったのは、もう一つの意味がある。それは鳥辺野《とりべの》に葬られる人がこれを渡ったからである。平安京という大都市の東の葬場であっただけに、その交通量は莫大なものであったろう。ここに橋聖《はしひじり》がおって勧進の結果、橋を作ったことは、偶然、『赤染衛門集《あかぞめえもん》』の詞書に見える。

　橋造りたるひじりの、河原にてはしのゑ《（橋の会）》すべしとききていき《（往）》たれば、せい《（勢）》ありとてきよ《（清）》水にてなむするといひしかば、うちまうづ《（詣）》とて

けふこそは　嬉しき橋と　思ひつれ
　渡しはてずば　いか《（法事）》さまにせむ

まう《（詣）》でつきたれば、みなことはじまりて、花などちら《（散）》すほどなりしに、

春ごとに　桜さくやと　まつよりは
　　仏にちらす　花をこそみめ

とあり、橋聖は勧進銭の残りで盛大な法会をもよおすのが慣例であった。これで知識に加わった人々のために、現世来世の仏の加護を願ったのである。平安中期随一の女流歌人、赤染衛門が、この知識に加わったのか、物見高い法会見学だったかはわからないが、「渡しはてずば」とあるので、自分も救済にあずかりたいとおもったのかもしれない。「渡す」は橋を渡すとともに、彼岸に渡すことによって極楽に往生できることを指したのである。しかしもしも私が往生できなかったら、この橋聖の言った唱導説経は「いかさま」ということになろう、といっている。

この橋供養にはおそらく何万という人出だったろうとおもうが、その季節がよくわからない。法会の散華《さんげ》の花を見て、「桜さくやと待つよりは」というので、冬かともおもわれる。しかし鴨川の河原で橋供養があるはずだったのに、「せいありとて」清水寺の境内で催したというから、これは「水の勢」があって河原でできなかったとすれば、夏か秋であろう。

三　東岸居士《とうがんこじ》・西岸居士

勧進によって作られる橋は、霊仏霊社のある方が彼岸《ひがん》で、街や村のある方が此岸《しがん》（娑婆）である。そうすると、この橋を渡ることによって娑婆から「あの世」へ行き、罪穢《つみけが》れをすっかり消滅して、清浄健康な人間に生れ代るという擬死再生《ぎしさいせい》の唱導と儀礼が、橋供養でおこなわれたものとおもわれる。

ところで橋は洪水があればいつ流れてしまうかわからない。そこでいつでも架《か》け替《か》えができるように信用ある聖が橋銭を取って預っておく必要が出てくる。もっともその橋銭が溜ったころ、持ち逃げした聖が『大乗院寺社雑事記』（文明八年四月二十六日）に見えるので、よほど信用のある聖でないと、人々が承知しなかったであろう。これも平安時代の題材とおもわれる謡曲に『東岸居士《とうがんこじ》』があり、五条橋の東と西で橋銭を取っていた。

ここで居士《こじ》というのは、インドや中国の仏教でいう在俗の仏教信者ということではなくて、半僧半俗の聖である。この謡曲は『自然居士《じねんこじ》』とともに、聖というものの生《う》態をうかがうのに、多くの材料を提供してくれる。それは居士は勧進聖であるが、有髪《はつ》の「喝食《かっしき》」であるから、寺内の雑用もする。そして清水寺の北の東山雲居寺《うんごじ》（今の高台寺）がその溜り場で、ここで落語や講釈の寄席《よせ》のように人をあつめて説経《せっきょう》をかたる。そこにあつまった人に「雲居寺造営の札」というものを買わせるのが、寄席の入場料である。居士は説経のあいだに、高座に立って羯鼓《かっこ》や簓《ささら》をならしながら、踊も踊るのである。

自然居士　『天狗草紙絵巻』伝三井寺巻

謡曲『東岸居士』によると、五条橋は東岸居士・西岸居士の先師《せんし》、自然居士が勧進して渡した橋であるという。

ワキ　さてこの橋は如何なる人の懸け給ひたる橋にて候ふぞ。シテ　これは先師自然居士の、法界無縁の功力を以て、渡し給ひし橋なれば、今又かやうに勧《すす》むるなり。

と、「法界無縁の功力」というのは、有縁無縁《うえんむえん》の人々の勧進によって渡した橋だというのである。そしてその出生を問われると、

出家にあらねば髪をも剃らず、衣を墨に染めもせで、唯おのづから道《どう》に入って、善を見ても進まず、智を捨てても愚《ぐ》ならず。（中略）南枝《なんし》北《ほく》枝《し》の梅の花、開くる法《のり》の一筋に、渡らんための

橋なれば、勧《すすめ》に入りつつ彼の岸に至り給へや

と、勧進銭を払ってこの橋を渡り、はやく彼岸（悟）に至れとすすめる。
そこでその勧進銭を払うと、「いつもの如く」歌って聞かせるのが、平安時代の説経の一つの型であったらしい。

鈔《しょう》に又申さく（中略）かるが故に春過ぎ秋来れども、進み難きは出離《しゅつり》の道、花を惜《お》しみ月を見ても、起り易きは妄念《もうねん》なり。罪障《ざいしょう》の山はいつとなく、煩悩の雲あつうして、仏日《ぶつにち》の光晴《は》れがたく、生死《しょうじ》の海には、とこしなへに、無明《むみょう》の波荒くして、真如の月宿《やど》らず、（下略）

と、仏語禅語を織りまぜて仏法を説く。そしてその眼目は、人間は煩悩のために地獄に堕ちなければならないが、この橋を渡ることによって、極楽の歌舞《かぶ》の菩薩の来迎《らいごう》をうけるだろうといって、羯鼓《かっこ》を打ち簓八撥《ささらやばち》をならして踊って見せる。これが橋の聖の実態であった。

面白や松吹く風颯々《さっさつ》として、波の声茫々《ぼうぼう》たり。処は名におふ洛陽の、眺《ながめ》もちかき白河の、波の鼓や風のささら、うち連れ行くや橋の上、男女の往来《ゆきき》、貴賤上下の、袖を連ねて玉衣《たまぎぬ》の、さい〱《再々》沈み浮波の、ささら八撥《やばち》打ち連れて、百千鳥《ももちどり》、（下略）

したがって橋聖は娯楽とともに仏教を人々の心に深く滲透させた。悩みをもって清

四条大橋の勧進聖　『一遍上人絵詞伝』光明寺本

水に詣る人も、鳥辺野に葬られた肉親の墓参りをする者も、橋聖の説経唱導をききながら、勧進銭をわたしてこの橋を渡ったのである。勧進の橋は、現代にたとえれば有料橋であるけれども、殺風景な料金徴収所とちがって、救済感に満ちた、たのしい所であった。

　五条橋はその後も代々勧進聖が勧進銭をもって架替をしたらしく、『法然上人行状画図』(巻十三)には、清水寺の大勧進沙弥《しゃみ》印蔵《いんぞう》が見えるので、五条橋はその配下の聖が勧進したものとおもわれる。これが室町時代には『大乗院寺社雑事記』(文明十八年五月十六日)に清水寺勧進聖十穀《じっこく》として出てくる。十穀聖というのは五穀十穀を食べない苦行をした聖で、人々の信仰をもっともあつめ易かった。

そのようなものが五条橋の勧進と造営を請け負《うお》うようになったのである。四条大橋にもそのような勧進聖がおったらしく、橋の袂《たもと》で仏画や人形を前にして、説経を語っている図が、山形光明寺本『一遍上人絵詞伝』(第三段)に見える。笠をかむり、白い帽子を衿《えり》に巻き、黒い袈裟《けさ》をつけている。清水寺の勧進聖もこのような風躰《ふうたい》だったであろう。

橋の勧進は伊勢の内宮大橋(御裳濯河御橋《みもすそがわ》)にもあったのは意外であった。これは私が昭和三十七年ごろ、奈良元興寺極楽坊の中世庶民信仰資料を調査していたとき、素人《しろうと》の彫った印仏やお札にまじって「伊勢内宮大橋勧進札」が発見されてわかった。素人の彫ったらしい版木で刷られているので、判読困難な文字もあるが、大体次のように読める。

　　納経　　人

伊勢内宮大橋勧進　(下ル橋の図)

　本願橋明

すなわちこれも「橋の本願」で、この札と引き替えに橋銭を取っていたのである。

そののち私は新訂増補『史籍集覧』に「補遺」(宗教部)を編集したとき、『伊勢神宮引付記録《ひきつけ》』(神宮文庫蔵)を収録したが、これには室町中期の御裳濯河御橋勧進の経緯《いきさつ》がくわしく出ていた。これは神宮から諸国勧進権を得た賢正と最祥法師なるものが、架け替えをするといいながら、ついに果さなかったのであるが、おそらくその配下の勧進聖は、本願橋明《きょうみょう》のようなお札を売って、勧進銭をあつめていたものとおもわれる。

物詣と巡礼

一　石山詣と彦根山詣

絢爛《けんらん》豪華な王朝絵巻、『源氏物語絵巻』をひもといていると、さすがにぼってりと重い金襴《きんらん》の緞子《どんす》を手にしたように、目くるめく思いがする。しかしそれも吹抜屋台の構図に、衣冠の公卿とながい黒髪の上﨟《じょうろう》が相対座している絵ばかりだと、いささか食傷気味になる。

実際の情景からは、高貴な馥郁《ふくいく》たる香気がただよってくるのだろうけれども、野外労働をしないで、公廨《くげ》や荘園の貢租《こうそ》で、深窓に情念の世界をくりひろげるこの絵巻からは、饐《す》えた臭いがするといって、私は笑われたことがあった。

風流を解さない野暮天だというのである。しかし、現存の『源氏物語絵巻』にただ一枚のこされた「関屋《せきや》」の、石山詣の野外風景になると、健康な清涼感でほっとする。

王朝の公卿《くぎよう》たちの中には、野性的で健康な趣味の人々もおったのであろうが、権力と富を手にするには、詩歌管弦の社交と、恋愛による閨閥《けいばつ》の必要があるから、いつも御殿の中にごそごそしていなければならない。したがって物詣《ものもうで》と称して公然と旅に出ることは、かれらにとって一つの救いであったろうとおもう。

「関屋」は剥落《はくらく》がはげしいのは惜しまれるが、その風景描写と賦彩《ふさい》の美しさはすばらしく、山水屛風《せんずいびようぶ》の剛と大和絵の柔をあわせた名品である。九月つごもり《ながつき》の石山詣なので、現今の十一月の晩秋だから、逢坂山《おうさか》の関屋の紅葉はいま闌《たけな》わである。源氏は明石から帰京できた「御願《ごがん》はたし」の石山詣というけれども、この季節をえらんだのは、やはり自然の美が目的であったろう。しかし時あたかも常陸介《ひたちのすけ》の後妻となった空蟬《うつせみ》が、任果てて夫とともに帰京する途中、逢坂山にさしかかった。二つの行列がすれちがうとき、源氏は十年前に一夜の契《ちぎり》に心をのこして別れた空蟬を見て、言葉をかわすこともなく別れるという、ドラマチックな名場面である。

このように小説のドラマチックな場面に、物詣がつかわれるということに、平安朝の人々の物詣に対するロマンと憧れを見ることができよう。それはもちろん信仰を基調にしているが、御殿と格式にとじこめられた窮屈な貴族生活からの解放が、物詣のよろこびの一つであった。このことは物詣では、貴族も庶民もその差別がないということである。むしろそれは「民のすなる物詣」というように、庶民の物詣を貴族が真似て、霊験所へ詣でたのである。したがってその信仰内容も、無知な庶民とことなることはなかった。

物詣の社寺は庶民信仰の霊場であり、そこには神道も仏教も、宗派も教理もない。ただ現世の苦をのがれて幸をえ、安楽な死後でありたいという平凡な庶民信仰があるばかりである。平安時代の仏教を貴族仏教とか伽藍《がらん》仏教と名づけ、鎌倉時代の新仏教と対比する仏教史ばかりおこなわれているが、この庶民信仰に根ざした仏教は、平安も鎌倉も、室町も江戸もかわりはない。いや現在でもおなじ庶民仏教はつづいており、宗派のない仏教として存在する。これに対比されるのは、本山や管長や座主《ざす》、法主《ほっす》をもち、末寺、檀徒、門徒をかかえた宗派仏教、教団仏教であって、新仏教をほこる教団ほど大伽藍をもつのは皮肉である。

さて、そのような宗派のない庶民信仰のあらわれが、霊験所への物詣や巡礼であることはすでにのべたが、平安時代には都の近くでは清水寺《きよみずでら》、石山寺、長谷寺《はせでら》が物詣の三大霊場で、このような霊場がやがて西国三十三所の巡礼に発展していった。平安時代末期の流行歌（今様《いまよう》）をあつめた『梁塵秘抄《りょうじんひしょう》』には、多くの霊験所が詠まれているが、

全国的な霊験所としては、

四方《よも》の霊験所は、伊豆《いず》の走井《はしりい》、信濃《しなの》の戸隠《とがくし》、駿河《するが》の富士の山、伯耆《ほうき》の大山《だいせん》、丹後《たんご》の成相《なりあい》とか、土佐《とさ》の室生《むろう》と讃岐《さぬき》の志度《しど》の道場とこそ聞け。

とあり、都に近い霊場としては、
観音験《しるし》を見する寺、清水、石山、長谷のを山、粉河《こかわ》、近江なる彦根山、ま近く見ゆる六角堂
とうたわれている。
ここで清水、石山、長谷、粉河、六角堂は西国三十三観音のなかに入るからわかるとして、彦根山はちょっと異様である。ところがこれは平安末期に巡礼、物詣の非常にさかんだった彦根西寺とよばれた寺なのである。この寺の霊験は堀河天皇の寛治八年（一〇九四）のころ編纂《へんさん》された『扶桑略記《ふそうりやっき》』の、承暦《じようりやく》三年（一〇七九）の記事に出ていて、摂津国生れの沙門徳満《とくまん》なるものが、二十歳で失明し、鞍馬《くらま》寺、長谷寺で祈請しても治らなかったのが、この寺の観音の利生《りしよう》で全快したとある。「件の僧今に彼の寺に住し、常に長講《ちようこう》（法華長講）を修す」とあるから、『扶桑略記』編纂時には、まだ存命だったらしい。そしてこれは『西寺験記』に出ているというのであるが、そのために庶民がこの霊場にあつまったことは想像に難くない。そうすると果して貴族の物詣がはじまる。十年後の寛治三年（一〇八九）には内大臣（のちに関白）藤原師通《もろみち》は、耳の病の治癒を祈って二度もここに詣で、三が日の参籠《さんろう》をする。これにつづいて摂政太政大臣の藤原師実《もろざね》、左大臣源俊房《としふさ》も参詣し、同年十二月二十二日には白河上皇まで王公卿相《けいしよう》をひきいて、参詣するさわぎとなった。

廿二日戊午《つちのえうま》、太上天皇王公卿相を引率して同寺に参入す。凡そ洛下の貴賤、海《かい》内《だい》の緇素《しそ》、男女老少、皆以て参拝す。寒風を凌いで軽車を飛ばし、甚雪《じんせつ》を侵して疋馬に策《むち》う。或いは観音夢に入り、天齢を遐年《かねん》に延《のば》す。或いは菩薩験《げん》を出し、人の望むところを斯須《しゅ》（すぐ）に得たり。

これを見てもわかるように、物詣では上皇も摂関も公卿も、庶民となんら異なることはなかったのである。ところで彦根西寺のあった彦根山は、現在の彦根城のある小丘で、金亀《こんき》山ともよばれた。したがってこの西寺観音堂はのちに金亀寺となったが、地形的に幽邃《ゆうすい》さを欠き、西国三十三観音にかぞえられることなく終ったらしい。そして井伊氏築城のとき、その西麓にうつされた。

二　物詣の祈願と託宣

公卿の物詣が多く出るのは、いうまでもなく『枕草子』である。これには清水詣や初瀬《はせ》詣、稲荷《いなり》詣、賀茂詣、太秦《うずまさ》詣、御嶽《みたけ》などが見え、清水と初瀬がもっとも多い。初瀬詣には、途中で民家に泊っているが、夜更に窓から入る月光を見て、良い歌が詠めるとよろこんでいるのは、やはり旅のよろこびであったらしい。

九月二十日あまりのほど、初瀬に詣でて、いとはかなき家に泊りたりしに、いと苦しくて、ただ寝に寝入りぬ。夜ふけて、月の窓よりもり（漏）たりしに、人の臥したりしどもが衣の上に、白うてうつり（映）などしたりしこそ、いみじうあはれとおぼえしか。さやうなるをり（折）ぞ、人歌よむかし。

ことに初瀬詣については「正月に寺にこもりたるは」の段がもっともくわしい。これは三巻本系統では「清水」としているが、「くれ階《はし》」の登廊《のぼりろう》の様子から見て、長谷寺であることは、うたがいがない。このような物詣には、かならず局《つぼね》に籠って、夢告《むごう》を得ることが目的であった。そのために霊場には礼堂《らいどう》に局があったが、なければ床《ゆか》に寝たのである。東大寺の大仏殿に寝て夢告を待つ人は、『信貴《しぎ》山縁起絵巻』に描かれているし、本殿まわりに寝るべき板縁《いたえん》をつけたのは、熊野那智大社にのこっている。清少納言の正月参籠の御局も礼堂であったらしく、いろいろの人が局している。しかも男女混合だったようで、

かたはらに、よろしき男の、いとしのびやかに額《ぬか》などつく（突）。立居《たちい》のほども心あらむと聞えたるが、いたう思ひ入りたるけしきにて、い（寝）も寝ずおこなふ（行）こそ、いとあはれなれ。（下略）

と、上品に立ったり座ったりして、五体投地の額突《ぬかつき》の礼拝をする側の男に、清少納言は心をうごかしている。おなじところに下男や侍をお供にたくさんつれた身分の高い人もおって、「しかじかの人もこもりたまへり」と有名人の参籠もつたえられてくる。

正月にはかなり多くの都人が、長谷寺へ参籠に来たらしい。そのなかには正月の県召《あがためし》の除目《じもく》に、良い任官を得たいと「もののぞみする人」が続々と詣でるが、額突などの「おこなひ」もせず、参籠もしないで、うろうろしている者もある。

この正月の長谷寺詣は、有名な修正会《しゅしょうえ》に結縁《けちえん》するためであるが、その目的はこのような現実的な祈願をするためであった。その祈願には燈明をあげることと、願文の立《たて》文《ぶみ》を捧げることであったらしい。その献灯があるたびに、寺僧が、

千灯の御志はなにがし（某）の御ため、

などと叫ぶが、それもよく聞えないくらいの雑踏だという。たいていの修正会には、「御明《みあかし》千灯、大餅《たいへい》五枚」というのはつきものであった。いま長谷寺の修正会は「だだ押《おし》」といって、鬼走《おにはしり》があり京都・大阪から何千という人が参るのと、おなじだったのである。

このような物詣に夢告《むごう》があったことも多いが、『信貴山縁起絵巻』では、命蓮聖《みょうれんひじり》が修行すべき場所を東大寺仏の前でうかがいを立て、信貴山を見つけた。また命蓮聖をたずねて来た姉君が、命蓮の在り家を大仏の夢告によって知ったことが出ている。同じように『かげろふ日記』では、主人公の「道綱の母」が石山詣や初瀬詣で、たびたび夢告をえる。そのなかで「寺の別当」が夢に出て告げるというのは、山伏（別当）の託宣《たくせん》を仏の告《つげ》ととったのであろう。

道綱の母、夢告を見る　『石山寺縁起』

さては夜になりぬ。御堂（石山寺）にてよろず申、なきあかして、あか月がた《暁方》にまどろみたるに、みゆるやう、この寺の別当とおぼしき法師、銚子《ちょうし》に水を入れてもてきて、みぎのかたの膝にいかくとみる。

とあるが、『更級日記』でも作者の「菅原孝標《たかすえ》の女《むすめ》」は、

夢に見るやう、清水の礼堂にゐたれば、別当とおぼしき人いで来て（下略）

と、託宣がある。おなじことは『一遍聖絵』（巻三）にも、一遍は熊野本宮で夢うつつのうちに出て来た山伏《やまぶし》の告を、熊野権現のお告として、念仏の疑問を解くことがあり、物詣の参籠者にも、山伏の託宣があったものとおもわれる。また霊場の山伏（山籠穀断法師）に依頼して、夢を見てもら

うということもあったようで、『かげろふ日記』には、

石山におととし《(一昨年)》まうでたりしに、こころぼそかりしよな〱。たらに《(陀羅尼)》とたうと《(尊)》う誦《よ》みつ、礼堂にたたずむ法師ありき。とひ《(問)》しかば、「去年《こぞ》より山籠《やまごも》りして侍《はべ》るなり。穀断《こくだ》ちなり」といひしかば、「さらばいのり《(祈)》せよ」とかたらひし法師のもとより、いひおこせたるやう、(下略)

と、二年前の依頼で見た夢を、主人公の許へ報せて来たというような託宣もあった。

このように物詣は、現世の栄達や幸運、あるいは求子《もとめご》、良縁を祈請するためとともに、託宣や夢告をきくためでもあった。しかしその託宣も信じられないで、仏心《ほとけのこころ》を試るための物詣もあったことを『かげろふ日記』などはしめしている。しかもその物詣は遊山観光をかねてのものであった。

「野のさま、いかにをかしからん。み《(見)》がてら、もの《(物)》に詣でばや」などいへば、まへ《(前)》なる人(侍女)「げにいかにめでたからん。初瀬にこのたびは、しのび《(忍)》たるやうにて、おぼしたて《(思立)》かし。」などいへば、「去年も心み《(試)》んとて、いみじげにてまうで《(詣)》たりしに、石山の仏心をまづみはて《(見果)》て、春つかた、さもの《(物詣)》せん。(下略)

と、去年の石山の託宣が真実であるかどうかを見とどけてから、来年の春に初瀬詣をしようといっている。このようなところに王朝時代のインテリの迷いを見ることができるが、庶民の物詣には、こうした迷いはなかったであろう。

三　四国の遍路と西国巡礼

物詣と巡礼はおなじ信仰から出たものであるが、物詣は目指す神仏は一つであるのに、巡礼は十とか百とかその他神仏にゆかりの数をめぐるのである。ヨーロッパの巡礼などでも、イェルサレムとかサンティアゴとか一か所を目指すものと、数か所まわるものとがある。しかし日本の巡礼には多数作善《さぜん》の信仰があって、多くめぐるほど功徳が多いと信じていた。法華持経者《じきょうしゃ》には、法華経を六十六部書写して、これを六十六か国の一之宮に奉納するという巡礼をおこなうものがあった。これは「大乗妙典《みょうてん》六十六部回国聖《かいこくひじり》」とよばれ、のちには単に六十六部とか六部とかよばれる放浪者になった。

観音霊場三十三所巡礼は花山《かざん》法皇開創説がもっぱらであるが、平安末期の院政期が、巡礼の最盛期である。百塔詣とか七大寺巡礼、六地蔵めぐりなどはいずれもこの時代にはじめられており、四国遍路もこのころとかんがえられる。したがって弘法大師とか衛門三郎《えもんさぶろう》がはじめたというのは、俗説だといえよう。『梁塵秘抄』に、

我等が修行せしやうは、忍辱《にんにく》袈裟をば、肩に掛け、又笈《おい》を負ひ、衣はいつしかしほたれて、四国の遍路《へじ》(辺地)をぞ　常に踏む。

とあり、また『今昔物語』（巻三十一第十四話）に「通四国辺地《へじ》僧、行不レ知所、被レ打、成馬語」という説話があるので、四国辺地を巡礼修行するものがあったことがわかる。『梁塵秘抄』も「四国のへぢ」とあったのを、のちに「遍路」と漢字をあてたものとおもわれる。この辺地というのは辺鄙《へんぴ》なところということで、四国の海岸に沿うてめぐったのである。『今昔物語』には、

四国ノ辺地ト云ハ、伊予、讃岐、阿波、土佐ノ海辺ノ廻《めぐり》也

とある。ところが海岸が断崖で通れなければ山路を越えるので、通る人を泊めては馬に変えて使役《しえき》する、おそろしい法師の棲家があったという話である。

私はこのような海岸の巡礼修行というものが修験道《しゅげんどう》にはあったものとかんがえて、これを「海の修験」とよんでいる。熊野詣も紀伊半島の海岸をめぐるのが大辺路《おおへじ》（大辺地）で、本宮へ詣るためにだけ、山中の中辺路《なかへじ》をたどることになる。これは日本のように山が多く、しかも海にかこまれたところにできる宗教なので、山の神をまつる「山の修験」とともに、海の神をまつる「海の修験」ができたのである。これが四国の辺地を廻るような島めぐりの巡礼ができるもとである。青年時代の空海が室戸《むろと》岬で修行したことは『三教指帰《さんごうしいき》』の自伝に見えており、これは太平洋にのぞんだ岬で、

ここに大聖（仏）の誠言《しょうごん》を信じて、飛焔《ひえん》を鑽燧《さんすい》に望み、阿国大滝嶽に躋《のぼ》り攀《よ》ぢ、土州室戸崎に勤念《ごんねん》す。谷響《ひびき》を惜しまず、明星《みょうじょう》来影す。

とあり、大滝嶽（太龍寺山《たいりゅうじ》）からも太平洋が見え、海神から龍燈が献じられるという信仰がある。このような「海の修験」霊場では海神をまつる不滅の火が焚かれており、これが航海の目印となって、漁民や船乗りの信仰をあつめたものとおもう。しかも海の修験者は千手観音と十一面観音と虚空蔵《こくうぞう》菩薩をよくまつるので、これらの霊場が連ねられて、八十八か所の四国遍路ができあがり、弘法大師信仰がこれにむすんで、多くの霊験がつたえられるようになった。

このような海岸の霊場からは、熊野の補陀落渡海《ふだらくとかい》のように、大海に船を出して補陀落世界にゆこうとする捨身《しゃしん》（自殺）がつたえられる。室戸岬からの賀登聖《かとうひじり》の渡海は、『発心集《ほっしんしゅう》』と笠置《かさぎ》の解脱《げだつ》上人（貞慶）の『観音講式』に見えるので、平安時代末であったことはたしかである。また足摺《あしずり》岬（蹉跎《さだ》岬）からの渡海も『蹉跎山縁起』に、享徳四年（一四五五）の補陀落渡海行者阿日上人と播州修行者正実沙弥《しゃみ》の渡海が出てくる。足摺岬はいうまでもなく三十八番霊場金剛福寺（本尊千手観音）のあるところで、室戸岬の二十四番霊場、東寺最御崎寺《ほつみさきじ》（本尊虚空蔵菩薩）に相対するものである。

こうした海岸の辺地の巡礼は、四国ばかりでなく、各地にあったとかんがえられるのは、『梁塵秘抄』に四国の辺地とならんで能登廻りの修行がうたわれているのでわかる。

我等が修業に出でし時、珠洲《すず》の岬をかいまはり、打廻り、振棄てて、一人越路の旅に出でて、足打せしこそ、あはれなりしか。

とあるのはそれをあらわしているが、そのほかの辺地巡りも、四国のように弘法大師信仰とむすばなければ、地方的信仰に終ったものとおもわれる。

西国三十三番の巡礼が、平安時代にはじまることはたしかであろう。しかしそれも各地の霊場が独立的に巡礼者をあつめていたのが、平安時代末に三十三所として完成されたことは、源平時代（寿永二年―文治三年）にできた『千載《せんざい》和歌集』（釈教）に、

三十三所の観音をがみ奉らむとて、所々まゐり侍りける時、美濃の谷汲《たにぐみ》にて、油の出づるを見てよみ侍りける。

という修験僧、覚忠の詞書《ことばがき》があることで察せられる。

三十三所巡礼が熊野那智を一番とするのは、久安《きゅうあん》六年（一一五〇）の長谷僧正の日記によるとしているのは、室町時代初期の文安三年（一四四六）にできた『塵添壒囊《じんてんあいのう》鈔《しょう》』（巻十七）の説であるが、これは信じてよかろうとおもう。この書は長谷寺を一番とするのも、御室戸《みむろど》を一番とするのもあったという。または便宜にしたがって、前後を論じない説もあったとしている。これは各霊場が独立していたときのことで、都の者が巡礼するには、これらの寺から廻ったのであろう。これを熊野那智を一番としたのは、長谷僧正が夢で、琰魔《えんま》王宮の日本の生身《しょうじん》の観音三十三所記録というものを見たのに基くという。そしてこれには、

一度参詣ノ輩ハ、縦ヒ雖レ造二十悪五逆一、速ニ消滅シ、永ク離二悪趣一

とあったといい、三十三観音巡礼が滅罪を目的とするものだったことがわかる。

しかしこの三十三所の順序は、庶民の熊野詣が、古くは伊勢から熊野にいたる東熊野街道がつかわれたことに基くのである。そして熊野詣が最盛期をむかえる院政期であったことも、熊野那智の地位を高からしめたといえる。その上この巡礼は東国からの参詣を予測させるもので、都からならば西熊野街道を通るから、この順序はかんがえられない。長谷僧正の記というのは東国から熊野に詣でて、紀伊、大和をへて次第に京都へ近づき、それから摂津、播磨をへて、丹後、近江、美濃谷汲《たにぐみ》に行く。しかしこの記は最後に近江の観音寺と長命寺と、山城の御室戸《みむろど》寺をつけるのが、今日の順序と異なる点である。

また熊野那智を一番とするのは、花山法皇の関係もかんがえられる。法皇は那智千日籠《ごもり》ののち、正暦二年(九九一)の冬、粉河寺に詣でたことが『粉河寺縁起』に記されており、この縁起は歴史的にかなりたしかなのである。法皇はここで三千三百三十三返の額突礼拝《ぬかづきらいはい》をしたという。

正暦二年の冬、熊野山より御下向の次に当寺に御参詣あり。(中略)法皇御負《おい》を懸て入おはします。本礼堂にして御通夜ありけるに、三千三百三十三返の礼拝を成し給て、御詞には南無愧懺悔六根罪障、過現所犯一時消滅とぞ聞《きこえ》ける。

とあって、この巡礼が罪障懺悔と滅罪のためであったことをあらわしている。ヨーロッパの巡礼も中世には滅罪巡礼がきわめて多かったが、すべて旅が苦行であった時代の巡礼は、物見遊山でできるものではない。巡礼の苦行は、自己ならびに一切の人々の犯せる罪を贖《あがな》うという深い罪業感と信仰があってはじめてできることである。そしてその罪業感は庶民信仰ほど強いので、まず庶民が苦行巡礼をはじめ、これをまねて貴族の巡礼がおこったものとおもうのである。

熊野信仰と阿弥陀如来

一　「死者の国」の阿弥陀如来

熊野には謎が多い。それが熊野の魅力であるが、この謎は日本人の心の謎であり、日本人の宗教の謎である。しかもこれに仏教がふかくかかわることになって、その謎はますます深まった。

平安時代の末期は熊野ブームの時代であった。巡礼という宗教現象は万国共通のもので、神道にも仏教にも、キリスト教にもマホメット教にもあるが、それはしばしば熱狂的《ファナティック》である。日本では平安末期の熊野詣《もうで》という巡礼が、その熱狂の頂点にある。それは江戸末期の伊勢参《まいり》をしのぐものであったとおもう。

これには従来いろいろと理由があげられている。しかし従来は神道史家の宮地《みやじ》直一《なおかず》氏や、神道家の松井美幸氏などの解釈だったから、熊野の神々の御神徳とか、神武天皇以来の熊野信仰とか、熊野別当の軍事力と熊野御師《おし》の活動などが、あげられたにすぎない。これに対して私は庶民信仰史の立場から、熊野は「隠国《こもりく》」または「隠野《こもりの》」であって、死者の霊の行き隠《こも》る「死者の国」であったという説を『熊野詣』（昭和四十二年、淡交新社刊）にのべた。私はその立場から『日本書紀』（神代巻）の、熊野に伊勢の神の御母、伊弉冉尊《いざなみのみこと》の陵があるという記述や、死の影の濃い烏《からす》を神鳥とすることや、生きながら人を葬する補陀落渡海《ふだらくとかい》などを説こうとおもった。

これは今でも熊野那智妙法山に、死者の霊が行くという信仰や儀礼、あるいは納骨にのこったが、熊野詣を「死出の山路」とおもっていたことは、妙法山阿弥陀寺の巡礼歌が、

くまの路を　もの倦《う》き旅と　おもふなよ
　死出の山路で　おもひ知らせん

であることにもあらわれている。そのほかにも熊野の庶民信仰がだんだんわかってきており、私は「死者の国」説をあらためるつもりはない。したがって神道家の説はいまでは通用しなくなったとおもう。

そうすると、熊野は死者の国なるがゆえに、死者救済の阿弥陀信仰が、この人界を隔絶した熊野本宮《ほんぐう》の地におこったのである。この阿弥陀信仰が熊野ブームを生んだ一つの原動力であったことは、もはや否定すべくもないことであろう。熊野神の御神徳

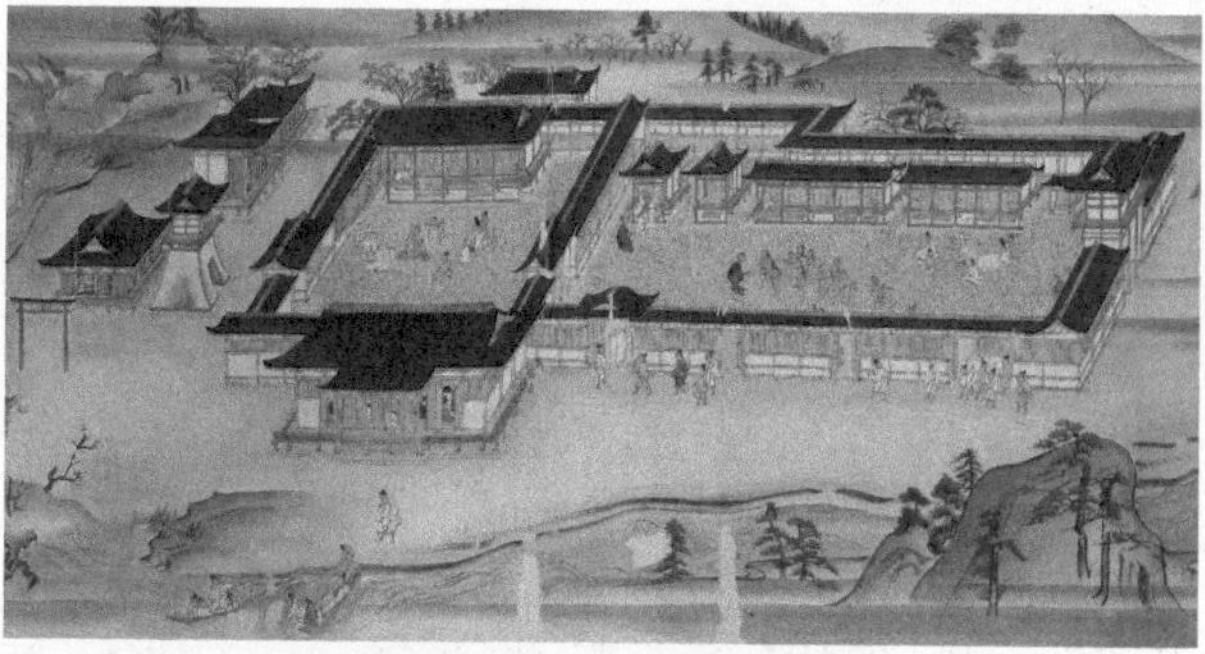

中世以前の熊野本宮『一遍聖絵』（巻三）
（出典：国立国会図書館デジタルコレクション）

ということは、近世の神道思想や、紀州藩の宗教政策によるものが多いのであって、ことに神仏分離後、熊野から仏教も修験道も一掃された現状で、熊野詣の謎を解くことはできない。

第一に神社としての熊野本宮の御祭神は、「熊野坐神《くまのにいますかみ》」であって、御神名がない。これを「家津御子《けつみこ》大神」ともいうというのは、のちの熊野神道であって、ケは「食《け》」だから、食物の神ということである。ケを「木《き》」と解して『日本書紀』（神代巻）に「紀伊国に坐す大神」とある五十猛《いたける》神（八十木種《やそこだね》を播《ま》ける神で、紀州伊太《いた》祁曽《きそ》神社の御祭神）とおなじとするのは無理である。熊野本宮は平安時代から中世を通じて、阿弥陀如来の「証誠殿《しょうじょうでん》」と信じられ、死者滅罪のため、あるいは自己の死後滅罪のための、熊野詣の目的地であった。

『日本書紀』にはそのほか、熊野忍踏《おしふみ》命、熊野櫲樟日《くすひ》命、熊野大隅命などの神名が出るが、これを紀州の熊野本宮にむすびつける根拠がない。しかし熊野本宮はいま参詣しても、かつての熊野三山の首位に位したとは思えないのは、その位置が僻遠《へきえん》で交通の便が悪いことと、旧社地にあったはずの阿弥陀信仰を中心とする仏教色が一掃されたためであろうとおもう。熊野本宮が証誠殿といわれた時代には、この僻遠のふかい山中に、路が険《けわ》しければ険しいほど、阿弥陀如来の救済が得られるものと、老若男女踵《きびす》をならべて、「蟻《あり》の熊野詣」をしたのである。いま熊野川と音無《おとなし》川にはさまれた空しい中州《なかす》となった旧社地に立って見ると、その想いが去来する。この社地は明治二十二年の十津《とつ》川・熊野川大洪水のために放棄され、後方山上の祓戸《はらいど》王子社地に移転したのが現在の本宮である。それとともにもとの証誠殿や、巨大な礼堂《らいどう》は跡形《あとかた》もなくなった。

熊野本宮の中世以前の姿は、正安元年（一二九九）の『一遍聖絵《いっぺんひじりえ》』（巻三）に正確にスケッチされている。これを瞼《まぶた》に描いて旧社地を見ると、その社殿配置も礼堂の大きさもぴったりとあてはまる。今年の夏、熊野市からの帰路にここへ寄ったら、礼堂阯《あと》の広場には、一遍上人の「熊野成道《じょうどう》」の碑が、時宗教団によって建てられていた。一遍上人は念仏というものについて懐《いだ》いた一大疑《ぎ》団《だん》を、この証誠殿の阿弥陀如来によって解いた。これは偉大な宗教家になるための回心《えしん》というもので、釈迦の菩提樹下《ぼだいじゅげ》の成道にならって、一遍上人の念仏成道ともいう。この成道の結果一遍は捨聖《すてひじり》となって、生涯の遊行化導《ゆぎょうけどう》に旅立ったのである。しかし一遍の熊野成道もこの本宮旧社地に立って、熊野山伏《やまぶし》と熊野道者《どうじゃ》（参詣人）と御師《おし》（法師）先達《せんだつ》の雑踏した中世を想い浮べないと、なるほどと納得することはできないであろう。

一遍はここまで来るのに、高野山から護摩壇山《ごまだんざん》を越え、南部《みなべ》へ出てゆく険路を抜けて本宮へ行ったはずである。それからこの旧社地へ入るには、音無川を徒渉《としょう》しなければならない。そして下半身を濡らしたまま、礼堂で徹夜し、阿弥陀如来の霊告を待ったのである。これを「濡れ草鞋《わらじ》の入堂《にゅうどう》」といったが、伊勢内宮の橋がかかるまでは、御裳濯河《みもすそかわ》や五十鈴河（忌濯河《いすすかわ》）を徒渉したような禊《みそぎ》であった。これは山坂を越えたり、禊の苦行を要求する阿弥陀如来だったからで、普通に理解されるような専修《せんじゅ》念仏の阿弥陀如来ではなかった。すなわち山中に浄土あり、とする修験道の阿弥陀如来だったわけである。そうすると一遍が成道した念仏というものも、修験道的な呪文《じゅもん》としての念仏で、それを一遍となえれば、すべての罪が消えて速疾に往生できる呪力のあるものであった。したがってそれはお札（符呪）としての念仏であるから、その後の一遍は賦算札《ふさんふだ》という念仏のお札を、くばってあるく十六年の遊行《ゆぎょう》となった。

賦算札は中世の勧進聖《かんじんひじり》が、五万人、十万人、百万人に念仏を勧進するときに、数取りのために人々に渡すお札であった。一遍も文永十一年（一二七四）に故郷の伊予を出発して、四天王寺を経て高野山にのぼり、それから熊野本宮にいたるまで、賦算札を通行人にわたしている。しかしそのあいだにこの賦算札の念仏とはどんな意味があるかという疑問につきあたった。その疑問を熊野本宮証誠殿の阿弥陀如来にたずねることによって、これが単なる数取り札でないことを悟ったのである。時宗教団でも、熊野成道前の一遍の賦算と、成道後の賦算の相違については、「四箇の習《ならい》」という秘伝の一つとしてきた。その内容は秘伝だからよくはわからないが、「南無阿弥陀仏が往生するなり」といった一遍の語から見て、行者、信者がこのお札をうけることによって、阿弥陀仏と一体となり、そのまま往生するのだという、修験道的な即身成仏《そくしんじょうぶつ》の力があったものと、私は理解している。

二　平安時代『いほぬし』の熊野

平安時代の熊野本宮がどのような状態であったかを知る資料は、ひじょうにすくない。『一遍聖絵』（巻三）では中央の社殿から熊野権現の化現《けげん》した山伏が出て来て、一遍にお告《つ》げをしているのが証誠殿で、その左が新宮の早玉宮《はやたま》（速玉男神）、左の二殿に結宮《むすび》（那智夫須美神）と若宮の二神をまつり、右端の長い二社にはその他の八神を四柱ずつまつったものとおもわれる。しかしこのような形式になるのは、平安末期の熊野三山撿挍《けんぎょう》がおかれてからのことであろう。

熊野の修験道がいつはじまったかはあきらかでないが、那智は『日本霊異記』によって、奈良時代には法華経を誦持する修験者がおったので、本宮はそれより古いことはたしかである。その後に新宮がまつられたことになるが、はじめは三山ともに独立した信仰だったのが、平安中期ごろに三山として連携し、相互入峯《そうごにゅうぶ》し、同時に大峯《おおみね》修行路が開けて吉野修験集団とも相互入峯するようになった。これらはちかごろの鉄道の相互乗入れのようなものであるけれども、このようにして修験道は勢力を拡大し、平安末期には源平二大勢力のキャスティング・ヴォートをにぎるまでに成長した。

この三山連携にあたっても、地理的に不便な本宮が中心になり、熊野別当が居住したというのも、この阿弥陀如来信仰が熊野信仰をささえていたからである。新宮は薬師如来を本地《ほんじ》とし、那智は千手観音であったが、本宮の阿弥陀如来にはかなわなかったのである。これは熊野詣の目的というものが滅罪と往生にあり、それを苦行を通して達成しようとするものだったからで、その苦行によって自己の罪を滅して幸運と長寿を得、縁故死者の罪を滅して往生させるのである。また自己の罪を滅すれば死後の往生も保証してもらうことができ、これが証誠《しょうじょう》ということであった。

このようにして熊野信仰が平安時代にあったことを示す紀行が増基《ぞうき》法師の『いほぬし』(『群書類従』紀行部)である。この増基法師は従来、鎌倉時代末の関白鷹司基忠《たかつかさもとただ》の子で、実相院《じっそういん》僧正(一二八二—一三五二)のことといわれていたが、永井義憲氏の研究で、「十月一日庚申《かんし》に」とあることから、永承年間（一〇四六―一〇五三）の紀行であることがわかった。ということは、『土佐日記』に次ぐ古い紀行文学ということになる。そうすると、これにしるされた熊野の素朴《そぼく》なありさまも、なるほどとおもわれる。

この紀行のはじめに、自分の熊野詣の目的について、

いつばかりの事にかありけむ。世をのがれて。心のまゝにあらむと思ひて、世の中にきゝ（聞）ときく（聞）所々、をかしきを尋ねて心をやり、かつはたふとき所々拝みたてまつり、我身の罪をもほろぼさむとする人有りけり。いほぬしとぞいひける。神無月の十日ばかり熊野へまうでけるに、（中略）さきの世の罪をほろぼして、行《ゆく》末《すえ》の菩提をとぶらはむと思ひ侍る心ふかうて、

とあって、遁世《とんせ》と滅罪の目的で、熊野詣の旅に出たのである。この旅は石清水八幡《いわしみずはちまん》や住吉に詣で、信太《しのだ》の森から和歌山の吹上《ふきあげ》の浜を通って、西熊野街道を中辺路《なかへじ》に出て、まず本宮を目指した。その途中には、

御山（本宮）につくほどに、木のもとごとに手向《たむけ》の神おほかれば、水のみ（水飲王子）にとまる夜、

万代の神てふ神に手向しつ　思ひと思ふことはなり（成）なむ

とあって、九十九王子とよばれ、後の熊野神道が出《で》鱈目《たらめ》に天照大神（伊弉冉尊《いざなみのみこと》の御子

神）にあてた王子というものが、木の下の「手向の神」であったことを、はっきりと書いている。これは土佐の柴神《しばがみ》のように、行路死者などが叢祠《そうし》や祟《たた》り神としてまつられ、柴を手向ける手向神とよばれたことをあらわすものである。このような史料で、九十九王子叢祠《そうし》説を私は前著にのべた。

このようにして本宮に着くと、ここかしこに、庵室《あんしつ》が二、三百ばかりも見え、そこに粗末な生活をする山伏が住んでいた。この描写からも、この熊野本宮は鎌倉末期の光景とはいえない。

> ここかしこめぐりてみれば、あんじち（庵室）ども二三百ばかり、おのが思ひ〱にしたるさまもいとをかし。親しうしり（知）たる人のもと（許）にいきたれば、蓑をこし（腰）に、ふすま（衾）のやうにひきかけて、ほだくひ（榾杭）といふものを枕にして、まろね（丸寝）にねたり。

とあるのは、山伏修行者の生活だったのである。それから食物も里芋か自然薯《じねんじょ》のような芋であった。

朝になると、本宮の御堂で例時勤行《ごんぎょう》があったというが、これは礼堂と別の堂らしい。

> さて鐘うてば御堂へまゐりぬ。頭ひきつつみて、みの（蓑）うちきつゝ、ここかしこにかず（数）しらずまうで（詣）集りて、れいじ（例時）はててまかり出づるに、あるは（或）そ（ママ）上の御まへ（前）にとどまるもあり。らい（礼）堂のなかのはしらもと（柱元）に、蓑うちきつゝ忍びやかに顔引きいれつゝあるもあり、ぬかづき（額突）陀羅尼よむもあり。（下略）

とあって、山伏の勤行のありさまが活々《いきいき》と書かれている。

増基法師は本宮に半月ほどくらして、霜月《しもつき》二十日ごろ新宮へ下って行ったが、音無川で頭の白い鳥を見たり、焚火の榾杭《ほだくい》（薪《たきぎ》）を走らせたり唸《うな》らせたりする験《げん》（行力《ぎょうりき》）を見たと記している。

山烏かしらも白くなりにけり　我がかへるべき時やきぬ《(来)》らむ

さて人のむろ《(室)》いにいきたれば、ひのき《(檜)》をたく《(焚)》が走りはためく《(鳴動)》をと《(取)》りて見れば、むろのあるじ、この山はほだぐひ《(榾杭)》けん《(験)》ありて、はた〳〵《(雷鳴)》とぞ申すといへば、たきごゑ《(焚声)》ならむといひてた《(立)》ちぬ。

そのほか『いほぬし』には、他の史料には見られない熊野のありさまがのべられていて、貴重であるが、まだ一般人の熊野詣は見られない。すなわち修行者、山伏の集りだったが、増基法師のように他所《よそ》から入って来る山伏や、ここから熊野信仰をもって遊行する山伏、あるいは盲目の比丘尼《びくに》たちが熊野の霊験を説くようになると、平安末期の爆発的な熊野詣がはじまる。熊野比丘尼はおそらく尼御前《あまごぜ》から瞽女《ごぜ》とよばれるようになって、寺社をはなれた放浪芸能者になったものとおもう。これに対して中世末期には、別に勧進のための比丘尼や本願《ほんがん》の比丘尼が、伊勢や善光寺の本願比丘尼とおなじように勧進活動にしたがい、これがまた近世には熊野をはなれて遊女化した熊野比丘尼を生んだものとおもわれる。

三　熊野立願《りゅうがん》と願果し

私がしばしばおとずれる美濃郡上《ぐじょう》郡美並《みなみ》村の杉原《すぎはら》に、熊野神社がある。その参道下に天然記念物の熊野比丘尼の杖立《つえたて》杉というものがあって、樹齢七、八百年といわれている。この神社には弥勒《みろく》石という仏像形の白然石もあり、これは熊野比丘尼の袂《たもと》石が成長したものだという。杖立杉、袂石はきわめて普遍的に分布する口碑伝説であるが、この神社は熊野神社であり樹齢が七、八百年なので、平安時代の草創と推定してよいであろう。

山形県の米沢市花沢町の熊野神社は長寛《ちょうかん》二年（一一六四）勧請《かんじょう》という社伝であり、同県の西村山郡谷地《やち》町の熊野神社は将門《まさかど》の乱の天慶《てんぎょう》年間（九三八―九四七）の創立という。岩手県下閉伊《しもへい》郡小川村の熊野神社は嘉応二年（一一七〇）といい、福島県会津地方には、天喜年間（一〇五三―一〇五八）創立という熊野社がたくさんある。ところがその中の一つ、喜多方《きたかた》市新宮の新宮熊野神社は、七、八年前に拝殿の解体修理をして、平安時代の建築であることがわかった。私もその工事中にここを訪ねたことがある。天喜《てんぎ》年間という根拠がもう一つはっきりしないが、平安時代にすでに東北地方に熊野信仰がひろまったことは、うたがうことはできない。

宮城県名取《なとり》市にも有名な熊野三社があり、これは一人の尼が四十八度の熊野詣を立願《りゅうがん》して建てたという。この尼の話は平安時代とされているが、この物語を描いたという「熊野影向図《ようごうず》」（京都・檀王法林寺蔵）は、鎌倉時代の一種の来迎図である。名取の尼がこの立願をして四十七度の参詣を果し、四十八度目に那智の浜まで船で来たとき、本宮 証誠殿《しょうじょうでん》の阿弥陀如来が那智の山に影向し、これで四十八度の熊野詣は済んだから、帰ってよいと告げられたという。図は大きな雲に乗った阿弥陀如来の下に那智山とおぼしき山があり、その麓にお伴をつれた尼の一行がこれを仰いでいる。「山越《やまごえ》の弥陀」の図柄であるが、この尼の一行があるので影向図となる。すばらしい物語絵である。

この名取の尼の物語に出る「立願」ということが、熊野信仰の謎を解《ときあか》す一つの鍵であることを、私はすでにのべた（「熊野三山の歴史と信仰」『古美術』四二号）。ということは、重病で命旦夕《たんせき》にせまったとき、熊野証誠殿に三度、五度、七度、多きは四十八度の熊野詣を立願し、命を延べてもらう。この立願は熊野山伏が取次をするので、熊野を本所とする山伏が地方に定着し、そこに熊野神社を建てたのである。この山伏は『道成寺縁起《どうじょうじえんぎ》』に出てくる山伏（のちの安珍とその師）のように、精進潔斎《しょうじんけっさい》して毎年熊野へ取次に来る。この縁起の原話も平安時代、院政初期にできた『本朝法華験記《ほっけげんき》』（下）の「紀伊国牟婁《むろ》郡悪女」から出ており、熊野詣と熊野精進が平安時代半ばの

『いほぬし』の時代や名取の尼の時代までさかのぼりうることをしめしている。庶民伝承というものは、手続さえふめば、意外に真実性のあることがわかるのである。

このような立願の対象となる証誠殿の阿弥陀如来は、浄土というよりも死後の世界の支配者で、人間の寿命を司《つかさど》るという司命司《しみょうし》録《ろく》、あるいは中国の泰山府《たいざんふ》君《くん》に似た信仰をもたれていた。それはまた日本民族の固有信仰として死者の霊は山にあつまり、山中他界を形成し、そこから現世へ去来するが、これを統合する山神が現世来世の吉凶を支配するという信仰を基盤としているとおもう。すなわち山中の山神と他界が、仏教化して阿弥陀如来となり、浄土または地獄となる。そうであればこそ、熊野証誠殿の阿弥陀如来は、現世の生命および幸福と来世の往生とを司るのである。説経《せっきょう》の『小《お》

熊野影向図（京都・檀王法林寺）

栗《ぐり》の判官《ほうがん》』では、本宮では二本の杖をもとめるが、

　一はおとなし《音無》川にながす《流》れば、し《死》して後めいど《冥途》におもむく時に、ぐぜい《弘誓》の船とうかぶ也、又一本つきてふもと《麓》に下向ましまさば、侍ならば所りやう《領》をえる。なんぼうめで《目出》度《たき》此つゑ也

とある。現当二世の阿弥陀如来である。

ところで神への立願はかならず果さなければならない。神への虚言は神罰をこうむるからである。『玉葉集《ぎょくようしゅう》』には熊野の神詠として、

　待わびぬ　いつかは　ここに紀《来》の国や
　　むろのこほり《牟婁の郡》は　はるかなれども

　此歌はつくし《筑紫》に侍りける人の子の三歳にてやまひして、日数かさなりけるを、おやどもなげき《嘆》て、熊野へまゐらすべきよし願書をかきておきながら、おこた《怠》りけるを、年月へて七歳にて又おもく《重》わずらひける時、託宣ありけるとなん

とのせている。しかしその子や大人が死んだらどうなるか。そうすればその親や子や夫や妻が、「願果《はた》し」または「願解《ほど》き」の熊野詣をしなければならない。こうして重病の命を助かりたい人があるかぎり、熊野詣は幾何《きか》級数的に増大してゆくことになる。

しかしのちになれば代参《だいさん》という道が開けて、山伏が立願と願果しの代参をする。中世末期からはこれが山伏の特権となった。ところがもっとインスタントな熊野立願と

願果しが工夫された。それは各地の熊野三山にあてた低い山に三山の神社をまつり、ミニアチュアの三山詣をする。これは『平家物語』でも鬼界ヶ島につくったことが見え、南北朝時代ごろに一般化する。また近世には各地の村々に勧請された熊野神社に立願し、願がかなえば神楽《かぐら》を奉納して願果しに代える。それはいま奥三河の花祭や、大谷熊野神社の御神楽《みかぐら》に、「産衣《うぶぎ》引き」とか「産衣果し」、あるいは「生れ清まり」という神楽を奉納し、誕生の時の立願を、十三歳、十五歳の成年の正月に果すものである。

熊野信仰は平安時代の中期から全国の山岳信仰と山伏を支配し、その規範となった。これは日本民族の山岳宗教と霊魂観をたくみに利用し、またこれを阿弥陀如来や浄土の信仰と結合して、現世の安穏と来世の安楽を約束したことによるものとおもわれる。

勧進聖、西行と重源

一　西行の自筆一品経勧進

私はかつて『高野聖《こうやひじり》』の中で、西行法師を高野聖、勧進聖《かんじんひじり》の一人としてのべたが、これは歌人西行の研究者や愛好者の中で、物議《ぶつぎ》をかもすことになった。今でも賛否両論があるように聞いている。

しかし一人の人物を見る場合に、その一面だけを見て足れりとしては、その人物の真実を知ることはできない。人間にはいろいろの角度によって異なる人間像が見られるのであるから、ちがった見方があってよいわけである。学者で歌人という人もあるし、商人で俳人という人もある。これを多角的にとらえることによって、その歌や俳句の真意をくみとることもできるであろう。

私は芭蕉に関する大論文を書いた人に、芭蕉は何によって、生活し、いかなる手段で旅の資をえたのだろうかと質問したが、わからないということであった。西行にしても霞《かすみ》を喰っていたのでないかぎり、生活の資糧《しりよう》は何かで得なければならない。諸大寺や各山の正規の僧であれば、荘園からの貢租《こうそ》配分に依存できたであろうが、別所《べっしょ》聖《ひじり》や遊行聖《ゆぎょうひじり》にはその供給《くきゅう》はない。いやその供給を辞して自由の身になり、束縛のない自己の信仰に生きようというものが、別所聖となり遊行聖となるのである。

高野聖も一種の別所聖であり遊行聖であって、別所に隠遁《いんとん》生活をおくりながら、勧進のための遊行をし、勧進によって得られた資糧で別所の生活を維持した。西行の高野山を本拠とする三十二、三年間の隠遁と遊行は、勧進によって支えられたとするのが、私の所論であった。

話が抽象的になるが、平安時代も末期になると、諸大寺の荘園は在地の武士や悪党に侵食されて、堂舎の焼失や朽損《きゅうそん》を再興したり、法会《ほうえ》を維持することもできなくなってきた。かつては国家や貴族が保護してくれたが、古代的権威が力を失うと、今度は庶民の零細な喜捨《きしゃ》に頼らざるを得なくなる。そうした喜捨をあつめるには、寺の縁起《えんぎ》や本尊の霊験《れいげん》を面白おかしく語って参詣をすすめ、堂舎の再興とか経典の書写に協力するよう勧進しなければならない。そのような勧進を担当する聖がおらなければ、大寺院も立ちゆかないようになった。東大寺大仏殿の炎上はその象徴的な事件であるが、高野山では正暦《しょうりゃく》五年（九九四）七月六日の大火による荒廃から再興させたのは祈親《きしん》上人《しょうにん》定誉《じょうよ》とその一派の勧進であった。また久安五年（一一四九）五月十二日の大火後の復興勧進に高野山へ馳せ参じた勧進聖の一人が、西行だったとかんがえられる。

西行はそれまでにも保延《ほうえん》六年（一一四〇）に二十三歳で出家して、鞍馬の奥の別所に入ったのは、鞍馬寺再興の勧進のためであった。それは康治元年（一一四二）三月十五日の、内大臣藤原頼長邸への自筆一品経《いっぽんきょう》（法華経）書写勧進となってあらわれている。このとき西行法師とよばれたのは、当時法師というよび方が、本来の「法の師」としての一人前の僧侶をよんだよりも、かつての私度僧《しどそう》のような遊行の聖や沙弥《しゃみ》をさしていたとかんがえなければならない。仏教用語はインドでの意味と中国、日本での意味とでは大きく変化しており、また日本だけでも各時代で変化してくる。西行の法師も琵琶法師とよばれるような、遊行の法師なのであり、西行みずからも西行法師とよばれるのを、のぞんだであろう。内大臣頼長の『台記《たいき》』では

西行法師来りて云ふ。一品経を行ふに依り、両院以下の貴所皆下し給ふ也。料紙の美悪を嫌はず、只自筆を用ふ可しと。余軽々しくは承諾せず。又年を問ふ。答へて曰く、廿五、去々年出家、二十三 抑《そもそ》も西行は本《もと》左兵衛尉義清《のりきよ》也。左衛門大夫康清の子 重代の勇士を以て法皇に仕へ、俗時より心を仏道に入れ、家富み年若くして心無欲なり。遂に以て遁世《とんせい》す。人之《これ》を歎美する也。

と書かれ、彼の出家直後の消息をもっとも正確につたえている。

鞍馬寺は康治元年から十六年前の大治元年《だいじ》（一一二六）十二月十九日に焼けて、その再興勧進をする勧進聖が、鞍馬の奥の花背《はなせ》別所にあつまった。この別所聖はまた比叡山系の大原《おおはら》別所の別所聖と、共同で勧進した法華経を、紀州粉河《こかわ》寺の裏山に埋経した壺が出たように、写経と埋経を特徴としていた。したがって鞍馬寺の再興が出来たのちも、私のいう「慢性勧進」で勧進をだらだらとつづけ、この別所聖集団を維持したのである。大原の別所に隠遁した融通《ゆうずう》念仏の開祖、良忍上人も、融通念仏の守護神を鞍馬の毘沙門天《びしゃもんてん》としたのは、鞍馬寺勧進に関係があったためとおもわれる。西行が嵯峨で出家ののち、花背別所に入ったのは、この別所聖集団の誰かと知合いだったからで、ここで聖の生活をするためには、おそらく保険勧誘のノルマのように、何本かの写経檀主を勧誘しなければならなかったものであろう。その場合に左衛門尉の前歴が、両院上皇や内大臣の勧進にまわる便宜をあたえたし、西行はその前歴をフルに活用したあとが、『台記』からうかがわれる。

雪の吉野を行く西行法師
『西行物語絵巻』萬野美術館本

ところで四天王寺の扇面写経や厳島《いつくしま》神社の平家納経のような、最高の美術品は、多く専門の写経僧によって書かれ、勧進聖集団と写経僧集団は密接な関係があったらしい。しかし西行の勧進した一品経は、『法華経』二十八品を一人で一品ずつ、二十八人が自筆で写すものであった。これは一体どのような意味をもつのであろうか。従来このような仏教史の諸事象の意味を、日本人の宗教意識からかんがえようという試みがなかった。しかし西行のような勧進聖は、この自筆一品経の功徳《くどく》を説いて写経をすすめたはずである。いまも奈良の薬師寺や当の鞍馬寺をはじめ、全国に自筆写経をすすめる寺は多いが、その功徳が正しく説かれているのであろうか。

自筆写経はもと如法経《にょほうきょう》写経から出ている。如法経というのは、『法華経』を写経するのに、「法の如く」持戒し潔斎《けっさい》し精進して、石の墨と草（蓬《よもぎ》）の筆で写経するのである。石をいくら磨《す》り合わせても黒くはならないから、紙には文字はのこらない。しかしそれを最高の写経とかんがえた日本人の宗教意識が、いまわすれられている。しかもその水は水道の水では駄目なのであって、聖地から浄水を「お水迎え」しなければならない。その聖地も修験集団では、それぞれの神の在《いま》す頂上の「硯《すずり》ヶ池」（立山）というような池から迎えるのであって、毎日頂上まで水汲みにゆく苦行をともなうのである。写経は紙や文字が貴いのではなくて、これを写すまでの持戒精進と苦行潔斎（前方便《ぜんほうべん》）が貴いというのが如法経であった。だまって坐って紙に写したのでは、小学生のお習字とおなじことである。

それではこの持戒精進、苦行潔斎の宗教的目的は何かといえば、それは「懺悔滅罪《さんげめつざい》」である。自己のそれまでに犯した罪、あるいは供養すべき死者の生前に犯した罪を、苦行によって贖《あがな》い滅ぼすことである。だから苦行精進が目的で、写された文字と紙は目的でない。このような勧進の唱導が、西行やその他の勧進聖によってなされたであろう。いま花背別所の山中には、そうした勧進写経の埋められた遺跡が、いたるところで見出される。私は別所の福田寺《ふくでんじ》住職の案内で、そのような山中をめぐったことがあった。従来は写経と埋経は、経巻を五十六億七千万年後の弥勒《みろく》菩薩の出世のときまで、のこしておくためといわれていた。たしかに藤原道長の金峯山《きんぷせん》経塚（吉野の金峯神社裏の安禅寺宝塔址）から出た経筒には、その意味の銘がある。しかしタイムカプセルのない時代に、そのようなことができると、真面目にかんがえるものはいなかったであろう。その意味では現代の仏教史学者や仏教考古学者の方が、人が良いのである。写経と埋経は滅罪が目的であることを知らなければ、日本人の写経という宗教的実践を理解することはできない。西行勧進の自筆一品経《いっぽんきょう》には、そのような意味があったのであって、それは鞍馬山から別所の山中にかけて埋経され、かれらのもろもろの罪とともに、土中で消滅してしまったものとおもわれる。しかしかれらが供養料として西行に提供した金品は、写経完成の十種供養会《じゅっしゅくようえ》の費用にもちいられた残りが別所聖の生活の資糧になったはずである。

二　西行の高野山と極楽坊の勧進

写経勧進も念仏勧進も、堂塔勧進や鐘《かね》鋳勧進、あるいは橋勧進などとおなじく、宗教行為であるとともに経済行為である。この勧進が経済行為であるという私の所論が、歌人西行のイメージをきずつけたらしい。しかし勧進は近世には乞食の別名になってしまうにしても、乞食に布施《ふせ》するという作善《さぜん》（宗教的善行）をおこなわせている。いわんや古代、中世の勧進は、そのリベートで聖の生活や旅費を弁じただけでなく、堂塔や仏像や経巻をのこすのである。そして勧進の檀主の罪をほろぼし、罪の因果として受くべき病気や禍をすくい、心を慈悲と善行にむけさせる。聖からすれば自らを利し、他を利する「自利利他円満《じりりたえんまん》」の実践であった。また念仏勧進は融通念仏に応じた人々を、一つの念仏共同体にまとめあげる、宗教的社会運動としての影響力をもった。

西行が高野山のために勧進に参加したことは、久安五年に炎上した根本《こんぽん》大塔の再興造営奉行であった、平忠盛の西八条の邸に出入していたことで察せられる。『聞書《もんじょ》集残集』に

ただもりの八条のいづみ（泉殿）にて、高野の人々、仏かきたてまつること

の侍りけるにまかりて、月あかかりけるに、池の蛙のなきけるをききて、

小夜ふけて　月にかはづの　声きけば
　みぎはも涼し　池の浮草

とあるのは、忠盛と親しかったと見なければならない。忠盛は仁平《にんぴょう》三年（一一五三）に五十八歳で卒去し、大塔と金堂の再興を引き継いだのは清盛であるが、西行は清盛とも親しかったようである。この造営は保元の乱の直前、保元元年（一一五六）四月に完成した。しかしその他の堂舎の造営にも、西行は清盛をわずらわしていたことが、有名な西行自筆の『円位《えんに》書状』（『高野山宝簡集』）から察せられる。

　この書状は「三月十五日」付となっているが、私は仁安三年（一一六八）の三月十五日と推定するもので、この年二月十一日に清盛は重病のために出家し、浄海入道となった。

入道殿御料《ごりょう》に百万反尊勝《べんそんしょう》タラ尼、一山に誦せしめたまふべし。仏事又々申し候べし。蓮花乗院の柱絵の沙汰、能《よ》く能く可《よろ》しく候、住京いささか存ずること候て、今に御山へ遅々《ちち》仕り候なり。能く能く御祈請《ごきせい》す可《べ》く候。長日談義《ちょうにちだんぎ》能く能く御心を入れらる可く候なり。

三月十五日　　　　円位

したがってこれは浄海入道殿の病気平癒《へいゆ》のために、尊勝陀羅尼百万遍を一山僧侶でおこなうことを命じたものであろう。したがって住京が長くなって高野帰山がおくれるのは、清盛の病状経過を見て、高野山へ取り次ぐためとおもわれ、百万遍尊勝陀羅尼を、くれぐれも祈請せよとくりかえしている。

勧進聖としての西行はまた、奈良の元興寺《がんごうじ》極楽坊の曼荼羅《まんだら》堂の修造勧進にも関係した。『菅家本諸寺縁起集』に

極楽万陀羅《まんだら》（智光曼荼羅）を安ずる故に極楽坊と号するなり。（中略）四方に極楽万陀羅在り。口伝に云ふ。此の堂は智光法師之《これ》を造る。其の後破損するの間、西行法師十方《じっぽう》に勧めて建立すと云々

とあって、この伝承は信じてよい。この曼荼羅堂はいまの元興寺極楽坊本堂で、このころ大修理大改造がおこなわれたが、そのためにいままで天平時代の建築が、奈良の町の中にのこりえたものといえる。西行の勧進の方法はよくは分らないけれども、『極楽坊縁起』に、

西行法師自筆の木簡経《もっかんきょう》あり。

とあるところを見ると、木簡経すなわち柿経《こけらきょう》を書いて、一束ずつ買ってもらい、これを寺へ奉納させたのであろう。この柿経は昭和の大修理で数万本が天井や地下から発見され、保存されている。その書体も平安末期から鎌倉時代にわたっていて、たしか

に西行みずから書いたものもあったであろうと思われる。また二十本束に紙縒《こより》で束ねられたものもあるから、これによって寄進銭をえて、修理改造がおこなわれたこともわかる。この勧進の方法は鞍馬寺の一品経勧進のころの写経勧進とおなじく、法華経写経が大部分であった。

西行はやがて治承四年（一一八〇）に高野を出て伊勢に移った。ここで六年間をすごすことになるけれども、それは何の目的だったかがはっきりしない。ただ、『山家集拾遺』に

高野山を住みうかれてのち、伊勢国二見の浦の山寺に侍りけるに、大神宮の御山をば神路山《かみじやま》と申す。大日の垂迹《すいじやく》をおもひてよみ侍ける、

深く入りて　神路の奥を　尋ぬれば
　また上もなき　峰の松風

とあって、大神宮にあこがれてのように見える。しかしここでやがて東大寺大仏大勧進上人の俊乗坊重源《しゆんじようぼうちようげん》に会って、西行も大仏勧進に参加するようになるのであるから、やはり伊勢にも勧進が待っていたのであろうとおもう。

三　西行と重源の出会い

西行の伊勢在住には、神宮の祠官や僧侶の歌の師として、まねかれたという説や、菩提山神宮寺再興の良仁上人との親交からという推定があるだけである。しかし良仁上人も神宮寺再興には勧進を必要としたのであろうから、西行がこれに参加した可能性はある。また室町時代には伊勢は僧尼による御裳濯河《みもすそがわ》橋や五十鈴《いすず》河橋の勧進、または本殿の遷宮と修理の勧進がおこなわれたので、おなじように殿舎の勧進にかかわったのかもしれない。中世には神社といえども僧尼の勧進聖をかかえ、神宮寺によって管理されていたからである。

西行が伊勢に住んだところは『山家集拾遺』では「二見《ふたみ》の浦の山寺」とか「内宮《ないくう》のかたはらなる山陰の庵」（西行庵）と書かれているが、坂十仏《さかじゅうぶつ》の『太神宮参詣記』では

　磯山かげの路を、つたひ行程に、裏に心すごき古寺あり。安養山と申所也。是は西行上人の住み侍りける旧跡とかやぞうけたまはる。

とあって、いまも西行庵址という所がある。安養山の麓の密林に分け入ると、すこし平地があり、石塔などものこっていて、昼なお暗い「心すごき寺址」である。ただ伝

承だけで西行の足跡をしめすものはないが、この山の中腹にかつて二見の天覚寺があったことはたしかなのである。

伊勢には中世まで多くの寺庵があったし、近世にもまだ仏教文化はのこっていたが、明治以後はほとんど見られなくなった。しかし郷土史家によれば、天覚寺址はまだ確認できるとのことである。ここが運命的な西行と重源の出会いの場所であろうと、私はかんがえている。それは俊乗坊重源の『文治二年神宮大般若経転読記』（通称『俊乗坊参宮記』）によると、この年の四月二十七日の大般若経転読の宿所は二見の天覚寺であった。重源は大仏造営の成功を伊勢大神宮に祈るために、前後三回、大勢の東大寺僧をつれて、大神宮への法楽の大般若経転読をおこなっている。ほんとうに行基《ぎょうき》の勧進以来の神助をあおぐ意味と、人気を取って勧進を有利にしようという、宣伝の意味もあったかもしれない。第一回はいまのべた文治二年（一一八六）のことで法楽は常明寺でおこない、宿所が天覚寺であった。第二回は建久四年（一一九三）で法楽を二見天覚寺でおこなった。第三回は建久六年（一一九五）で菩提山神宮寺においてであった。

重源坐像（奈良・東大寺、提供：奈良国立博物館）

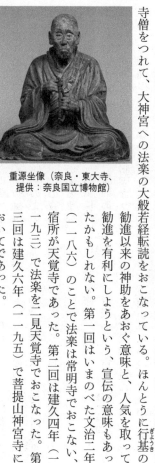

文治二年四月二十七日には常明寺で法楽をしてから、一鳥居まですすみ、僧徒の群参は憚《はばか》りありとして、二、三人ずつ御宝前に参詣したという。そののち新造された二見の宿所に入ったが、これが眺望のよい天覚寺であった。僧徒は六十人で、所従雑人《ぞうにん》都合七百人の大部隊であった。この夜、往生講があったというから、麓《ふもと》の庵におった西行も参加したことはうたがいあるまい。

秉燭《へいしょく》(夕方)の期に臨み、本堂に於いて往生講を修す。聴聞のため人々少々参向の処、出仏(開帳)あり。読経あり。伽陀《かだ》あり。音楽あり。皆是れ滅罪懺悔《めつざいさんげ》の方軌《き》、抑《そもそ》もまた往生浄土の勝因なり、講演の事了《おわ》って後、衆会宴遊に及ぶ。

とあり、聴聞の人々のなかに西行が自ら出向いたか、招かれたかのいずれかであろう。そして翌日の二十八日には二見浦遊覧とともに延年《えんねん》芸と歌会があったが、これには西行の歌は見えない。

しかしこの天覚寺の往生講は『吾妻鏡《あづまかがみ》』の文治二年八月十五日、十六日の記事と関係があるとおもわれる。このとき西行は鎌倉にあらわれたが、それは重源上人の依頼で、沙金《さきん》勧進のために奥州へ行く途中だったからである。すなわちこのとき西行は東大寺勧進聖であったのである。

十五日、己丑《つちのとうし》 二品(頼朝)鶴岡宮に御参詣、而《しか》るに老僧一人鳥居の辺に徘徊《はいかい》す。之《これ》を恠《あや》しみ、景季《かげすえ》を以て名字を問はしめ給ふの処、佐藤兵衛尉《ひょうえのじょう》憲清《のりきよ》法師なり。

今は西行と号すと云々（下略）十六日、庚寅《かのえとら》、午《うま》の刻、西行上人退出す。頻《しき》りに抑留すと雖《いえど》も、敢《あえ》て之に拘《かかわ》らず。二品、銀作の猫を以て贈物に充てらる。上人之を拝領し乍《なが》ら、門外に於て放遊の嬰児《えいじ》に与ふと云々。是重源上人の約諾《やくだく》を請《う》け、東大寺料《りょう》として、沙金を勧進せんがため奥州に赴く。此便路を以て、鶴岡に巡礼すと。

という有名な一条である。

ここに「重源上人の約諾」というものがあったとすれば、この著名な二人の勧進聖の出会いの場所があったはずであるが、これは伊勢の二見の天覚寺のほかはかんがえられない。このとき西行が伊勢におらなければ、この二人が出会うこともなかったであろう。しかしこの出会いで西行は六十九歳の身を最後の大旅行に出た。そして数々の名歌をのこすことになった。

年たけて（老）また越ゆべしと　思ひきや
　いのちなりけり　さやの中山

風になびく　富士の煙の　空に消えて
　ゆくへも知らぬ　我が思ひかな

と歌をよみながら、おそらく五月に伊勢を出て、八月に鎌倉に着いたのであろう。そして奥州に入ってからは

東路や　信夫《しのぶ》の里に　やすらひて
勿来《なこそ》の関を　越えぞわずらふ
朽ちもせぬ　その名ばかりを　とどめおきて
枯野の薄《すすき》　かたみにぞ見る
（実方中将）
とりわきて　心もしみて　さえぞ渡る
衣河《ころもかわ》みに　きたる今日しも

西行が平泉《ひらいずみ》に着いたのは文治二年の十月十二日の事で、鎌倉から二か月かかり、雪ふり嵐はげしい冬であった。翌文治三年の二月に義経は敗残の身を平泉に下ったのであるから、平泉で越冬した西行と会ったはずであるが、歴史は何事も語らない。西行と重源との出会いも義経との出会いも、劇的な場面は史料には一行も見えないのである。また西行のこの年の奥州下向も疑問にみちている。というのは東大寺の沙金勧進は、平泉の秀衡《ひでひら》はすでに二年前の寿永三年（一一八四）に五千両を寄進したことが『玉葉《ぎよくよう》』に見え、頼朝も文治元年三月七日に沙金一千両と上絹一千四、米一万石を奉加している。それにもかかわらず西行は頼朝に対してでなく、秀衡にだけ沙金勧進に長途の旅をしたというのも不思議なのである。このように見ると勧進聖の生態はどこまでも疑問だらけということができる。しかし西行が出家から終焉まで一勧進聖として生活し、そのかたわら文学活動をしたという荒筋だけはつかめるとおもう。

III

能声の念仏と法然・親鸞

一　『改邪鈔《かいじゃしょう》』の能声の念仏

一つの宗派ができあがると、その開祖や祖師の偶像化がおこって、その人間像はまったくちがってしまう。私は開祖や宗祖はそれをよろこんではいないだろうとおもう。また日本仏教の歴史からいえば、庶民信仰や庶民の要求にこたえてできた宗派も、だんだん教団の組織化、儀礼化、教理化がおこって、庶民から遊離してゆく。それとともにはじめ民間僧だった僧侶も、寺院や伽藍《がらん》の住職におさまって貴族化する。鎌倉時代の新仏教は伽藍仏教といわれた旧仏教へのアンチテーゼとして出発しながら、旧仏教に追い付き追い越して伽藍仏教になってしまう。

この伽藍化、支配階級化は江戸幕府の政策でもあって、僧侶を学林とか檀林《だんりん》で再教育して、民衆には縁のない仏教教理の勉強をさせた。僧侶の学者化と役人化である。

そうすると信仰よりも理屈が先に立つようになって、権威主義になり、僧侶は幕府の民衆支配の一翼をになうことになった。したがって信仰や芸能（詠唱念仏や踊《おどり》念仏）をもって放浪する僧侶は乞食《こつじき》視され、迫害されたのである。

しかし宗教は頭よりも心の問題である。したがって民衆は唱導文芸の語り物（説《せっ》教《きょう》・祭文《さいもん》）や、念仏狂言、詠唱念仏、あるいは踊念仏から仏教にちかづいた。いま念仏といえば法然の『選択《せんちゃく》本願念仏集』や親鸞の『教行信証《きょうぎょうしんしょう》』『歎異抄《たんにしょう》』がひき合いに出され、理屈のない念仏だという理屈をきかされる。専修念仏であるかぎり、念仏を歌ったり踊ったりするのは、もっともきらうべき雑行雑修《ぞうぎょうざっしゅう》だという。ひたすらありがたそうに低声でナムアミダブ、ナムアミダブといっていなければならない。そうでないと下品で無知で田舎者《いなかもの》くさく、いかにも信心者らしく見えないのである。

しかし本物の法然や親鸞はそうだったのだろうか。

まず親鸞の方からとりあげてみよう。親鸞の実像をつたえるものとして、『恵信尼《えしんに》文書』の「堂僧」があることは、すでに「慈覚大師と山の念仏」でのべた。この堂僧は慈覚《じかく》大師の伝来した、中国五台山《ごだいさん》の法照流五会念仏《ごえねんぶつ》をうたう専門の芸能僧であり合唱僧である。これは常行《じょうぎょう》堂の常行三昧《さんまい》に勤仕《ごんし》するのが任務で、つねに四十八人か二十四人がえらばれ、四人ないし二人ずつ交代で、九十日間念仏を絶やさなかった。しかし平安中期になると七日間の念仏会《ねんぶつえ》になったが、声のよい堂僧、すなわち「能声《のうしょう》」

の堂僧ならば、各地の寺社の法会や貴族の邸の念仏会、念仏講に、引っ張り凧《だこ》であったらしい。法然の弟子、住蓮《じゅうれん》・安楽《あんらく》には今日の歌手のようにファンが多く、その哀音に魅せられて、後鳥羽院の女房で出家するものがあった。これが法然・親鸞流罪の原因になったという。この二人の念仏は「六時礼讃《らいさん》」となっているが、『法然上人行状絵図』（巻三十二）には、法然教団の念仏も法照禅師が五台山竹林寺で、文殊《もんじゅ》と普賢《ふげん》に教えられた念仏というから法照流五会念仏の一種だったであろう。そのなかで住蓮・安楽は「能声」だったわけである。

> 上人の門徒、住蓮安楽等のともがら、東山鹿谷《ししのたに》にして別時《べつじ》念仏をはじめ、六時《ろくじ》礼讃をつとむ。さだまれるふし拍子なく、をの〳〵哀歎悲喜の音曲《おんぎょく》をなすさま、めづらしくたうとかりければ、（下略）

とある。

法照流五会念仏という詠唱念仏は、極楽の水鳥樹林《すいちょうじゅりん》の妙音をうつしたものといわれ、すぐれた宗教音楽であったらしい。すなわち極楽にある宝池の八功徳水《はっくどくすい》の波の音、七《しち》重宝樹《じゅうほうじゅ》の風にそよぐ音、迦陵頻伽《かりょうびんが》のさえずる音などをテーマに作曲されたものという。これを中国の音階である宮商角徴羽《きゅうしょうかくちう》の五音七声《ごおんしちしょう》にのせたのである。親鸞教団がこの音曲をうたっていたのは、やはり親鸞がもと比叡山の堂僧だったことによるであろう。

ソレ五音七声ハ人々生得《うまれつき》ノヒヾキナリ。弥陀浄国ノ水鳥樹林ノサヘヅル音、ミナ宮商角徴羽ニカタドレリ。コレニヨリテ曾祖師《そうそし》聖人（親鸞）ノワガ朝ニ応ヲタレ《垂》マシ〳〵テ、真宗ヲ弘興《ぐこう》ノハジメ、コヱ《声》仏事ヲナスイハレ《因縁》アレバトテ、カノ浄土ノ依報ノシラベ《調》ヲマナンデ、迦陵頻伽ノゴトクナル能声《のうしょう》ヲヱランデ、念仏ヲ修セシメテ、万人ノキ《聞》、ヲヨロコバシメ、随喜セシメタマヒケリ。

この文は本願寺三代宗主の覚如《かくにょ》が、本願寺教団を形成するにあたって、教団の行儀《ぎょうぎ》や法式《ほっしき》にしたがわない教団人をいましめた『改邪鈔《かいじゃしょう》』にある文である。『歎異抄』は本願寺教団の安心《あんじん》（信仰）にしたがわないものへのいましめを、覚如の意をうけて唯円が書いたものと信じられている。この改邪の邪といい、歎異の異といい、京都の親鸞の廟《びょう》を中心に形成された本願寺教団と異なる行儀や安心を指している。覚如の当時は関東にも強力な原始真宗教団があり、関東からひろまった奥羽や遠江・三河や越前などにも親鸞教団があった。覚如はそれらの地方教団を本願寺本廟《ほんびょう》教団に統一しようとしたのである。そのために念仏のうたい方も統一しようとしたのが、この一条となった。

私は地方教団、いわば田舎者《いなかもの》教団にも、それぞれの地方の実情に応じた信仰や行儀（儀礼）があったものとおもう。京都流のあまり洗練された、スマートでインテリ向きの安心や行儀では、田舎者にはちかづきがたいものがあったのは、私が田舎者だからよくわかる。仏教民俗学は田舎者の信仰の実情から出発して、田舎者の味方をする学問なので、地方教団にも理屈があったことをみとめる。しかしその理屈はやがて「異《い》安心《あんじん》」として抑えられてゆくことになる。地方教団はそれぞれ「祖師聖人面授《めんじゅ》の弟子」を頭目にしたので、本願寺教団統一後の今ではかんがえられぬ正統性《オーソドックス》の主張があった。最大の田舎者教団であった高田派が本願寺に全面降服するのは、室町時代の中ごろ、真慧《しんね》のころとかんがえられる。日本の教団にはしばしば骨肉の弟子（血脈《けちみゃく》）と法系の弟子との間に、ヘゲモニー争いがおこることが多い。これはまことに日本的な教団の姿だとおもう。だから覚如は親鸞の血脈であるが、高田派の頭目真仏《しんぶつ》は法系の第一弟子であるから、正統性の主張があったものとかんがえられる。

二　親鸞教団と坂東節

さきにあげた『改邪鈔』の文は、親鸞のころには、比叡山常行三昧の五台山五会念仏の系統をひく、詠唱念仏があったことをしめすものである。覚如はこれを否定したわけではない。覚如はこれを

ナマ（訛）ラザル音声《おんじょう》（理由）ヲモテ、ワザト片国（または東国）ノナマレルコヱヲマナ（学）ンデ、念仏スルイハレナキ事

といっているので、関東農民の訛《なま》ったダミ声でうたわれるのは、かなわんといっている。やはり覚如は田舎者が嫌いであった。これは趣味の問題であるが、それよりも念仏をうたうということ自体が嫌いだったのである。

　マタク《全く》聖人（親鸞）ノオホセトシテ、音曲ヲサダメテ称名（念仏）セヨトイフ御沙汰ナシ。サレバフシハカセ《節音譜》ヲ御沙汰ナキウヘハ、ナマレル《訛》ヲマネビ《学》、ナマラザルヲモマナブ《学》ベキ御沙汰ニオヨバザルモノナリ。

というのは、前言と矛盾がある。曾祖師聖人は能声をえらんで詠唱念仏をうたわせて、念仏をひろめた、といっているのに、ここではフシハカセ（節音譜）の指定をしなかったのだから、田舎節も京節もすべて念仏はうたうべきでない、という。プロの歌手はうたってもよいが、素人のど自慢はいけないというインテリ趣味に似ている。しかし覚如の趣味にもかかわらず、京都ではこの坂東声の詠唱念仏が滔々《とうとう》と風靡《ふうび》していたのである。

　生得《うまれつき》ニナマラザルコヱヲモテ、生得ニナマレル坂東ゴヱヲワザトマネビ《学》テ、字声ヲユガムル条、音曲ヲモテ、往生ノ得否ヲサダ《定》メラレタルニ、ニ《似》タリ。詮ズルトコロ、タダオノレ《己》ガコヱノ生得ナルニマカセテ、田舎《デンジャ》ノコヱハチカラ《カ》ナクナマリ《訛》テ念仏シ、王城《京都》ノコヱハナマラザルオノレ《己》ナリノコヱヲモテ、念仏スベキナリ。

当時念仏をうたうことは、いまの民謡をうたうぐらいに普及していたとおもわれる。

それはすでにふれたように、比叡山東塔の堂僧であった良忍《りょうにん》が、民衆にうたいやすい詠唱念仏を作曲して「融通《ゆうずう》念仏」と名づけていた。したがって誰でも合唱することによって、一体に融合し、その念仏の功徳《くどく》を融通できると信じられていたからである。これは集団的・外交的な信仰だから、田舎の庶民に適していた。これに対して覚如の志向した念仏は個人的・内向的な信仰だから、学問のある僧侶や思弁的なインテリに適していたとおもう。しかし親鸞の本意がどちらにあったかといえば、これは問題である。

親鸞が二十年にわたって親しみ、また慕われた関東農民をあとにして、なぜ老の身で、生活のあてもなく京都へかえったかは疑問とされている。関東農民の愚鈍、野蛮に失望したのかもしれないが、京都での生活が、関東農民である「田舎ノ人々」の「勧メノ物」の仕送りで支えられたことも知られている。本当に失望したものならば、『御消息』に、

護念坊ノタヨリ（幸便）ニ、教忍御坊ヨリ銭二百文、御ココロザシ（志）ノモノタマハリ（賜）テサフラフ（候）。サキニ念仏ノススメ（勧）ノモノ、カタガタ（あなた方の仲間＝念仏講）ノ御ナカヨリトテ、タシカニタマハリ（賜）テサフラ（候）ヒキ。人々ニヨロコビ（感謝の意）マフサ（申）セタマフ（給）ベクサフラフ（候）。

などと、志納金や勧進物をもらうはずはない。田舎も都もなく、安心も異安心もなく、庶民のなすことをうけいれていたにちがいない。もしあまり逸脱があれば誡《いさめ》もするが、

報恩講の「坂東節」（京都・東本願寺）

念仏は歌ってもいけない、踊ってもいけないとは言わなかったとおもう。

覚如は南都で法相、三論などの教理研究をしただけあって、「専修念仏」という理念にふりまわされ、それ以外のものはすべて排除しようとした。彼の長男の存覚《ぞんかく》が東国農民のすることを認めていたのは、親鸞の心をうけ継いだのであろう。はたして東国農民の「勧めの物」は、覚如の方へゆかないで、存覚の方へあつまった。この覚如と存覚の父子義絶と和解の経緯《いきさつ》には、理念主義と現実主義の衝突ばかりでなく、「勧めの物」もからんでいたといわれる。

しかし東国農民は覚如の「改邪」あつかいにもかかわらず、毎年の報恩講《ほうおんこう》には、わざわざ関東から上って、下品な「坂東声」の詠唱念仏（音曲の念仏）を、本願寺の本堂でわめいていたらしい。この坂東声は祖師聖人のもっともよろこびたまう念仏と信じられて、今日現在でも、「坂東節」といって報恩講のフィナーレをかざる御満座《ごまんざ》法要にうたわれるのである。去る年の報恩講にも東本願寺法主《ほっす》はピケで大師堂に入れないので、廊下で坂東節をつとめた、と新聞は報じた。やはりどんなことがあっても欠くことのできない念仏であるらしい。しかし西本願寺はこの念仏の意味がわからなくなったので、明治初年ごろに止めたという。意味がわかってもわからないでも、祖師聖人のよろこびたまうものならばと、この下品な坂東節を廃さなかった東本願寺の勇断に、私は敬意を表するものである。近代的感覚や浅はかな「はからひ」で六百年の伝統を廃するのは、親鸞の意志にも反するものではないかとおもう。続けていればやがてこの念仏の本意が解明されるときもあるのである。

坂東節はもと踊念仏であったので、法主・新門以下の総御堂衆《みどうしゅ》が、大声をはりあげながら、坐ったまま上体を前後左右にゆりうごかす。わけのわからない参拝人は、その異様さにクスクス笑うが、私は口先だけの空《から》念仏でなく、心の底からの大声と体の念仏に感動する。しかし本願寺側では祖師聖人の関東時代の、浄土真宗発祥の念仏で、聖人のもっともよろこびたまう念仏だとは説明しない。そして蓮如上人が吉崎《よしざき》から若狭《わかさ》までの船中で、波にゆられながらうたった念仏だ、などとまことしやかに説明してすましている。だったらどうして越前節や若狭節といわないで、坂東節というのだろうか。

私はこの念仏は高田派にもあったものとおもう。高田専修寺系図のなかには、真正のように大念仏衆と註をつけられた者もあるが、大念仏は詠唱念仏と踊念仏のことで、一身田《いっしんでん》の高田本山の門前には、大念仏を最近までおこなっていた厚源寺がある。また高田専修寺三世の顕智（親鸞面授の門弟）のはじめた「おんない」とよばれる大念仏が、伊勢三日市（鈴鹿市に合併）にのこっている。したがって高田本山の報恩講御満座逮夜《たいや》には、伊勢白塚村（津市に合併）の漁民による「ししこ念仏」が終夜うたわれる。漁民らしい大声でうたうもので、坂東節が変化したものとおもうが、これも本願寺坂東節の蓮如上人船中念仏説と同じように、江戸時代の徳本《とくほん》上人の弟子、徳雄のはじめたという由来記になっている。

このような多くの事例で、親鸞の原始真宗教団には、坂東節の詠唱念仏や踊念仏があったことは否定できないであろう。しかも親鸞の化導《けどう》した常陸《ひたち》・下総《しもうさ》・下野《しもつけ》にはいまも「天道念仏」や「御魂踊《みたまおどり》」という踊念仏がのこっていて、坂東節の源流をおもわすものがある。これらは良忍の作曲になる「融通念仏」が関東へ伝播するにつれて変化したものらしい。近畿地方の「六斎念仏《ろくさいねんぶつ》」は融通念仏をつたえた詠唱念仏であるが、その中のテンポのはやい踊念仏の曲を「坂東」とよぶところを見ると、この坂東節はよほど有名だったものとおもわれる。

三　法然教団の九品《くほん》念仏

鎌倉時代の公卿《くげ》日記には、能声《のうしょう》の法師をむかえて念仏をさせたことや、諸大寺の法会に能声の念仏を聞きにいったことが出ている。たとえば民部卿平経高《つねたか》の『平戸記《へいこき》』仁治三年（一二四二）十一月一日には、佐渡院（順徳上皇）の御中陰《ごちゅういん》満四十九日の法要に、念仏能声の輩を招いたが、法性寺《ほっしょうじ》念仏と差し合って二人しか来なかったとある。ここでも能声の念仏僧は引っ張り凧だったが、二人の能声でも聴聞《ちょうもん》の悲涙を流さすには十分であった。経高はその二人を心から接待し、菓子雑菜《ぞうさい》の中、めずらしい橘皮《きっぴ》と黄柑《みかん》を一箱ずつ土産《みやげ》として、

橘皮は能声の良薬たるに依り、各以て喜悦し、分け取る。

などと記している。

また十月十三日には淀津《よどつ》の九品念仏を見物に行った記事がある。これは西法《さいほう》法師というものが勧進元で、九か所の道場を淀につくって、能声の輩に念仏をうたわせるものであった。

近日道俗男女群を成す。仍《よっ》て且《かつう》は結縁《けちえん》の為め、且《かつう》は見物の為め、密々に向ふ所也。（中略）夜に入って後、行き向ひ、九品道場を歴覧す。結構の過美、筆端に存し

難し。其の後上品上生《じょうぼんじょうしょう》道場に向ふ。彼の衆皆能声《のうしょう》の輩を用ふ。

とあって、九品道場は下品下生から上品上生まで九棟あったことがわかる。この九品念仏は如法《にょほう》念仏ともよばれて、法然教団で能声のものがしばしばおこなったことは『法然上人行状絵図』の各所に見える。そしてまた『徒然草』（百十五段）に、「ぼろぼろ」（暮露）の九品念仏として出てくる。

　宿河原《しゅくのかわら》といふところにて、ぼろぼろおほく集りて、九品の念仏を申しけるに、

（下略）

とあるのがそれである。私は「ぼろぼろ」の九品念仏には尺八（一節切《ひとよぎり》）の伴奏、あるいは簓《ささら》またはコキリコがもちいられたものと推定している。その推定の根拠について述べるスペースはないが、この九品念仏を宿河原という河原でおこなったこと、また河原に道場を建てていたことから、『平戸記』の淀の河原の九品念仏と、おなじものであったことを知るのである。しかもこれとおなじく河原に九棟前後の道場をつくって、念仏をおこなう行事が現に愛知県知多半島の半田《はんだ》市乙川《おっかわ》町、知多郡阿久比《あぐい》町、常滑市大野町にかけてのこっている。現在これを「虫供養」とよび、旧東浦十六か村、西浦十四か村輪番で、秋彼岸中日の行事である。しかしこれこそ九品念仏の残存で、詠唱の四遍念仏というものをとなえていた。いまは阿久比川は護岸工事ができて、河原に広場がないため、寺の境内や特別の建物に、それぞれの道場の本尊をかざる。し

かし半田市乙川の海蔵寺、法蔵寺などでは境内に簡単な小屋掛をつくるのが、かつての河原の道場だったのである。いま四遍念仏のできないところでは百万遍念仏をするが、この四遍念仏が能声の念仏にあたるものとおもわれる。

ところで『平戸記《へいこき》』（仁治三年十一月一日）の

此間念仏能声の輩、成願《じょうがん》・聞信《もんしん》の両僧来る。此の由（佐渡院御中陰法要）を聞きて相訪《とむら》ふなり。余《よ》の衆は法性寺念仏に指合《さし》ひて来らず。遺恨（残念）の由、各々之《これ》を示す。

とある「法性寺《ほっしょうじ》念仏」は、まさしく『法然上人行状絵図』（巻四十八）の空阿弥陀仏《くうあみだぶつ》の主宰する能声の念仏であった。

法性寺の空阿弥陀仏は、いづれの所の人といふ事をしらず。（中略）上人（法然）にあひ奉りて、一向専修《いっこうせんじゅ》の行者と成て、経をもよまず、礼讃《らいさん》も行ぜず、称名《しょうみょう》（念仏）のほかさらに他のつとめなく、在所をさだめず。他の寝所なし。沐浴《もくよく》便利のほか衣をぬがず。（下略）

とあるから、『徒然草』の「ぼろぼろ」とおなじであった。この法性寺空阿弥陀仏は

つねには四十八人の能声をととのへて（準備）、一日七日の念仏を勤行す。所々の道場いたらざる所なし。極楽の七重宝樹の風のひびきをこひ（恋）、八功徳池《はっくどくち》のなみのをとを（音）おもひて、（下略）

とあるから、四十八人の能声を抱えていて、各地の九品念仏に、出張興行していたの

である。

また法然の高弟で鎮西派《ちんぜい》の開祖である聖光房弁長《しょうこうぼうべんちょう》は筑後高良山《こうらさん》麓の厨寺《くりやじ》の道場で一千日の如法念仏を修し、また京都円山《まるやま》長楽寺の隆寛《りゅうかん》律師は、長楽寺来迎房で、七日の如法念仏をつとめた。浄土宗西山《せいざん》派にもこれがあったらしく、西山派祖証空《しょうくう》の弟子、太宰府《だざいふ》の聖達《しょうたつ》上人について出家した、一遍《いっぺん》上人（智真《ちしん》）も『一遍聖絵』（巻三）によれば、郷里伊予の国で九品念仏を管弦の伴奏でおこなっている。

その時、三輩《さんはい》九品《くほん》の念仏の道場に、管弦などして人々あそびたはぶれしに、（遊戯）

とあるから、上品、中品、下品をなお上中下に分けた九品に相当する節を九段に分けて管弦を伴奏に詠唱したことがわかる。

このように法然教団も専修念仏といいながら、能声の芸能的念仏をさかんにおこなったのである。したがって西山派の法如道空《ほうにょどうくう》は鎌倉時代の末に六斎《ろくさい》念仏をはじめ、江戸時代には干菜寺《ほしなでら》（光福寺）系六斎念仏本寺として、詠唱念仏の免許状を出していた。しかし今はこれも絶えた。それは念仏は本来詠唱するものであることが、わすれられたばかりでなく、信仰に芸能や娯楽があってはならぬとする、高踏《こうとう》的な教学教理中心主義のためであった。しかし法然時代の教団には、能声の念仏が立派にまかり通っていた。ところが他宗から、これを非難するものがあった。たとえば鎌倉末期の虎関《こかん》師錬《れん》（臨済宗）による『元亨釈書《げんこうしゃくしょ》』（音芸志、念仏の条）に、元暦文治《げんりやくぶんじ》の間、源空法師専念《（専修念仏）》の宗を建つ。遺派末流《いはまつりゅう》、或は曲調に資し、抑揚頓挫《よくようとんざ》、流暢哀婉《りゅうちょうあいえん》、人性《じんせい》を感ぜしめ人心を喜ばす。士女楽しみて聞き、雑沓駢闐《ざっとうべんてん》せり。愚化《ぐか》の一端と為す可し。

と、声を抑揚高低したり、哀れっぽく声を引っぱったりすることは、人を愚かにする元だという。しかも風流《ふりゅう》（仮装）の踊念仏をしたり、酒宴の席で、能声の念仏をうたうのは、念仏の冒瀆《ぼうとく》だといって非難した。

痛ましい哉、真仏の秘号《（念仏）》蕩《ほしいまま》に、鄭衛の末韻《（低俗な俗謡）》となる。或は又鐃磬《にょうけい》を撃《う》ち、跳躍を作《な》す。婦女を別《わ》かたず、街巷《ちまた》に喧噪《けんそう》す。其の弊言ふに足らず。

とする。このようなところから詠唱の念仏や踊念仏は浄土宗、浄土真宗から切りすてられてしまう。しかし僧侶やインテリは教理が理解できるが、一般庶民は、能声の念仏の感覚的感動から、念仏を理解し、信仰を表現するにも詠唱や踊の動作を媒介とする。したがって能声の念仏は、法然や親鸞のきらうものでなかったと、私は信ずるのである。

明恵上人と華厳縁起絵巻

一　明恵上人と聖フランチェスコの愛

アッシジの聖フランチェスコに比較される明恵上人《みょうえ》は、日本仏教史の流れにうかぶ一顆《いっか》の明珠である。フランチェスコの清純な愛の対象はサンタ・キアーラ（聖クララ）であったが、明恵の純愛は『華厳縁起絵巻《けごんえんぎ》』の画中の人善妙《ぜんみょう》女にむけられた。その意味でこの絵巻は明恵の「愛と信の章」とよぶにふさわしい。

以前に私は中部イタリアのアッシジを訪れたとき、いつも聖フランチェスコの遺跡を明恵上人にオーヴァラップさせて見たが、その隠修院《エルミタージュ》であるカルチェリー修道院は、深い谷にのぞんだ楓《かえで》と樫《かし》の密林にかこまれて、栂尾高山寺《とがのおこうざんじ》によく似ていた。あまり人づきあいもせず、孤高を保った点も、この二人はよく似ている。カルチェリー修道院はスバシオ山の中腹（四二四メートル）にあるが、そのすぐ下にはサンタ・キアーラの住んだダミアノ修道院がある。聖フランチェスコが清貧無一物をかかげて、ローマ法王を批判したために迫害されたとき、サンタ・キアーラにかくまわれた地下室ものこっている。しかも二人の関係は純粋な信仰によってむすばれていた。その点も『華厳縁起絵巻』の中の義湘《ぎしょう》と善妙女、したがって明恵と善妙女の関係に似ている。しかし聖フランチェスコ・バジリカはアッシジの丘の西端にあるが、サンタ・キアーラ・バジリカはその東端に離して建てられた。そしてそのバジリカの地下教会に、ガラス棺に横たえられたサンタ・キアーラの真黒の聖体（ミイラ）を見たとき、私はいささか興ざめた感がした。

さて『華厳縁起絵巻』の詞書《ことばがき》は明恵上人によって書かれたものであり、その原文をおそらく恵日房成忍《えにちぼうじょうにん》にたのんで絵巻物にしたのも明恵であろう。この絵師成忍は楞伽《りょうが》山《ざん》中の松樹の枝で座禅する明恵を描いた「縄床樹影図」の筆者でもある。そしてこの絵巻制作の外護者には、京都の信者の女性や、善妙寺の尼僧たちがあったといわれている。明恵の詞書は、これらの女性信者に対して、真の愛、永遠の愛とは純粋なプラトニック・ラブであることを、惻々《そくそく》として説いたものなのである。

『華厳縁起絵巻』は明恵上人高弁《こうべん》が、華厳宗を再興するために、建永元年（一二〇六）に高雄神護寺《たかおじんご》の別院に高山寺を建てたとき、発願したものであろう。したがって華厳宗の祖師絵として、この絵巻を企画したのかもしれないが、事実は「義湘絵《ぎしょうえ》」四巻と「元暁《がんぎょう》絵」二巻だけであった。これは内容を見れば分るように、アポロ的で謹厳端正な義湘と、ディオニソス的で八方破れの元暁を対比させて、人間の内面にある善と悪、純愛と肉愛の相剋《そうこく》を描こうとしたとかんがえられる。そして、これを明恵上人の『夢の記』などにあわせて見ると、愛と肉の相剋はむしろ明恵自身の内面の告白であったということができる。明恵上人は自分が義湘であり、元暁でもあると言いたかったのであろう。絵巻の詞書の義湘、元暁の伝は『宋高僧伝』の新羅《しらぎ》国義湘伝と新羅国元暁伝を底本とし和文化しているが、底本にない附加された部分に、明恵の内面がよく出ている。

まず「義湘伝」から見てゆくと、義湘（六二五―七〇二）と元暁（六一七―六八六）の二人の秀才は、永徽元年（六五〇）に仏法を学ぶために入唐しようとした。実伝である「浮石《ふせき》本碑」ではこのとき高麗《こうらい》国で抑留されて帰国し、三十七歳の龍朔《りょうさく》元年（六六一）に入唐を果したのであるが、『宋高僧伝』ではこのとき大雨に遭って、古い塚穴の中に避難したとしている。ところが翌朝目をさましてまわりを見ると骸骨がごろごろしている。これを『華厳縁起絵巻』の詞書は

夜すでにあけてみれば、このつか《（塚）》死人のはか《（墓）》なりけり。骸骨みち《（満）》みてり、身の毛よだち、おそれ《（恐）》おほけれども、大雨ふりてゆくさき《（先途）》すすみがたければ、ちから《（力）》なくて、つぎのよ《（夜）》又とどまりぬ。元暁法師ゆめ《（夢）》のうちに鬼物におそはれて、心やす

からずしておどろきぬ。

とのべて、元暁はここで一つの覚《さと》りをえたという。それは骸骨を見ないうちは平凡な塚だったものが、骸骨を見ると鬼が出る。これはただ「一心」のはたらきで見えたもので、世間のもろもろの現象も「一心」のあらわれにすぎない。これこそ仏法の真髄であるから、これ以上入唐して仏法を学ぶ必要はないといって、そのまま新羅国へ帰ってしまった。しかし生真面目《きまじめ》な義湘は入唐して、乞食《こつじき》しながら仏法を学んだ。

二　義湘と善妙女

ところが義湘がたまたま乞食した家に、善妙という女人がおり、美男の義湘を見て恋慕《れんぼ》した。そこでその心の中を語った詞というのが、明恵の創作である。

きよ《（清）》くその功徳を渇仰したてまつるに、なお色欲の執着おさ《（抑）》へがたし。法師のかたち《（容姿）》をみたてまつるに、わがこころ《（心）》たちまちにうご《（動）》く。ねが《（願）》はくは慈悲をたれて、わが妄情をとげしめたまへ。

とあるが、義湘はこれにうごかされることなく、善妙に仏戒と道心の貴いことを説いた。これによって善妙はたちまちに道心をおこし、純愛の外護者となって義湘の仏道修行を成就させせよう、という大願をおこしたというのである。

明恵上人の純愛の論理は、義湘伝の第四巻にながながとのべられているが、善妙はそののち義湘の生活を援助した。そして義湘の帰国にあたっては、海に身を投げて大龍となり、義湘の船を背にのせて、無事新羅へ送った。やがて義湘が華厳宗をおこすべき地をもとめたときは、それを邪魔する道士五百人を、方一里《ほういちり》の浮石《ふせき》と化してその上を飛んで追出した。これによって義湘を浮石大師といい、寺を浮石寺ということになったが、これはすべて善妙が身を捨てて霊となりて、義湘をまもったおかげだというのである。

ところで明恵はこの縁起の第四巻全部を、愛の哲学に割《さ》いている。これはおそらく平素から明恵の説法をききにあつまる、女性信者や尼僧に説いていたものであろうとおもう。明恵を慕ってあつまる尼僧も多かったので、明恵は高山寺から離れた平岡に善妙寺をつくって住まわせ、鎮守《ちんじゅ》に湛慶《たんけい》作の善妙神像を安置した。これらの女性信者は『勧進記』や『却廃忘記《きゃくはいもうき》』に見えているので、そのための説法が必要だったのであろう。

明恵はここで師には徳がなければならず、弟子には信がなければならないという。その徳と信が合致したから、義湘と善妙の美談が生れ、義湘の事業が成就し、善妙も成仏《じょうぶつ》できたとする。しかし徳と信があっても、「熾盛《しじょう》の愛心《あいしん》」がなければ、大龍となって義湘を追い、浮石となって義湘をたすけるまでに、思いつめることもなかっただろうという。またこの「熾盛の愛心」は善妙の罪ではなくて、前世の因縁で女性として生れたからで、その世俗の愛心があったばかりに、義湘に遭って恋慕し、その説法をきくことができて、道心をおこしたのだという。まことに女性を仏道にひきいれる巧妙な説き方である。

次に華厳宗の性相《しょうそう》の教えでは、愛に法愛と親愛があるという。

愛に親愛法愛あり。法愛は一向にきよ《（清）》し。親愛は染汚《せんお》に近《きん》せり。（中略）染汚の行相におこるをば乖道《かいどう》の愛となづく。名利女色等を愛するがごときなり。もし愛心の事識地《じしきじ》を所依《しょえ》として、清浄の行相におこるをば順道《じゅんどう》の愛と名づく。仏法に心を染め師長《しちょう》等を愛するがごときなり。

とのべて、おなじ煩悩《ぼんのう》の愛でも、大龍となって師を慕う愛もあれば、大蛇となって男を追う道成寺《どうじょうじ》の愛もある。

かの男女執着のみち《（道）》に、熾盛《しじょう》の貪瞋《どんじん》にひかれて大蛇となり男を追ふためし《（例）》きこゆれば、これは似ぬてい《（体）》の事なり。かれは煩悩のちからにひかれて実に蛇となる。執着のとが《（咎）》もっともふかし。これ（善妙）は大願により仏菩薩の加被《かひ》をうけて、かり《（仮）》に大龍となる、（下略）

というのが、明恵の愛の哲学であった。

しかし明恵の愛の哲学は、これだけであれば浅薄な教訓にすぎなかったであろう。

これに元暁伝が加わることによって、愛の哲学は深みを増す。というのは元暁はすばらしい天才であったが、煩悩熾盛の豪傑的天才であった。明恵の詞書は「行儀《ぎょうぎ》順逆をわかたず。凡心はかりがたし。或時は巷間にとどまりて、歌をうたひ琴をひきて、僧の律義（戒律行儀）をわすれたるがごとし」といっているが、『宋高僧伝』では

　居士と同じく酒肆《しゅし》倡家《しょうか》に入る

とあり、また寡婦《かふ》となった公主《こうしゅ》との情交もあったという。しかしその華厳学の造詣《ぞうけい》は深かったので、百座仁王会の導師に招かれたり、経典の註疏《ちゅうそ》をつくったりした。

明恵がこの極端に異なる二人をとくにとりあげたのは、みずからの内に求道と煩悩の二《に》律背反《りつはいはん》になやむことがあったからであろうとおもう。事実明恵の『夢の記』には善妙女ばかりでなく、美女、貴女、唐女その他のセクシャルな夢を見ることがあったと記されており、もっとも忠実な弟子、喜海《きかい》の『明恵上人伝記』には

　若輩ノ比《ころ》ヨリ、貴キ僧ニナラント乞願セシカバ、一生不犯《ふぼん》ニテ清浄ナラン事ヲ思キ。而《しかる》ニ何ナル魔ノスルニヤ有リケン。度々《どど》ニ及テ已ニ婬事ヲ成《なさ》ントスル便リ有リシニ、不思議ノ妨ゲ有テ打サマシ打サマシテ、終ニ志ヲトゲザリキト云々

とある。そのような煩悩に打ち克《か》って、玲瓏《れいろう》玉のごとき聖者になった内面告白が、この『華厳縁起絵巻』であるということができ、この詞書は香り高い文学となっている。

三　釈尊と悲母へのあこがれ

明恵上人がアッシジのフランチェスコに比せられるもう一つの面は、子供のように釈尊を恋い慕い、また幼少で別れた母を慕った純情さにある。釈尊への思慕は自筆の『印度行程記』に見られるところで、つねにこれを座右にかけて、インドへ往詣したいとねがった。

大唐長安京従《よ》り、□《天竺》摩訶陀《まかだ》国王舎《おうしゃ》城に到る□五万里として、徒歩で毎日八里歩けば千日で達するという計算をしている。ところがこの可否を春日明神にたずねると、これを不可とする託宣《たくせん》ばかりであった。そのとき春日明神は「上人（明恵）をば太郎と名付け、笠置《かさぎ》の解脱《げだつ》上人をば次郎とたのみ、左右の眼、両の手の如くにて」と頼りにしたとのべられている。しかしこれは鎌倉時代には、日本がもっとも仏教の進んだ国で、インド中国に学ぶべきものはない、という意識があったためであろうとおもう。これは謡曲『春日《かすが》龍神』では

天台山を拝むべくは、比叡山に参るべし。五台山の望あらば、吉野筑波を拝すべし。昔は霊鷲山《りようじゆきん》、今は衆生を度せんとて、大明神（春日）と示現《じげん》し、此山に宮居し給へば、即ち鷲《わし》の御山とも、春日の御山を拝むべし

とうたっているからである。しかもなお明恵は釈尊を慈父のごとくにあこがれたのである。いま二月十五日の涅槃会《ねはんえ》（常楽会）にうたわれる『四座《しざ》講式』の和讃講式は、明恵上人の釈尊へのあこがれを綴った名文として知られている。

このようなあこがれは、アッシジのフランチェスコにもあって、キリストの十字架の苦しみを念ずると、フランチェスコの両手と両足と左胸に、キリストの受けた傷痕とおなじ痣《あざ》があらわれたという。いわゆる聖痕（スティグマ）というもので、聖者の一つの奇蹟とされているが、聖フランチェスコ・バジリカには、ジオットの壁画で、その聖痕の図がかかげられている。明恵の釈尊への思慕にはそれほどの奇蹟はないが、子供が慈父にあこがれる純粋なものがあったとおもう。

また明恵上人の悲母へのあこがれは、仏眼仏母《ぶつげんぶつも》画像の讃にしるされていて人の心を打つ。上人は八歳の時、正月には母に別れ、九月には父に別れるという不幸に遭った。そのときから母を慕う心がつよく、仏眼仏母像を得て、これを母として拝んだが、その讃には

モロトモニ　アハレ（哀）トヲボセ（思）　御仏《みほとけ》ヨ

キミヨリホカニ　シル人モナシ

無耳法師《みみなし》之母御前《ははごせ》也

哀愍我生々世々不暫離《われをあいみんせよ》《しばらくもはなれず》

南無母御前〱
南無母御前〱
釈迦如来滅後遺法愛弟子成弁　紀州山中乞者敬白

とある。明恵が成弁の法名を高弁と改めたのは、三十三歳から四十歳までのあいだであるから、その年頃でこのような純粋な心をもっていたことがわかる。しかも「我を哀れんで、生れ代わってもいつまでも、しばらくも離れませんように」と願っているのである。

またここに「無耳法師」とあるのは、古の聖者は肉体の一部を仏に供養するときいて、自分の耳を切って仏眼仏母像に供えたためである。したがってこの讃は耳を切ったときに書かれたものとおもわれ、それは仏への供養であるとともに、亡き母への供養でもあったことがわかる。

明恵上人といえば誰でも想起するのは、成忍筆の「縄床樹影図」である。これは喜海の『明恵上人伝記』に

上人禅定《ぜんじょう》ヲノミ好テ、一両年ハ小桶ヲ一ッ作《つくら》セテ、或ハ二三日、或《あるい》ハ四五日ガ食《くう》程ト請入《こいいれ》テ、臂《ひじ》ニ懸テ、後ノ山ノ中ニ入リ給テ、彼ノ石ノ上《う》ヘ、此ノ木ノマタ、巌窟岩屋、又ハ木ノウツロナンドニ、昼日《ヒネモスニ》夜モスガラ坐シテ居給ヘリ

とある禅定の姿をうつしたものである。この後山というのは楞伽山《りょうがさん》で、ここに花宮《けきゅう》殿

と羅婆《らば》房という二つの草庵をつくり、人に会うこともなく、もっぱら座禅入観した。それとともに自然の美にうたれれば和歌をつくったので、『明恵上人歌集』には楞伽山での歌が数多く入れられている。「縄床樹影図」は上人のまわりに藤の花が咲きみだれているが、これは歌集の

ムラサキノ　雲ノウヘニゾ　ミ《（身）》ヲヤド《（宿）》ス
風ニミダルル　藤ヲシタ《（下）》ニテ

の歌意をうつしたものであろう。

鎌倉時代は浄土宗、浄土真宗、臨済宗、曹洞宗、時宗《じしゅう》、日蓮宗などの、いわゆる新宗派が出た時代である。これに刺戟《しげき》されて南都諸宗や天台・真言などの旧仏教も、改革、復興の新機運がもえ上った。それは反動宗新教改革《カウンターレフォーメーション》などといわれるが、むしろ旧仏教の庶民信仰化であり、これをおしすすめた聖僧、高僧の活躍の時代であったとおもう。その中で明恵上人高弁と興正菩薩叡尊《えいぞん》は、二つの巨大な星であった。ことに明恵上人は人間味ゆたかな聖者として、今も万人から崇敬されている。

法燈国師の念仏と虚無僧

一　法燈国師の伝記と別伝

法燈《ほっとう》国師は心地覚心《しんちかくしん》の名で知られるように、臨済宗の大立者である。すなわちはじめて日本に臨済禅をもたらした建仁寺栄西《えいさい》の弟子、退耕行勇《たいこうぎょうゆう》から嗣法《しほう》したのであるから、臨済宗三代目であるとともに、法燈派または興国寺派の派祖になる。臨済宗はきわめて中国色のゆたかな禅なので、日本では天皇上皇をはじめ貴族の帰依《きえ》のみならず、将軍執権《しっけん》、守護大名などの上層武士の支持をうけた。京都、鎌倉の五山十刹《ござんじっせつ》はもちろん、諸国に大伽藍《だいがらん》が多いのはそのためである。その臨済宗を単に雲の上のものとせずに、民衆に近づけて、諸国散在の臨済寺院を普及させたのは、法燈国師の働きによる所が大きかったのである。したがって法燈国師は、高踏的な高祖道元の曹洞禅を民衆化した、太祖瑩山紹瑾《けいざんじょうきん》（常済《じょうさい》大師）に比較することができよう。

ところが法燈国師には、一般の禅僧からはみだした行動がつたえられる。中国から味噌醤油の製法を伝来した開祖としてあおがれるのは別に禅僧であっても差し支えないが、高野聖《こうやひじり》の中の萱堂《かやどう》聖の開祖とされるのは、禅僧らしからぬ事績である。また虚《こ》無《む》僧《そう》の普化《ふけ》宗を中国からもたらしたというのも、禅宗史や禅学の研究者のあいだでは半信半疑なのである。私は旧著『高野聖』に、法燈国師の高野山での活動をのべたが、それは禅宗の方で正統的伝記とする『鷲峰《しゅうほう》開山法燈円明《えんめい》国師行実《ぎょうじつ》年譜』には、出来ないことばかりである。しかしこの伝記の中にも『慈願上人所草録』とか、『法燈国師縁起』というような別伝があったことはみとめている。私は法燈国師の実像なり人間性を知るには、この別伝の方が大切だとおもう。しかしその別伝は臨済宗の方では抹殺されて、高野山の方にだけのこったのである。それは近世に高野山で編纂《へんさん》した『紀伊続風土記』高野山之部の、『非事吏《ひじり》事歴』（高野聖の記録）に『法燈別伝』なるものを載せているからで、いくら臨済宗史でもこれを否定する理由はない。この中に法燈国師は萱堂を建てたが、これを主宰する萱堂住職には、国師の分身たる覚心上人を置いた。その後代々の住職はみな覚心上人を世襲したとのべている。

所以《ゆえ》に此の地（高野山往生院谷）に於て堂を立て、九品《くほん》浄土を表はし、念仏三昧の道場と為す。初め萱《かや》を引結ぶに依り、萱堂と号す。（中略）代々覚心上人と号するなり。最初の覚心上人は由良《ゆら》開山（法燈国師）の分身なり。代々の上人は由良開山と機縁有りて上人と為るなり。

臨済禅の大立者が念仏道場をつくったことはいかにも不思議なようであるが、宋代の禅が念仏禅だったことと、法燈国師が高野聖出身だったことからすれば、当然だったのである。現在の日本の臨済禅は応燈関《おうとうかん》といって大応国師南浦紹明《なんぽじょうみょう》、大燈国師宗《しゅう》峰妙超《ほうみょうちょう》、関山慧玄《かんざんえげん》国師以後の禅である。それ以前はいわば雑行雑修で、三宗、四宗の兼学兼修だったから、念仏があっても不思議はない。

法燈国師は信州近部県または神林の生れで、修験道の山、戸隠山《とがくし》に入って稚児になった。稚児は山伏の従者で半僧半俗であるが、禅宗ではこれを童行《ずんなん》とか喝食《かつじき》とかとよぶ。したがって『法燈円明国師行実年譜』にも

師（国師）二十九歳、南都東大寺に詣《いた》り、登壇して具《ぐ》戒《かい》（比丘戒）を受く。牒文《ちょうぶん》に曰く、信州近部県の神宮寺童行覚心、（下略）

とある。そののち高野山に登って伝法院の院主覚仏について密教を学んだとあるが、この伝法院の念仏道場こそ、萱堂の前身たる密厳院（現在の苅萱堂《かるかや》）であった。したがって覚心はここで真言と念仏を併修したわけで、この真言念仏が高野聖の念仏だから、これは高野聖の仲間に入ったことを意味する。

ところがこのころ、初期高野聖の開祖にあたる小田原聖教懐《おだわらひじりきょうかい》のおった浄土院谷の禅定院に、臨済宗第二祖の荘厳房行勇《しょうごんぼうぎょうゆう》がおった。この人は密教と禅の併修で高野山にの

ぼり、鎌倉幕府の命で禅定院の隣に、金剛三昧院を創建するところであった。またここには鎌倉武士で将軍実朝の暗殺を機に出家入道した、葛山《かずらやま》五郎景倫《かげとも》入道願性《がんしょう》がおった。狭い高野山のことだから、おそらく何かの機会で覚心は願性と知合いとなり、肝《かん》胆《たん》相照らす仲となったのであろう。そしてその奨《すす》めがあって行勇に謁《えっ》し、禅を学ぶことになったものとおもわれる。これは当時数千人もおった高野聖の砂の中から、砂金を拾ったような、禅宗の拾い物であった。

願性は実朝の側近の武士であったが、対宋貿易のために大船を造る目的で博多におる間に、実朝暗殺の報をうけ、高野山にのぼって出家剃髪して高野聖になった。このころの高野聖によくある例である。尼将軍政子は、その心根をあわれんで、紀州由良《ゆら》の荘《しょう》の地頭《じとう》職の半分（あとの半分は金剛三昧院領）をあたえたから、経済的にはゆたかであった。したがって覚心はその援助で入宋をはたすことになる。覚心は建長元年（一二四九）四十三歳で入宋し、建長五年に『無門関』の著者、仏眼禅師（無門慧開《むもんえかい》）に謁《えっ》して印可をうけ、建長六年帰朝した。このとき仏眼禅師の賜った偈《げ》がある。禅語だから、原文のままのせると、

心即是仏　仏即心。心仏元同　亘二古今一。
覚二悟古今一　心是仏。不レ須二向レ外　別追尋一。

というのだが、覚心は帰朝すると、さかんに禅の外に向って、別に追尋するところが

多かった。このことは現在の専修念仏のような「専修禅」からは、邪道のように批判されるかも知れないが、これが禅の庶民化につながったものとおもう。臨済禅もやがて五山文学のように、外に向ってさかんに高踏的な語を弄《ろう》することになるとすれば、覚心の念仏や密教と五十歩百歩であろう。

二　由良の興国寺と霊託、霊験

願性は自分の地頭として所領する由良の鷲峰《じゅぶ》山に西方寺があったので、これを地頭館《やかた》にあてた。これはやはり入道地頭らしい生活の中で、西方浄土往生を願ったものであろう。したがって自ら「願生」（往生を願う）を名告《なの》ったこともある。これも彼が高野聖だったからであるが、のちに西方寺は覚心に譲られて興国寺とあらため、法燈派（興国寺派）の本山として栄えた。

ところでこの由良の荘というのは、ほんとうの領家職《りょうけしき》は承久《じょうきゅう》の変で隠岐《おき》に流された後鳥羽上皇の皇后、修明門院の所有であった。したがって西方寺はその荘官だった伊王左衛門入道西蓮が上皇のために建てたものであるが、西蓮も高野聖だったらしく、地頭願性との仲は円満であった。ところがこのころ世上には後鳥羽院が怨霊《おんりょう》となって、災害の祟《たたり》をなすという風評があった。そこで願性と西蓮とは相はかって、興国寺を後鳥羽院御菩提所として、毎月二十二日の御命日法要を営むこととした。西蓮はその費用として修明門院領家職を興国寺に売寄進し、由良の荘は願性の一円知行となったが、これは願性の鎌倉武士らしい抜け目のないところである。しかし覚心は心から後鳥羽院の御菩提を弔ったらしく、やがて後鳥羽院の離宮だった水無瀬《みなせ》宮にも大興禅寺を建てることになる。

鎌倉時代にも平安時代とおなじく、よく怨霊さわぎがあった。平安時代には怨霊があれば、御霊会《ごりょうえ》というお祭や田楽や踊念仏、あるいは密教や大般若でこれを鎮めたが、鎌倉時代には禅僧がこれを鎮めるようになった。これは当時の禅に密教や修験道とおなじような、呪力をみとめたことによるであろうとおもう。したがって永仁二年（一二九四）に石見介《いわみのすけ》入道の子、石熊丸九歳の童子に後鳥羽上皇の霊託があり、由良の興国寺開山上人によって水無瀬古宮に大興禅寺を建てよとあった。これには今も有名な古文書がのこっているが、そのくわしい経緯《いきさつ》は『後鳥羽院御霊託記』にのべられ、日本の託宣《シャマニズム》史上有名な事件である。

永仁二年五月八日、石熊丸の記に曰く、水無瀬古宮に仏閣無きの間、三熱の苦、忍び難し。由良上人（覚心）を開山として寺を建て、大興禅寺と号して、大乗の法味を受けんと誓ひき。（中略）又彼の寺に天狗集会《しゅえ》して、障碍《しょうげ》を成す事有りき。吾（後鳥羽上皇の霊）と上人（覚心）と相談して、勤行以下長日法則を定めをく。

茲《ここ》に因り魔界（天狗）還って護法善神と成る。故に彼の法流（法燈派）必ず興るべき者なり。（下略）

このほかにいろいろの託宣や霊告があったことが出ていて、民衆がいかに承久の変の敗者に、同情をよせていたかを知ることができる。

このような覚心の怨霊鎮魂は、禅とともに密教によってなされたものとおもわれ、紀州粉河《こかわ》寺内の誓度院に止住したときは『誓度院勤行規矩《ごんぎょうきく》』を定めて、三時《さんじ》勤行には諸真言を誦し、四時（巳《前十時》・申《後四時》・戌《後八時》・寅《前四時》）には坐禅をせよと命じている。また覚心は霊異の人とかんがえられていたらしく、興国寺に『法燈国師踔跳賛《ぼっちょうのさん》』と『頂相《ちんぞう》霊験記』というものがあった。これは法燈国師三十三回忌に国師の肖像（頂相）をつくり、その賛を元《げん》の渡来僧、明極楚俊《みんきそしゅん》禅師（建長寺・南禅寺・建仁寺に住す。楠木正成参禅の師）にもとめた。しかし楚俊はあまり気がすすまないので、屏風にかけたままにしておいたところ、三日目に屏風のあたりでバタバタとうるさい音がした。見ると法燈国師の頂相の軸物が跳ねているのであった。楚俊はおどろいてすぐ賛を書き、依頼に来た国師の弟子、至遠《しおん》にこれを渡すとき、この頂相には甚だ霊があるので、いそいで書いたのだと告げた。至遠はこれを受け取って拝礼して帰ろうとすると、楚俊はやにわに立上って両手を挙げ、大きな口をあけて舌を震《ふる》わし、怖ろしい顔をして

噫《ああ》、頂相如法の霊験なり。

と言ったという。後日、至遠は法兄の横川景三《おうせんけいさん》（大文字の火床の筆者といわれる）とともに、その霊験をくわしく聞き、天皇に奏聞して国師の肖像と賛を叡覧《えいらん》に供した。その結果、「法燈円明国師」の国師号を賜ったのである。

三　熊野の勧進および虚無僧

私は以上の『頂相《ちんぞう》霊験記』（元弘三年）を見て、実物を拝見したいものと、紀州由良の興国寺へ行った。ちょうど興国寺の呼び物で、送り盆の燈籠焼きのある昭和三十四年の八月十六日であった。しかし残念なことにこの頂相は、戦後間もなくこの寺に止宿した雲水が持ち出したまま、行方不明になってしまったという。私は止むをえず一泊して、翌日開山堂の国師の木像を拝見して感動した。また燈籠焼きのとき、門前の人々の伝承する六斎《ろくさい》念仏を聞き、その伴奏に花園大学尺八部の奉仕する明暗流の演奏をきいて、いよいよ法燈《ほっとう》国師と念仏および尺八の関係を確信した。

事実、法燈国師の表向きの伝記を読んでもこの関係はまったく出て来ないので、国師の虚像は知ることができても、実像を知ることはできないのである。六斎念仏も高野山周辺に多いものが、由良の門前にあるということは、やはり高野聖だった法燈国師の影響によるものであろう。私が昭和四十年に出した『高野聖』に「法燈国師覚心と萱堂聖（かやどうひじり）を書くことができたのも、この調査によるところが大きかったが、そのほかに「法燈別伝」にあたる、『法燈行状』(京都妙光寺蔵)という写本を見つけたのも大きな力になった。これには一遍《いっぺん》上人が法燈国師に参禅したことをしめす記事があり、一遍の実像を知る上で、重要な史料である。このような傍系とおもわれてきた史料こそ、今後の庶民仏教史を開く鍵になるものと、私はかんがえている。

『法燈行状』は高野山で写された由が表紙に書かれているが、旧縁起という和語伝を漢文に書き改めたものである。漢文が和語になるのでなく、和語が漢文になることを私はこの書で教えられたのは、その後の縁起の研究に大きな力となった。この書の一遍に関する部分は一遍の実像をのべるとき詳しく書くつもりであるが、私は一遍に熊野へ行けと教えたのは法燈国師だったとおもっている。法燈国師が那智の妙法山に阿弥陀寺を興して、本願(勧進聖の寺)とするのも、高野聖を熊野において堂社再興の勧進にあたらせるためであった。また熊野新宮の本願、妙心尼寺は、法燈国師の御母堂を開山とする熊野比丘尼《びくに》の本寺である。比丘尼をもって熊野の勧進にあたらせたのも、法燈国師の創意とすれば、これもまた思い切ったことをしたものである。

このような創意と多角的活動をした才気煥発《かんぱつ》の人にして、はじめて虚無僧を仏法弘《ぐ》通《つう》に利用する発想がわいたのであろう。興国寺の伝承をつかった『紀伊続風土記』は、海部《がいふ》郡由良荘門前村の項に又法燈宋より帰国のとき、法普居士・国佐居士・理正居士・宗恕居士といふ四人のものを随へ帰る。此《これ》今の虚無僧の始まり、四人浴室に住せしより、今に虚無僧の居所を風呂地《ふろじ》といふ。四人四派に分れ、諸国に虚無僧寺あり。旧《もと》は皆当寺末なり。兵火の後は離散せり。京都明暗寺（東福寺内）は当寺末なり。又同寺の末に筑前に一朝軒、伊勢に普済寺といふあり。明暗寺は国佐派といふ。風呂屋（地）の跡を今普化谷《ふけだに》といふ。

とある。いま普化宗と虚無僧の関係を説くスペースがないが、鎌倉末期には禅宗系の放浪芸能者として、暮露《ぼろ》と放下《ほうか》があったことはたしかで、暮露は九品《くほん》念仏（如法念仏）、放下は大念仏（踊念仏）で、どちらも念仏芸能者であった。かれらが禅宗に吸収されたのも法燈国師の時代とかんがえられるが、暮露が尺八を腰にさしている図は、室町初期の『七十一番職人歌合』に見えている。これは『徒然草』（百十五段）では「ぼろぼろ」とよばれ、馬聖とか菰僧《こも》ともいい、放下とともに「やぶれ僧」などと賤称

法燈国師坐像（広島・安国寺、提供：福山市鞆の浦歴史民俗資料館）

されたのは、半僧半俗のみならず、破戒無慚《むざん》な放浪者だったためであろう。しかし尺八というものは、慈覚大師が五台山の法照流五会《ごえ》念仏という詠唱念仏をもたらしたときの、調律楽器であった。したがって詠唱念仏である九品念仏の伴奏楽器にもちいられるのは、当然であった。したがってかれらに禅語を教え、謡曲『放下僧《ほうかぞう》』のような禅問答をうたわせることによって、禅の普及をはかったのは、法燈国師の創意と見てよいであろう。

最後に法燈国師は高野山で、念仏狂言をおこなったであろうという推定を私はしている。これは例の明極楚俊《みんきそしゅん》の『法燈国師䟦跳賛《ぼっちょうのさん》』に、

高野山中に戯場《ぎじょう》を作り、金剛三昧に業識《ごうしき》を弄す。鷲峰《じゅぶ》と両居すること四十年、一たび勝林《しょうりん》に住していくばくならざるに、末後の一着、牢関に到る。

とあるのは、高野山で芝居小屋をつくって狂言をしたことを指すもので、ちょうどこのころ、京都でも円覚十万上人道御《どうぎょ》が念仏狂言をさかんにおこなっていた。このころの語り物、説経のレパートリー『苅萱《かるかや》』などは、狂言として上演されたものであろう。萱堂聖のこのように法燈国師は異色の禅僧であったが、禅が専修され、第一義の正覚《しょうがく》だけを目的とするようになると、その業績はわすれられてしまった。そして民衆側に立つ高野聖や虚無僧や熊野比丘尼や味噌醬油業者だけが、この巨人をわすれなかったのである。

円覚上人道御と壬生狂言

一　民間仏教と融通念仏

日本仏教の歴史といえば、すぐ聖徳太子とか最澄・空海・源信・法然・親鸞・栄西・道元などの偉人高僧の名が出てくる。しかしこれらの人々の活動や事業を支えた無名の民間僧が、多数おったことをわすれるわけにはゆかない。そのような無名の民間僧は学問もなく、すぐれた行徳《ぎょうとく》もなく、住持すべき寺をもたない人も多かった。常にうすぎたない弊衣《へいい》を着て民間を遊行《ゆぎょう》し、破戒的行為をするものもあった。しかし仏教を日本人のものにしたのはこれら民間僧であったし、現在の大部分の民間寺院はこの民間僧によって建てられ、維持されたものである。村人を威圧するような伽藍《がらん》もなく、広い境内もなく、文化財もない、墓地と隣合わせの民間寺院こそ、日本人の寺とよぶべきであろう。

このあいだ、京都市内で世紀の大法要を施行している伽藍へ行った。さぞかし広い境内は雑踏し、地方から上った門信徒ばかりでなく、普段着の京都市民や、腰を曲げた老人や、ゴム風船を鳴らす餓鬼どもでゴッタ返しているだろうとおもった。もちろん門前には、縁日屋台店も並んでいるだろうとおもった。ところが大伽藍、大境内は静粛に整然としている。縁日もなければ餓鬼どもの姿もない。法要がはじまる直前らしく、黒紋付や羽織袴の門信徒と、金襴緞子《どんす》の九条袈裟《けさ》をまとった出仕僧が、粛然と廊下まで坐っていた。有資格者のほかは、蟻一匹入れそうもないので、雑踏の群集の後の方から法要をのぞいて見ようという、不届《ふとどき》な思惑ははずれてしまった。しかしこれは日本人の民衆の仏教ではない。儀式堅固、権威堅固、造衣堅固の末法仏教だろうとおもった。

しかしこのような大教団も、もとは遊行聖《ゆぎょうひじり》や念仏聖の集団から出発したものである。行基の沙弥《しゃみ》集団、空也の阿弥陀聖《ひじり》集団、良忍の融通念仏集団などはその中でも大きい方であったが、教団をつくらなかった。良忍の融通念仏集団が教団になるのは、江戸時代である。これは徳川幕府が、何らかの教団に属さない遊行聖を反体制分子として取り締ったから、やむをえなかった。その意味で良忍の融通念仏と融通念仏宗とは、異なるものといわなければならない。良忍の融通念仏は鎌倉時代に日本全国津々浦々にひろまったが、その中でもっとも大きな影響をあたえたのは、一遍《いっぺん》と道御《どうぎょ》の融通念仏であった。

私の「日本人の仏教史」は、権威や組織をもたないで、ほんとうに日本人の仏教になった、民間仏教についてのべたいとおもう。したがって道御の融通念仏などは、いくら語っても語りきれないものがあるが、何人の日本人が道御の名を知っているであろうか。壬生《みぶ》狂言と六斎《ろくさい》念仏を知っている人でも、道御の名を知らないのではなかろうか。それはこの聖《ひじり》が教団をつくらなかったし、著書も法語ものこさなかったからである。また道御の事業を継承する人がなかったからであろう。しかしほんとうの宗教というものは、著書でも教理でも教団でもない。その人一代の衆生《しゆじよう》救済の信仰と実践にほかならない。一遍も融通念仏をひろめて生涯遊行したが、最後には「我が化導《けどう》は一期（一代）ばかりぞ」といい、「一代の聖教みな尽きて、南無阿弥陀仏になりはてぬ」と所持の書籍経文すべてを焼いてしまった。したがって時宗教団を立てようなどとは、毛頭おもわなかったのである。

それではこれらの有名無名の聖が、生涯情熱をもやした「融通念仏」というのは何か、これはお互いの唱える念仏の功徳《くどく》を融通し合って、みんな一緒に、速疾《そくしつ》に往生しようという念仏共同体運動であった。これは庶民の共同体意識のあらわれで、自分一人だけが往生するという個人救済と、まったく相反する信仰であった。私はすべての面で、これが日本人の仏教というものだとおもう。日本は「タテ社会」だといった文化人類学者がおるが、庶民は村落でも長屋でも信仰でも「ヨコ社会」なのである。貧富も階級もなく、融通念仏に加入すれば、平等に一緒に往生する。浄土へも「連《つ》れて行《い》こら」である。

それでは融通念仏に加入するということは何であろうか。それは一日に何遍の念仏を唱えるという日課《にっか》念仏と署名を、「名帳《みょうちょう》」に書き入れ、毎日それだけの念仏を唱えればよい。徳川家康も融通念仏に加入したと見えて、日課念仏を毎日百遍ずつ書いていた。このようにすれば、名帳に書き込まれた日課念仏の功徳全部を、加入者全員がうけることができる。しかも宗教的融通は金の融通とちがって相乗的になるので、百人の人の日課念仏百遍は

一〇〇×一〇〇×一〇〇

で百万遍の念仏になる。ネズミ講などというのは、この原理を金に応用したのかもしれない。

しかし念仏も仏壇の前で一人で唱えては怠《おこた》り勝ちである。そこで時々念仏講があつまって唱えれば、自然合唱になる。ところが合唱には節《ふし》がなければならないので、融通念仏は「歌う念仏」になった。さいわい良忍は比叡山の詠唱念仏である常行三昧《じょうぎょうさんまい》の堂僧《どうそう》だった上に、仏教音楽の不世出の天才だったので、良忍の作曲した融通念仏は、庶民に歌いやすい念仏の美曲であった。このようにして融通念仏は宗教的署名運動で

あるとともに、「うたごえ」運動になった。

二　道御の十万上人と「百万」

融通念仏は念仏共同体をつくるとともに、詠唱念仏としては民衆の娯楽であった。民間僧の聖たちは、融通念仏に加入して民衆と一緒に歌い、かつ踊りを加えていったう娯楽化した。民衆は堅くて鹿爪《しかつめ》らしい宗教を好まない。信仰と娯楽を両立させるには、歌う融通念仏と踊《おどり》念仏を結合した「融通大念仏」がもっともふさわしい。これは大念仏とか風流《ふりゅう》大念仏、踊念仏として、いまも盆供養踊、豊年踊、神踊に、全国津々浦々にのこっている。京都市内で夏の景物に踊られる壬生《みぶ》六斎《ろくさい》、久世《くせ》六斎、吉祥院六斎、中堂寺六斎、小山《こやま》六斎などは、この風流大念仏がのこったものである。

以上のような融通念仏の娯楽化に対して、念仏共同体としての融通念仏は、民間僧の「勧進」に利用された。いま京都の六斎がお盆の盆棚の前で踊るのをカンゼンというのは、勧進のことである。勧進は融通念仏加入者が零細なお金や労力を出し合って、仏像を造ったり、堂塔を建てたり、お経を写し鐘を鋳《い》るなどの「作善《さぜん》」をすることである。これはなお道を造り橋をかけ、貧民や病人を救済することにもふりむけられる。勧進こそ無名の民間聖の大きな仕事であった。

道御は一勧進聖であった。彼を崇敬する人々は円覚上人または十万上人といったが、それは融通念仏に加入させるごとに、融通大念仏供養会《くようえ》をもよおした。それで十万上人の称号ができたのである。しかも彼はこれを十回おこなったので百万上人ともよばれたというが、十万人供養碑はいま嵯峨清涼寺内と、双ヶ丘《ならびおか》の東にのこっているにすぎない。双ヶ丘の東はおそらく花園の法金剛院の寺域内であったろうとおもう。道御の勧進の事績は、嵯峨清涼寺と法金剛院と壬生寺にもっともよくのこっているからである。

謡曲『百万《ひゃくまん》』はこの道御を主人公につくられたものであるが、この曲ではシテ百万というのは道御の母の名とされ、道御は子方となり、ワキは捨子《すてご》になった子方（道御）の拾い親、梅本謝天という設定である。この曲を世阿弥《ぜあみ》が作ったのは道御の没後百二十年以上になるが、その捨子説は有名だったらしい。したがって道御の伝記をしるした『壬生謝天伝』は、江戸時代の成立であるけれども採るべき点もすくなくない。

道御、幼名玉松は大和服部《はっとり》の領主、大鳥広元の子であったが、広元は鎌倉の騒動にまきこまれて死に、玉松は東大寺の門前に捨てられた。これを梅本謝天が拾って東大寺の僧とし、修広と名告《なの》って東大寺、菅原寺、唐招提寺、法隆寺で勉学した。あるとき法隆寺の上宮王院で聖徳太子の夢告《むごう》をこうむり、汝、生母に逢わんとせば融通念仏を勧むべし、とあったので、融通念仏勧進聖となったというのである。したがって謡曲『百万』も捨てた子をもとめて狂女になった百万と、母をさがして融通念仏を勧進した道御（子方）が、嵯峨清凉寺の大念仏で邂逅《かいこう》するという筋である。

ワキ　これは和州三芳野《みよしの》の者にて候。又これに渡り候ふ幼き人（子方）は、南都西大寺のあたりにて拾ひ申して候。此頃は嵯峨の大念仏にて候ふ程に、此の幼き人をつれ申し、念仏に参らばやと存じ候。

シテ　あら悪《わる》の念仏の拍子や候。わらは音頭《おんど》を取り候ふべし。南無阿弥陀仏、南無阿弥陀仏、南無阿弥陀仏、弥陀頼む、人は雨夜の月なれや、雲晴れねども西へ行く、阿弥陀仏や、なまうだと、（下略）

とある念仏のくりかえしの拍子が、融通念仏の節なのである。そして嵯峨大念仏はいまも伝わっていて、三月十五日にハハミタ念仏と大念仏狂言がおこなわれている。

ハハミタ念仏というのは、道御が「母見たや、母見たや」といったからだ、といわれている。しかし融通念仏の詠唱には、いまの民謡の最初の「出し」のように、ハーとかモーという発頭《ほっとう》の音があり、

　ハー　阿弥陀ー　南無阿弥陀ー

とか

　モー　南無阿弥陀ー　南無阿弥陀アン仏《ぶ》

というように歌う。これがハーアミダからハハーミタになり「母見たや」になったも

のとおもわれる。

三　道御の持斎念仏と六斎念仏

道御はこのように伝説化されているけれども、その実在性は生前の寿像《じゅぞう》とおもわれる肖像画（京都国立博物館寄託、重要文化財）が、法金剛院にのこっていてたしかである。その賛に

常に持斎《じさい》と念仏を勧め、普《あまね》く若干の衆生を済《すく》ふ。世に十万人聖《ひじり》と謂《い》ふ。（原漢文）

とあるのが重要で、融通念仏が大念仏となって、あまり娯楽化したのを、改革したのである。これは道御が真言律の西大寺や、律宗の唐招提寺におったことと関係があり、道御の旧蹟である壬生寺はいまも唐招提寺末の律宗寺院である。したがって融通念仏を歌うときは、仏教のもっとも簡単な持斎《じさい》をまもって歌うように、という運動をした。持斎は不邪淫《じゃいん》、不殺生《せっしょう》、不飲酒《おんじゅ》、不偸盗《ちゅうとう》、不妄語《もうご》というような在家の戒律であるけれども、これもその通り守るのは容易でない。それで一か月の中で斎日《さいじつ》という六斎日《ろくさいび》にだけ、殺生をやめ、酒をのまず、異性を遠ざけて念仏することにした。そのために道御の持斎融通念仏は、六斎念仏になった。

六斎念仏はいまも京都市内から大和《やまと》・和泉《いずみ》各地、紀州高野山周辺や由良《ゆら》、そして若《わか》

狭《さ》、但馬《たじま》、尾張《おわり》、信濃《しなの》、甲斐《かい》などにのこっている。しかし京都出町柳《でまちやなぎ》の干菜寺《ほしなでら》光福寺の『六斎支配村方控牒《ひかえちょう》』（宝暦五年）によると、江戸時代でも近江、丹波、越前、筑前、肥後までひろがっていたことがわかる。しかし干菜寺系六斎念仏のほかに、空也堂系六斎念仏もあり、高野山系六斎念仏もあって、おそらく北は青森から南は鹿児島まで、日本全国を掩《おお》っていたことが推定される。多くの民謡の節も六斎念仏の曲調に、俗謡や恋歌や盆踊歌をのせたものが多い。現在六斎念仏がのこっている地方では、盆と春秋の彼岸、涅槃会《ねはんえ》と十夜会《じゅうやえ》、そして葬式にこの念仏を唱えている。その中で京都市内の六斎は、娯楽的な風流大念仏で獅子舞や願人坊《がんにんぼう》踊と結合した念仏芸能である。これをしも六斎というのは、この念仏講の主体が詠唱念仏の六斎念仏講だったからで、これは獅子舞六斎のはじまる前と後で六斎念仏をとなえていた。それすら今は絶えて、六斎念仏の方の鉦講《かねこう》をのこしているところが、ほとんどなくなった。もとは六斎念仏の方を居念仏《いねんぶつ》衆といい、踊る方を立念仏《たちねんぶつ》といっていたのである。

道御はまた壬生寺で融通大念仏狂言をはじめたが、持斎の融通念仏の方を正行《しょうぎょう》念仏としたらしい。これに対して有名な壬生狂言の方は乱行《らんぎょう》念仏とよばれた。壬生寺の『大念仏三時勤行《ごんぎょう》法則』では、狂言の前に念仏行道《ぎょうどう》（本尊三匝《そう》）と説法があり、狂言の後にも念仏行道と説法があった。しかし私はもとは本堂内で融通念仏が詠唱され、その外縁で狂言が演じられたものとおもう。すなわち正行念仏と乱行念仏が同時だったので、狂言の科白《せりふ》を聴き取ることができなかった。そのために壬生狂言は無言劇になった、と推定している。

ところで学界では壬生狂言が、鎌倉時代からおこなわれたことを否定する説がつよい。何でも寺伝や伝説にケチをつけるのが実証的学問だと信じている輩が多いからであるが、私は一つの証明法をもっている。それは戦後に壬生寺本堂（地蔵堂）が焼失するまで、本堂におかれた狂言用の金鼓《きんこ》に

地蔵院　奉鋳顕金鼓壱口　正嘉元年丁巳五月廿九日
鋳物師大工大和権守土師宗貞

の銘があるのを、『如是院年代記』の

丁巳正嘉元、三月十四日改元、八月二十四日大地震、二月二十八日壬生地蔵堂炎、五条殿火

とある記事に合せて見るのである。そうすると、正嘉元年（一二五七）二月二十八日に壬生寺が焼け、その復興勧進を勧進聖人だった道御に托したので、道御は融通大念仏と狂言で人をあつめ、その零細な喜捨で地蔵堂を再興しようとした。それで狂言のガンデンデン用の金鼓を発注し、それが完成したのが三か月後の五月二十九日であったことになる。しかもこの時代には、さきにのべた法燈国師心地覚心のように、高野山中に戯場《ぎじょう》を作って、狂言をおこなうものもあった。おそらく新猿楽とよばれた滑稽茶番劇に仏教を織り込むことで、念仏狂言を創作したものとおもわれる。

壬生大念仏狂言の炮烙割り

道御の事蹟は鎌倉時代の法隆寺新堂院棟札（弘安七年七月二日）に「勧進聖人円覚」とあるが、さきの肖像画の賛には

或は浄財を移して廃寺を修し、悲田《ひでん》の貧病を拯《すく》ひ、員扉《（差）》の冤囚《えんしゅう》を賑《にぎ》はす。

とあるので、廃寺を勧進で再興したのである。その一つが待賢門院《たいけんもんいん》造立の法金剛院であったろう。また勧進の余力で貧民や病人を救済し、牢獄にとらわれた囚人にまで、賑救《しんきゅう》の手をさしのべた。行基の再来のような民間僧だったとおもわれる。しかしその生涯については、ほとんど知られるところがない。ただ、『円照上人行状』（下）に、八幡善法律寺の円照上人の門下となって、法隆寺上宮王院を付嘱《ふしょく》されて、これを再興したことが見えるだけである。

一遍の遊行と踊念仏

一　庶民信仰と一遍の念仏

仏教は正覚《しょうがく》（さとり）の宗教だという。しかし実際に正覚を得た人が何人あるのだろうか。正覚を得たなどと自信をもつのは、たいてい誇大妄想狂か野狐禅《やこぜん》であるらしい。それで正覚を得た人は平々凡々で、花は紅に、柳は緑に見えるのだという。何か狐に抓《つま》まれたような話である。こんなのが絶対矛盾の自己同一とかいうもので、私ごとき「無媒介《むばいかい》」の平々凡々には、近づくこともできない世界である。

したがってほんとうの正覚は生きている間は得られないのだ、という主張もあった。すなわち死んで灰身滅智《けしんめっち》しなければ、覚《さと》った阿羅漢でも微細《みさい》の惑《わく》はのこるという。そこで日本人の仏教には、はじめから正覚を放棄して他力《たりき》の本願にまかせよう、という他力本願の宗派もできた。これはたいそう結構な話で、おまかせしたら感謝するだけで何もしないでよいのだが、そういわれるとまた気がとがめるのが人情というものである。それで自力と他力を折衷したような庶民信仰というものが、一般的な日本人の仏教の実情なのである。

庶民信仰というものはどこでも、外来宗教の入る前からその民族のもちつづけた宗教が、いまだに生きつづけているものである。私は一遍《いっぺん》上人の不思議な念仏や遊行《ゆぎょう》というものは、これを庶民信仰が浄土教化されたものと見れば、不思議でも何でもないとおもう。このように言うと時宗《じしゅう》にもうるさい教学者がおるから、文句を言うかもしれないが、一遍は一切の教学をすてて「南無阿弥陀仏になり果て」た一遊行者であった。これをインドや中国の浄土教学で理解しようとするのが、無理であることはいまさら言うまでもない。

庶民信仰というものは原始宗教、自然宗教をその母胎としているので、野性的であり非文化的である。したがって文化宗教としての外来宗教、たとえば仏教のようなものが伝来すると、まず貴族や文化人がこれを受容し、ちかごろの文化人がやたらに横文字をつかいたがるように、インド仏教、中国仏教には価値をみとめるけれども、日本固有の宗教を野蛮、迷信としてしりぞける。ところが一般庶民は原始宗教としての固有信仰を依然として保持しているので、これと習合した形での庶民信仰、あるいは庶民仏教でなければ受容することができない。ここに行基や空也の出た理由があるが、このような庶民仏教は「宗派のない仏教」だから、かれらは宗派をたてることがなかった。しかし最澄・空海・法然・親鸞などの一宗の祖師といえども、『顕戒論』や『十住心論』あるいは『選択《せんちゃく》本願念仏集』や『教行信証』を、一般民衆に説いたのではないであろう。

一遍はこのような祖師たちとは全く異なる道を歩んだ宗教者である。それは彼の行動を見ればわかるように、仏教とちがった数々の原始宗教的な信仰を実践して、一寺に定住せず、一宗を立てる意志もまったくなかった。このような祖師をかついで宗派仏教の仲間入りをしたので、時宗という宗派は何となくおちつかない宗派である。というのは祖師の意志をほんとうに生かそうとすれば、この教団は解体せねばならないからである。

一遍の行動は遊行と神祇崇拝と念仏賦算、および踊念仏に要約されるといわれる。これらはかならずしも仏教そのものや、インド・中国以来の浄土教から出ているといえないが、そのほかに勤行《ごんぎょう》の前の禊《みそぎ》や山岳信仰や、託宣や亡霊鎮魂などがある。これらは仏教から出たものということはできない。また口伝《くでん》としての法燈《ほっとう》国師参禅ということもあるが、これも直接禅宗とのかかわりでとらえることは困難であるとおもう。前々章で法燈国師（心地《しんち》覚心《かくしん》）の禅に念仏や密教や呪術信仰が夾雑《きょうざつ》していることをのべたので、ここでこの参禅についてふれておくことにしよう。

一遍の参禅についてはすでにのべたように一遍上人伝にも法燈国師伝にも見えない。しかし正徳四年（一七一四）に書かれた『一遍上人絵《え》詞伝直談鈔《しでんじきだんしょう》』（神戸真光寺賞山述）には、一遍伝にすべて秘せられた四か条の口伝（『四箇の習』）というものに、これがある。この口伝は

一、熊野参籠已前《いぜん》の算《さん》（賦算）の事
二、夢想は直現《じきげん》の事
三、自頌《じじゅ》は神頌の事
四、此の伝に載せざる泉式部《いずみしきぶ》化益《けやく》と法燈国師参謁の事

で、この口伝にはそれぞれたしかな証拠があるので信じてよい。ことに法燈国師参謁は高野山系の法燈国師伝である『法燈行状』（永正十四年）に、次のようにある。

六、時宗上人、俗姓は革野《こうの》、宗門に教外別伝《きょうげべつでん》の旨有りと聞き、師（法燈国師）に参見す。「念起即覚《ねんきそっかく》」の語を以て之《これ》に示す。終に引証を蒙むる。師手巾《しゅきん》を解き付《ふ》嘱《しょく》して曰く、此の巾は信《しるし》を表はす。後人の標準と為す可《べ》し。今に至るまで其の宗を唱ふる者、之を佩《お》ぶ。

この参禅で一遍は次の歌をもって答えたところ、「未徹在《みてつざい》」としてしりぞけられた。

となふれば　仏も我も　なかりけり
南無阿弥陀仏の　声ばかりして

そこで次の歌をもって答えると印可《いんか》された。

棄《す》てはてて　身はなきものと　思ひしに
寒さ来ぬれば　風ぞ身にしむ

これらの歌の内容を説明することはしばらく擱《お》くとして、時宗は今でも歳末別時念仏（十一月二十二日より同二十八日まで）に座禅念仏の詰衆《つめじゅ》というものがある。そして念仏と禅定の伝統というものは、こののち木食《もくじき》遊行者の伝統となったらしく、室町末期の天正から慶長のころ活躍した弾誓《たんせい》が、山岳や洞窟の修行によって阿弥陀如来に即《そく》身成仏《しんじょうぶつ》する木食念仏行をおこなった。これは弾誓教ともいうべき江戸時代の宗教運動になったが、その源流には、山岳宗教と念仏と禅定を結合した、一遍の遊行があったことを見逃すわけにはゆかない。

二　念仏共同体と踊念仏

一遍は浄土宗の西山派《せいざんは》から出たといわれるが、建長三年に出家のはじめには、たしかに浄土宗西山派の聖達《しょうたつ》上人や華台《けだい》上人の弟子となって、浄土の教門にはげんだ。十二年の研鑽ののち父如仏《にょぶつ》の死によって還俗《げんぞく》し、やがて八年ののち再出家してからは浄土宗をはなれて、善光寺信仰や山岳信仰に入った。ことに文永十年（一二七三）三十五歳で伊予の浮穴《うけな》郡の菅生《すごう》の岩屋にこもったのは、ここが修験道《しゅげんどう》の霊場だったからである。いまも『一遍聖絵《ひじりえ》』に描写されたとおなじ奇巌と洞窟が、一遍の修行を髣髴《ほうふつ》たらしめる。

又四十九院の岩屋あり。父母のために極楽を現じ給へる跡あり。三十三所の霊崛《れいくつ》あり。斗藪《とそう》の行者霊験をいのる砌《みぎり》なり。凡《およそ》奇巌怪石の連峯にそばたてる月、法身常住のすがたをみがき、陰条《えだ》陽葉《は》の幽洞にしげれる風、妙理恒説《こうせつ》の韻《ひびき》（調）をしらぶ。

いま岩屋寺は四国八十八か所霊場として多くの参詣者があるが、この修験道行場（逼割禅定《せりわりぜんじょう》）をめぐるのは、容易なことではない。

一遍はその翌年の文永十一年には、高野山を経て熊野に詣《まい》った。これも当時随一の修験道の聖地を目指したのである。とくに熊野本宮《ほんぐう》の証誠殿《しょうじょうでん》は阿弥陀如来の浄土とされ、修験道と念仏往生を一体化した信仰のあったところである。ここで一遍は熊野権現から「融通念仏すすむる聖」とよびかけられた、とあるところを見ると、融通念仏勧進聖となって遊行に出たのであろう。そしてこの遊行ということが修験道の抖擻《とそう》にあたるもので、一種の自己否定の苦行であった。一遍は文化宗教である浄土教をすてて、野性の自然宗教である修験道に入り、その中で庶民信仰としての浄土教を生かそうとしたのが、彼の遊行というものだったのである。

一遍は熊野へ来るまでに念仏の数取り札（賦算《ふさん》札）をくばって歩いたが、これは一人でも多く融通念仏に加入することを勧めるためであった。融通念仏に加入するためには日課《にっか》念仏として一日百遍とか千遍とかを誓うのであるから、加入者が多ければ多いほど加入者全員の受けるべき念仏の功徳《くどく》は、相乗的に大きくなる。しかしこの融通念仏には信仰がなければ、その功徳が受けられないのではないか、というのが一遍の大きな疑問であった。というのは、親鸞はすでに弥陀の本願への信仰がありさえすれば、念仏の有無にかかわらず往生すること疑いなしという浄土真宗をとなえていたからである。

すなわち融通念仏と浄土真宗は、まったく反対の立場に立っていたことがこれでよくわかる。そのような疑問をもって熊野への路を歩いているあいだに、一人の僧侶に融通念仏加入の賦算札を渡そうとしたところ、私は念仏の信仰がないので受けられない、と断られた。そこでこの疑問はますます大きくなり、これ以上融通念仏の勧進はできないところに追い込まれた。ところが本宮証誠殿で、この疑問について神託をあおぐと、次のような答があった。おそらく熊野山伏《やまぶし》を霊媒《メディアム》とした神託であったろう。

　融通念仏すすむる聖、いかに念仏をばあし《(悪)》くすすめらるるぞ。御房（一遍）のすすめによりて一切衆生はじめて往生すべきにあらず。（中略）信不信をえらばず、浄不浄をきらはず、その札をくばるべし。

とあった。この託宣の意味は融通念仏というものは信仰の有無にかかわらず、その加入者（結衆《けっしゅう》）の数が多ければ多いほど、念仏の功徳は大きくなるということである。これは融通念仏が日本社会の共同体意識の上に成立したことをしめすもので、融通念仏加入者は信不信、浄不浄を問わず、一人も落ちこぼれなく往生できるという集団主義であった。

このような念仏の考え方は、大峯《おおみね》山の奥駈《おくがけ》修行などに参加したものならば、よくわかる。山伏集団では念仏は信仰のために唱えるのでなく、集団結束のために掛声として斉唱される。登りの難所にかかって落伍者が出そうになると、先達《せんだつ》は

ナーンマイ！

と発声する。そうすると山伏や新客《しんきゃく》一同はこれにつづいて、

ダーンボ！

と斉唱する。これをくりかえして一歩一歩と急坂を登ってゆくのは、全員が念仏の一本の綱でむすばれてお互いに引っ張られてゆくようなものである。これは集団の中で自力と他力を止揚《しよう》したものといえる。こうした集団結合の原理が庶民信仰の念仏であり、修験道の念仏というもので、一遍の念仏もこれであった。念仏を斉唱、合唱しながら、リズムをあわせて踊念仏するのは、これも念仏共同体の一体感とそのエクスタシーを体認するためである。一遍が踊念仏を採用したのは、遊行をはじめて五年目の弘安二年（一二七九）歳末別時念仏のとき、信州の佐久《さく》郡伴野《ともの》の市庭《いちば》においてであっ

た。そのとき

同行共に声をととのへ《（斉）》て念仏し、ひさげ《（提）》をたたきてをどり《（踊）》たまひけるを

とあって、鉄鉢《てっぱつ》やササラを伴奏に踊った有様が『一遍聖絵』（巻四）に描かれている。

三　一遍の念仏への批判

私が一遍の遊行や賦算や踊念仏についてのべるのは、その念仏が浄土宗や浄土真宗の念仏とはまったく異質の、日本人固有の庶民信仰であると信ずるからである。彼が初め浄土宗西山派で出家したからといって、一遍の念仏を浄土宗の一派とする従来の一遍観は誤りである。彼は一度還俗し、再出家した時は、インドや中国の経論にもとづいた浄土教を一切すてて、日本の原始宗教にもとづいた庶民信仰の念仏に入っていた。したがって一遍の踊念仏は『無量寿経』に

我が名字を聞きて歓喜踊躍《ゆやく》し、菩薩行を修して徳本を具足せん。

とあるような踊躍念仏ではなくて、空也が市場の雑踏の中で踊った踊念仏を再興したのだといっている。

しかしこのような踊念仏は「踊る宗教」などといって、インテリ階級から見れば下品なものとされるであろうが、一遍の時代でも悪評が多かった。一遍の没後六年の永

仁三年（一二九五）に書かれた藤原有房の『野守鏡《のもりのかがみ》』には

一遍房といひし僧、念仏義をあやまりて踊躍歓喜といふは、をどるべき心なりとて、頭をふり足をあげてをどるをもて念仏の行義《(儀)》としつ。

とあって、これは貴族の一遍観をあらわし、僧侶の立場から書かれた『天狗草紙』（伝三井寺巻）には

袈裟をば出家の法衣なりとてこれを着せずして、憖《なまじい》にすがたは僧形なり。（中略）念仏する時は頭をふり肩をゆりて、おどる事野馬のごとし。さはがしき事山猿にことならず。男女根をかくす事なく、食物をつかみくひ、不当をこのむありさま、併《しかしながら》畜生道の業因とみる。

と書かれた。しかしこの絵巻の絵には

一遍上人像（九州国立博物館、出典：ColBase）

これは上人のしと《尿》にて候。よろづのやまひのくすり《薬》にて候。しよまう《所望》の人のあまた候に、おほくしいれさせ給候へ。

などと、一遍の小便を万病の薬としてもらう人が多かった有様が描かれている。これは貴族やインテリの仏教と、庶民の仏教の際立《きわだ》った相違をしめすもので、従来は大多数の庶民に安心と生甲斐《いきがい》をあたえてきた庶民信仰を、経論に違背《いはい》するからといって異端視し侮蔑してきた。しかし民衆はかれらの現実の生活苦や病苦を、カリスマの呪力で癒やすことをもとめたのである。そのために一遍の小便を薬とし、本願寺法主《ほっす》の風呂の水を飲み、江戸時代の徳本《とくほん》上人の小便から大便まで、薬として所望したといわれる。

一遍の尿を乞う人々　『天狗草紙』伝三井寺巻

一遍ははじめ孤独な遊行者であったが、これに随逐する時衆《じしゅう》が増加したので、僧時衆四十八人と尼時衆四十八人を一応の定員とした。この僧尼共住の時衆教団はつねに遊行しながら移動したが、これを追ってあつまる信者とともに、乞食や重病者があつ

まった。これは時衆への布施を頒《わ》けてもらうためもあったであろうが、貧困と病苦の因果を前世や先祖の罪業とし、これを滅罪する呪力を念仏の功力《くりき》にみとめる庶民信仰がそうさせたのである。またあつまる信者もこの乞食や重病者に施しをすることによって、滅罪の作善《さぜん》をおこなうことができた。

一遍の僧尼共住の時衆教団を愛欲集団のように書いた評論家があるが、民衆は愛欲集団にはカリスマをみとめないから、すぐ見放されてしまったはずである。この遊行教団は制誡《せいかい》が厳重であった。この厳しい態度を、一遍が伊予水軍の頭目であった河野《かわの》氏から出たためとした歴史家もある。しかしこれは日本の原始宗教からうけついだ自己否定の苦行主義のあらわれと見るべきもので、一生休みのない遊行というのも、この苦行主義にほかならない。この原始宗教を母胎とする庶民信仰に目ざめた一遍は、修験道にちかづいて山岳修行をし、各地の神社に踊念仏を奉納し、奇瑞《きずい》をしばしばあらわしながら、十六年の化導《けどう》をつづけた。そして正応《しょうおう》二年（一二八九）五十一歳で阿《あ》波《わ》の国を遊行するあいだに病を得たが、遊行を止めず、

旅衣　木のね《(根)》かや《(萱)》のね《(根)》　いづくにか
　　身をすてられぬ　ところあるべき

とよんで、這うようにして淡路をすぎて船で明石にわたり、兵庫の光明福寺観音堂（現真光寺）で往生をとげた。

日蓮の神性と人間性

一　旃陀羅《せんだら》が子と持経者

鎌倉時代の新宗派を開いた祖師たちは、いずれも貴族か武家か神主家の出身である。すなわち道元と親鸞《しんらん》は下級貴族から出たし、法然《ほうねん》と一遍《いっぺん》は武家、栄西《えいさい》は神官の家から出ている。ところが日蓮だけが庶民の子であった。

また道元と親鸞が京都に生れそだち、法然は美作《みまさか》、栄西は備中《びっちゅう》、一遍は伊予《いよ》という京畿西国の出であるのに対して、日蓮一人だけが坂東《ばんどう》の生れである。日本仏教の中で日蓮宗が強い個性をもち、四箇格言《しかかくげん》をもって他宗と対立し、内外ともに戦闘的な宗派であるのは、このような日蓮の出自《しゅつじ》に関係があるのではないかとおもう。

戦後、日蓮の出自について、いろいろの解釈がなされるようになった。日蓮はしばしば御消息《ごしょうそく》のなかで、みずからを「民が子」とか「海人《あま》が子」とか「旃陀羅《せんだら》が子」と

称している。たとえば晩年の『本尊問答抄』には
日蓮は東海道十五箇国内、第十二に相当安房国長狭郡東条片海の海人が子也
といっているし、『法華本門宗要抄』では「釣人権頭《ごんのかみ》の子」とあり、漁夫の家から出たことはまちがいない。ただ「権頭」とあるので、父は「船頭」クラスだったのであろう。日蓮はこのことを隠すことなく、昂然《こうぜん》と言い放っている。「民の子より出でて頭をそり袈裟をきたり」(『妙法比丘尼《びくに》御返事』)とあるのも、庶民から出家して僧となったことを誇りとしている。

ところが日蓮はまたこれを「旃陀羅が子」とものべているのは、二つの意味があったようにおもわれる。旃陀羅(Caṇḍāla)というのはインドの賤民《せんみん》のことで、殺生の罪を負わされていたからである。したがって戦後はこれを階級問題として、とりあげられることが多かった。しかし日蓮五十一歳の文永九年(一二七二)に佐渡へ流罪となったときの『佐渡御書』には
日蓮今生《こんじょう》には貧窮下賤《びんぐうげせん》の者と生れ、旃陀羅が家より出でたり。心にこそすこし法華経を信じたる様なれども、身は人身に似て畜身也。魚鳥を混丸《こんがん》して赤白二渧《しゃくびゃくにたい》とせり。其の中に識神《しきしん》をやどす。濁水《じょくすい》に月のうつれるが如し。糞嚢《ふのう》に金《こがね》を包めるなるべし。
という有名な言葉がある。ここでは階級は問題ではない。むしろ人身にやどる仏性の

平等性を問題にしているのであって、たとえ殺生を業とする家に生れた者でも、仏性が宿るならばそれは仏であるといっている。したがって下賤の生れであればあるほど、その仏性は貴くまた光を放つのだ、という信念である。殺生の魚や鳥をたべた男女両性の精滞《せいたい》から生じた畜身にも、真如の月は宿るのだ、という意味で、旃陀羅は階級としてうけとられていない。

日蓮がみずからを「旃陀羅が子」といったもう一つの意味は、やはり罪業観であるとおもう。したがって滅罪経典である法華経のために迫害にあって、たとえ命をすてても、それはかえって成仏の道であるとおもったらしい。『佐渡御勘気鈔《ごかんきしょう》』(文永八年十月、越後寺泊《てらどまり》)に

日蓮は日本国東夷東条安房ノ国、海辺の旃陀羅が子也。いたづらに朽ちん身を、法華経の御故に捨てまいらせん事、あに石を金《こがね》にかふるにあらずや。

とのべている。

日蓮の勇猛な信仰と行動は、日本で法華経が滅罪と苦行の経典として愛用された伝統にうながされたものであろう。これは古代では「持経者《じきょうしゃ》」とよばれる人々を生み出したもので、法華経は身体で読むものであるとしている。そのために持経者は断食や木食《もくじき》(断穀《だんこく》)・断塩、不臥、不眠・行道《ぎょうどう》・礼拝(五体投地)・指燈《しとう》(指を火で焼く)などの苦行をして、自己ばかりでなく、衆生の罪業を悔過《けか》懺悔《さんげ》したのである。そして持経

者の苦行の極致はこの罪業の身を捨てることで、断崖から身を投げたり、焼身（火《か》定《じょう》）したりした持経者の例は『日本霊異記』や『本朝法華験記』にたくさん見ることができる。

日蓮はこの持経者の伝統を継承したものと私はかんがえるのであって、日蓮は能動的に苦行や捨身をおこなうのでなく、受動的に迫害によって苦行以上の苦痛と、捨身にひとしい身の危険にさらされるのが、法華経の身読《しんどく》と信じた。これは日蓮がつねに「刀杖瓦礫《とうじょうがりゃく》、数々《さくさく》見《けん》二擯出《ひんずい》一」や「我《が》不《ふ》レ愛《あい》二身命《しんみょう》一、但惜《たんじゃく》二無上道《むじょうどう》一」を口にしたことでもわかる。また佐渡へ流される直前の『土籠御書《つちろうごしょ》』（文永八年・依智《えち》）では、「法華経を余人のよみ候は、口ばかりことば《言葉》ばかりはよめ《読》ども心はよまず。心はよめども身によまず」と、佐渡流罪を法華経の身読と信じていた。

また日蓮には我こそ真の持経者であるという意識があって、しばしば「法華経の行者」を宣言している。そしてこれは法華経のためにはいつでも身命を捨てる捨身を意味していた。『南条兵衛七郎殿御書』（文永元年・安房）では

日本国に法華経を読み学する人これ多し。人の妻《め》をねらひ、ぬすみ等にて打はら《追放》はるる人《破戒僧》は多けれども、法華経の故にあやまた《傷害》るる人は一人もなし。されば日本国の持経者は名ばかりにて、いまだ此経文にはあわせ《合致》給はず。唯日蓮一人こそよみ《身読》はべれ。「我不レ愛二身命一、但惜二無上道一」是れ也。されば日蓮は日本第一の

法華経の行者也。

有名な文であるが、日蓮の行動を理解するには、古代の持経者の伝統を知らなければならない。日蓮はただ突然変異のように出現したものではなくて、民族宗教に根ざした呪術的苦行主義、滅罪的自己否定の伝統の中から出たものである。日蓮本人はそれを意識せずに、法華経のためとおもって行動している。しかし日蓮を動かしたのは、日本民族の「集団的無意識」とでも名づくべき庶民信仰の底流であった。それゆえにこそ、彼は庶民や下級武士の期待をあつめたのである。

二　題目の単純性

日蓮の宗教には妥協がない。日蓮が優しい心の持主であったことは、御消息を見ればよくわかるが、権威や外部に向っては蝟《はりねずみ》のようにつねに戦闘的であった。これは坂東の漁夫の家に生れたという出自《しゅつじ》と、法華経の持経者の伝統をうけたということによるものと、私は解釈している。しかも古代の法華持経者の伝統は、山岳宗教の山伏と関東奥羽の遊行者にしか、のこっていなかったであろうと思う。したがって青年時代にどこかで出会った山伏か遊行者から影響をうけたのであろうが、日蓮はそれを語っていない。多くの庶民宗教者というものは、どうしたわけか、そのような決定的出会いを語らないものである。

日蓮の魅力は学問や教団ではなくて、個人的な魅力である。日蓮には教団を作るという組織的能力はまったくなかった。個人的魅力であつまった弟子と信者が、日蓮宗という宗派をつくりあげたかの如く見えるが、組織された日蓮宗というものはどこにも存在しない。日蓮示寂《じじゃく》のときの六老僧が、交代で日蓮の墓をまもるはずになっていた身延《みのぶ》山久遠《くおん》寺が、日蓮宗を名乗っているだけで、他は日蓮正宗も本門仏立宗も、国柱会・霊友会・立正佼成会・創価学会、ほか五十派以上が、別々に日蓮を祖師とあおぐだけである。

それでは日蓮の個人的な魅力とは何かといえば、それは野性と非妥協性と人間性、そして超人間性《カリスマ》であろう。大正時代には姉崎正治氏の『法華経の行者日蓮』が一世を風靡《ふうび》したが、これは日蓮の野性《やせい》を国家主義にむすびつけたものであった。日蓮の野性と情熱性は「旃陀羅《せんだら》が子」から出たものであるし、その非妥協性は「持経者」の系譜をひくものであろう。そしてこの野性と非妥協性が一本になってほとばしり出たものが「南無妙法蓮華経《なむみょうほうれんげきょう》」の題目であったとおもう。

鎌倉時代には、政治も文化も宗教も単純化された。念仏も禅もその単純性が生命であったが、題目にいたってはいっそう単純明快であった。しかし法然・親鸞の専修念仏は、インドの天親《てんしん》や中国の曇鸞《どんらん》・道綽《どうしゃく》・善導《ぜんどう》の浄土思想を導入して、その単純化を理論づけたけれども、日蓮の題目は日本の持経者の伝統からみちびき出された。唱題に先行して六字名号の念仏や釈迦念仏、または南無大慧《だいえ》妙法蓮華経の唱題などがあったが、密教の修法次第の「神分《じんぶん》」に大般若経や般若心経の経名だけを唱える唱題もそのヒントになったかもしれない。というのは、このお題目を書いた俗にヒゲ曼荼羅《まんだら》という本尊「大曼荼羅」は諸天善神のほかに天照《あまてらす》皇大神と八幡大菩薩を書き加えるからである。これは実に護法善神をおがんだり、山神・水神その他の日本大小の神祇をまつる持経者や、山岳修行者に共通する。

たいていの山岳修行者や遊行者というものは、単純明快な信仰と実践と唱言《しょうごん》や陀羅《だら》尼《に》をもっていた。今の山伏も馬鹿の一つ憶えのように、「南無大日大聖《だいにちだいしょう》不動明王」とノーマクサンマンダバザラダの不動真言一点張りである。命をかけた者は単純明快な論理でなければ命は捨てられないし、単純な唱言を命かぎり高声に唱えなければ、カリスマは蓄積されない。その意味で「旃陀羅が子」と持経者であった日蓮にとって、お題目は必然のアルファでありオメガであった。日蓮のほかに題目はなく、題目のほかに日蓮はないといってもよいかもしれない。

三　日蓮の神性と「凡血《ぼんけつ》の笹」

日蓮の魅力のもう一つは、そのドラマチックな生涯とゆたかな人間性であろう。日本の説経祭文や古浄瑠璃、あるいはお伽草子《とぎぞうし》などの中世庶民文芸を見ればわかるように、人間はドラマチックな艱難辛苦《かんなんしんく》の末に、神になる。この論理がわからないと、十月のお会式《えしき》に、池上《いけがみ》本門寺を中心に人の海が出来、団扇《うちわ》太鼓の音が爆発する理由が理解できない。富士の大石寺《たいせきじ》にあつまる人々や創価学会員は、もうすこし理屈っぽいが、一般庶民の日蓮信者にとって、日蓮は神あるいは神以上のものである。それは法華経のためでもあるが、実にドラマチックな受難のせいであり、その神性をたしかめるために、信者は日蓮の法難の聖蹟をめぐるのである。

それでは迫害や受難が、どうして人間を神にするのか、ということがわからないと、日蓮の魅力の源泉がわからない。これはキリスト教の聖人《セイント》の受難とちがって、日本の庶民信仰では、人間の能動受動の苦行や艱難は、その人間の罪や穢《けが》れを消滅して、完全に浄化されたとき神になると信じたからである。このような庶民信仰の構造と滅罪の論理を、日蓮も意識しないし、信者も知らないが、日蓮の魅力はあの度重なる法難がなければ、今日見るようなものでないことは、たしかなのである。

日蓮の法難は御消息にも出るし、歴史的にも証明されるが、現在のように受難説話ができ、聖蹟寺院で説経や絵解《えとき》がされるまでに成長するには、やはり庶民信仰というものがはたらいている。私の子供のころはよくドサ廻りの一座が、「日蓮上人一代記」

を上演してあるいていた。それは「忠臣蔵」とおなじぐらいに一般的であった。すなわち日蓮上人の人間像は歴史と民衆の合作でできあがったものなのである。日蓮の伝説の中に「凡血《ぼんけつ》の笹」というものが、安房の清澄寺にあるが、清澄寺は日蓮が入寺・剃髪出家し、青年時代を送ったところである。日蓮の信仰の基礎はここでできたにちがいない。ここで日蓮は日夜水を浴びて修行したといわれ、ついに倒れて笹の上に血を吐いたというのである。これなどは人が神になるための滅罪を、もっと象徴的に語ったもので、滅罪すれば血液がすっかり換《かわ》ってしまうという観念の説話化にほかならない。日蓮はたしかに青年時代にはげしい荒行の水行をおこなったであろうが、日蓮を神格化する庶民信仰では、血を吐かなければならなかった。

これに似た説話は、中世末期に日蓮のような壮烈な生涯を送った弾誓《たんせい》にもあって、彼は生存中から生仏《いきぼとけ》と自覚し、また生仏として遇せられた。そしてみずからを「十方西清王法国光明満正《まんしょう》弾誓阿弥陀仏」と称し、その説法を「弾誓経」と言ったが、この自覚は佐渡の檀特山《だんとくさん》での水行中に凡血《ぼんけつ》を出して換骨の法をおこなった結果であった。

RHマイナスの血液交換のような話であるが、『弾誓上人絵詞伝』(上巻)によると、水行中に伊勢・熊野・八幡・住吉・春日の五社の神があらわれ、阿弥陀仏に即身成仏するための前段階として、「神道の秘奥」を授けた。それには凡骨では駄目なので、換骨の法を行おうと、背筋を割られた。

熊野は前に立給へり。八幡宮は利剣を提《ひっさ》げて、上人の背筋を截割《きりわり》、凡血を出し給ふ。天照太神は神水を汲《くみ》て頂上に洒《そそ》ぎ給へば、痛も疵も更になく、心眼開けて恰《あたか》も睡夢の覚たるが如し。

このように滅罪して凡人から生きながら神となり、次の段階で即身成仏するというのが、庶民信仰というもので、これが日蓮に投影されると「凡血の笹」になる。すなわち日蓮を法華経や仏教だけから見たのでは、何故日蓮が当時の庶民をうごかし、また現代にも大衆をうごかしているのかという秘密はわからない。しかし庶民は日蓮に神性をみとめ、そのカリスマによって病気を治し、商売繁昌をもたらそうと祈るとともに、御消息にあらわれたゆたかな人間性によって抱きとられようとする。神性の日蓮は力であり、人間性の日蓮は情なのである。この二面性をもつことによって、日蓮の魅力は大きくなった。

日蓮の人間性はやはりそのドラマチックな生涯の艱難《かんなん》辛苦の結果でもあるが、坂東の荒々しい風土と「旃陀羅が子」と生れた庶民への共感が根底にあるとおもわれる。何不自由のない暖衣飽食《だんいほうしょく》の中から、庶民の痛みに共感できる宗教家が生れるはずもない。日蓮は身延《みのぶ》に入った晩年にも、生い立った小湊《こみなと》を忘れなかった。山に入って草を見れば若布《わかめ》かとおもい、海苔《のり》かとおもうと『新尼御前《にいあまごぜ》御返事』に書いている。この御消息の新尼御前も、おそらく姑《しゅうとめ》の大尼御前《おおあまごぜ》も、貧しい漁夫の未亡人で、磯の海苔を採って生計を立てていた人々であろう。それが自分で採って干した「あまのり」（紫《むらさき》海苔《のり》）を人につけて身延まで送って来たのに対する礼状である。

峰に上りてわかめ《若布》やおひたる《生》と見候へば、さるにてはなくしてわらび《蕨》のみ立ちならびたり。谷に下りてあまのり《紫海苔》やおひたると尋ね候へば、誤りてや見るらん、せり《芹》のみしげりふしたり。古郷のことはるかに思ひ忘れて候ひつるが、今このあまのりを見候て、よしなき心思ひ出でて、うく《憂》つらし《辛》。片海・市河・こみなと《小湊》の磯のほとりにて昔見しあまのりなり。（下略）

まことに純粋で素直な心の持主であったことを、このような消息で知ることができ、これが日蓮の神性と相俟《あいま》って、庶民をひきつけたものであろうとおもう。

IV

南北朝史と山伏

一　山伏と修験

従来の日本仏教史では、山伏《やまぶし》の歴史について述べることは、ほとんどなかった。これは教団の仏教または政治、経済と仏教の関係だけが仏教史で、庶民の仏教が重んじられなかったためである。また山伏（山臥）という名称は、正式の呼名でなかったので、記録や文献にあらわれることが、すくなかったことにもよるであろう。

ちかごろようやく庶民信仰の立場から、山伏がとらえられるようになった。山伏とよばれる宗教者は、仏教でも神道でも陰陽道《おんみょうどう》でも、宗派や教団とかかわりなしに、庶民信仰の立場から自由に無差別に、また歪曲《わいきょく》してとりいれて、独自の信仰体系と実践体系をつくりあげていた。したがって山伏が天台宗に属したり、真言宗に属したりした場合は、本来の山伏ではない。また江戸幕府の宗教統制で、本山派（天台宗聖護院《しょうごいん》）

や当山派（真言宗醍醐寺）に所属させられた段階では、ほんとうの山伏ではなくなっている。本来の山伏というに価するのは、法華経や大般若経を読み、真言陀羅尼《だらに》を誦し、念仏をとなえ、陰陽道の符《ふ》や呪《じゅ》や祭文《さいもん》で祈り、岩屋に禅定《ぜんじょう》を行じ、山岳を抖擻《とそう》跋渉《ばっしょう》する宗教者である。その生活は弊衣《へいい》蓬髪《ほうはつ》で木食《もくじき》（五穀《ごこく》断《だち》・十穀断）や水垢《みずご》離《り》、火生《かしょう》三昧《さんまい》、不眠不動、遊行《ゆぎょう》などの苦行と禁欲の浄行をするのが常であった。近世に入って山伏が本山派や当山派に属して寺に安住するようになっても、本来の山伏道を行ずる木食遊行者は、けっして少なくなかったのである。

山伏を修験《しゅげん》とよぶ場合もおなじで、修験道というものが固定した教理や教団をもった段階では、修験というに値しない。すくなくも平安時代には、一匹狼のように孤独な山籠《さんろう》や、弾定や抖擻《とそう》をおこなうものがあり、実際に「山の聖《ひじり》」として奇蹟（験）をあらわす力をもつ山伏が多かった。たとえば浄蔵《じょうぞう》とか仲算《ちゅうざん》とか行尊《ぎょうそん》などはそれで、多くの文献や文学に験がかたられている。修験という語も、私の見るところでは十世紀末に勝算《しょうさん》という山伏にもちいられたのが早い。藤原実資の『小右記』天元五年（九八二）三月二十五日の条に、

（円融天皇が）仰せられて云ふ。勝算は年《ねん》、臈《ろう》共に浅く、其の難有りと雖《いえど》も修験《しゅげん》の聞《きこ》へ有り。内供《ないく》に補するは何《いか》んと。

とあり、その翌日の二十六日条にも

(太政大臣が)奏せられて云ふ。勝算法師、年臈浅しと雖も、殊験《しゅげん》尤《もっと》も顕はる。左右《さう》勅定《ちょくじょう》在る可《べ》しと。

とあって、若年で僧位僧官もないけれども、天皇側近の護持僧(内供十禅師)に補任された。すなわち苦行と禁欲の結果、病気を治し災《わざわい》を攘《はら》う験力《げんりき》が公的にみとめられたのである。

平安時代にはこのような山伏が、貴族社会のみならず一般庶民の精神生活も、健康や生産活動も支えていた。しかしその身分は低く、仏教教団組織のなかでは、学僧の従者か堂舎の雑役者にすぎなかった。今も昔もおなじで、宗教的実践をするものよりも、学問と儀式に通じたものが上位を占めたからである。このような山伏は比叡山ならば「堂衆」あるいは「夏衆《げしゅう》(花衆《げしゅう》)」とよばれ、『平家物語』(巻二)で有名な

堂衆といふは、学匠《がくしょう》(学生)の所従《しょじゅう》なりける童《わらわんべ》の法師になりたるや、もしは中《ちゅう》間《げん》法師ばらにてもやありけむ。(中略)三塔に結番して、夏衆《げしゅう》と号して仏に花参《まいら》せし者どもなり。しかるを近年行人《ぎょうにん》とて、大衆(学匠)をも事ともせず、(下略)

とある存在であった。かれらはガードマンとして腕力をもち、武具兵仗《ひょうじょう》を帯びて僧兵ともよばれ、中世の比叡山は堂衆に占められてしまった。

かれらがみずからを「行人」と称したのは、山岳修行または苦行をすることを誇りとしたからで、現在の比叡山の信仰を支える回峯行《かいほうぎょう》は、この行人の修行形態であった。

いかにその苦行がはげしかったかを、知ることができよう。

高野山でも山伏階級にあたる「行人」が、大峯山や葛城山で山岳修行をおこない、奥之院の支配権をもち、山内の警察権と自衛権を担当した。私は弘法大師の山岳密教の伝統を保持したのは行人だったし、高野山の境内、山林はもとより、荘園を維持したのもかれらだったとおもう。学侶はそのシャッポにすぎなかったのである。この行人は弘法大師にならって木食《もくじき》をしたり、入定《にゆうじよう》を実践するものがあったはずであるが、この実践はむしろ出羽の湯殿山《ゆどのさん》の「行人」や放浪の木食遊行者（弾誓《たんせい》・但唱《たんしよう》・円空《えんくう》・徳本《とくほん》・行道《ぎようどう》など）の方にうけつがれた。そして山伏（山臥）の名称は、多く大寺に属さないで村落や民間に住む、山岳修行の先達《せんだつ》と行者にもちいられた。

修験道がほんとうに生命をもったのは平安時代までであった、と私はかんがえるが、その時代に熊野と吉野、すなわち大峯山に大修験集団が出来たために、山伏は驕慢《きようまん》になった。行人一人一人はきびしい修行者であるが、集団となれば力を誇る傲慢《ごうまん》な暴力集団になりやすかった。平安末期の熊野詣《くまのもうで》時代から、鎌倉時代の武家政権によって保護され、武力的にも経済的にも天下を左右する実力集団として君臨した。しかもその通信網や指揮系統も、山伏の足と潜行能力で、全国に張りめぐらされた。この集団の運営と意志決定は「集会《しゆえ》」や「大衆僉議《だいしゆせんぎ》」という民主的合議制によったが、全体的な実力過信が、かれらを南北朝動乱の中に深入りさせたものと、私はかんがえている。

二　雲景未来記《うんけいみらいき》

南北朝動乱での山伏の活動は、よく話題になるわりには、実態があきらかでない。山伏もすべて天皇方、南朝方だったわけではなく、分裂や寝返りがつねにくりかえされたが、概して南朝支持であったことは、その政権が吉野と熊野の修験集団の勢力圏内にあったことでもよくわかる。すくなくも反武家勢力として、大部分は行動した。また山伏はゲリラ戦を得意としたし、情報による後方攪乱《こうほうかくらん》をさかんにおこなった。『太平記』に出る天狗の話は、たいていこうした山伏の情報活動として解釈できるものである。そのような中に「雲景《うんけい》未来記」がある。

貞和《じょうわ》五年（一三四九）は南朝年号の正平四年で、その前年の正平三年正月に南朝勢の中心となった楠木正行が四条畷《しじょうなわて》で敗死し、高師直《こうのもろなお》は余勢を駆《か》って大軍をもって山伏の本拠、吉野を攻めた。そのため吉野一山は焦土と化して、吉野行宮《あんぐう》の後村上天皇は賀名生《あのう》にのがれた。南朝の敗北が決定的になった年である。ところがこのころから天狗がさかんに出没するようになる。すなわち京中では貞和五年六月十一日に、四条橋の勧進田楽《かんじんでんがく》の桟敷《さじき》が崩れて多大の死傷者が出た。この惨事の原因は、不思議な山伏が桟敷の柱を倒したためだといわれ、それは天狗の所行とされた。

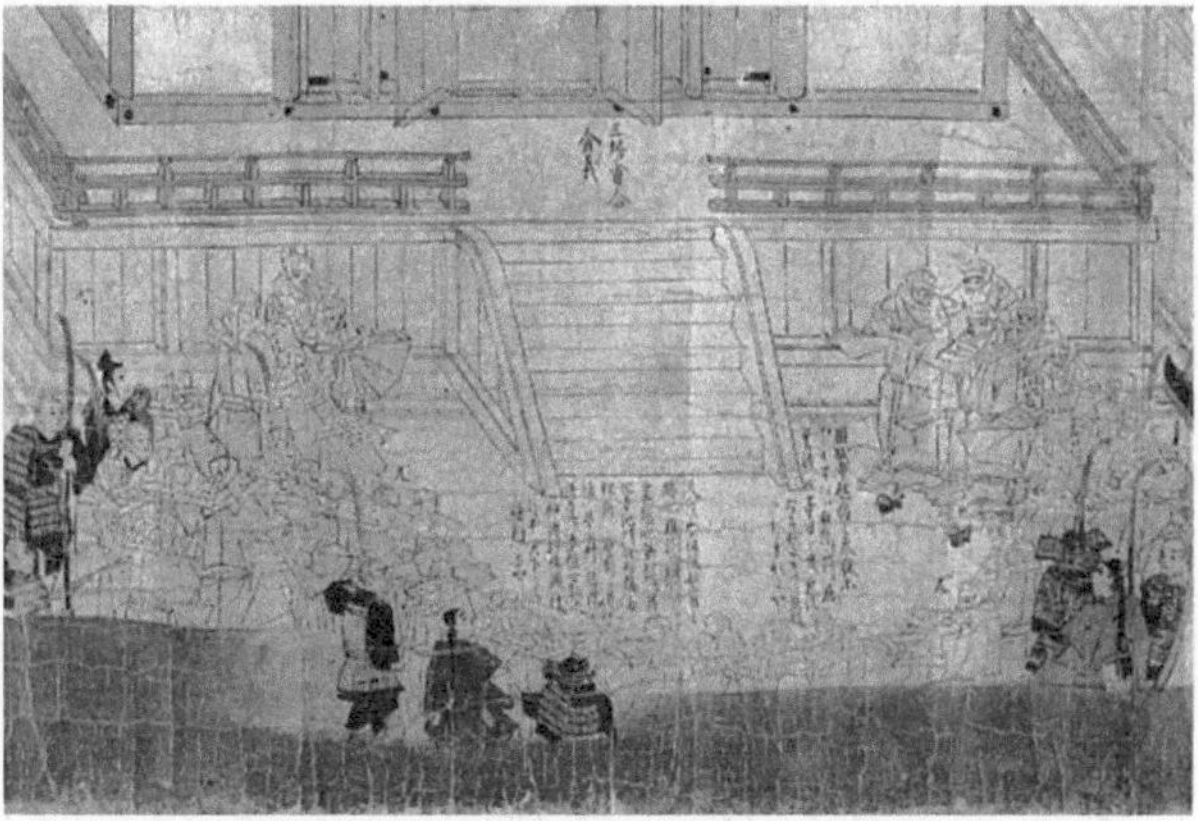

講堂前の大衆簽議　『天狗草紙絵巻』延暦寺巻

　此の時彼の山伏、長講（比叡山の僧）が耳にささやきけるは、余《あまり》に人の物狂はしげに見ゆるが憎きに、肝をつぶさせて、輿を醒《さま》させんずるぞ。騒ぎ給ふなと云て、座より立て、或桟敷の柱を、えいやえいやと推すと見えけるが、二百余間の桟敷、皆天狗倒しに逢てけり。

と、反体制分子の爆弾事件のようなことを山伏がやっている。

　このとき羽黒《はぐろ》山伏の雲景というものが、「未来記」という予言を書いた「告文」を世間に披露した。これは熊野牛玉《ごおう》紙の裏に書いて、天皇に奏上するというものであるが、その写しと称する怪文書を山伏がばらまいて、人心を攪乱《かくらん》したのであろう。その内容は四条河原の桟敷崩れから九日後の六月二十日に、雲景は年六十ばかりの見知らぬ山伏にさそわれて愛宕山《あたごやま》へ登った。

此の山伏、雲景が袖を控へて、是まで参り給ひたる思出に、秘所《ひしょ》共を見せ奉らんとて、本堂の後、座主《ざす》の坊と覚しき所へ行たれば、是又殊勝《しゅしょう》の霊地なり。（中略）引導の山伏に、如何なる御座敷に候ぞと問へば、山伏答けるは、上座なる金の鵄《とび》こそ、崇徳院にて渡らせ給へ。其の傍なる大男こそ、為義入道の八男、八郎冠者為朝《ためとも》よ。左の座こそ代々の帝王、淡路廃帝、井上《いがみ》皇后、後鳥羽院、後醍醐院、次第の登位を逐て悪魔王（天狗）の棟梁《とうりょう》と成り給ふ。（下略）

という次第であった。そのほかに歴史上有名な高僧も天狗となってこの座に列し、一同で「天下を乱すべき評定」をしていたというのである。

この座の長老の山伏は愛宕の太郎坊天狗であったが、雲景に天下の政治の誤りが天下大乱の原因であることを、いろいろの例をあげて語ってきかせた。四条河原の桟敷崩れもそのために起ったことであり、後醍醐天皇の治世も、北条、足利の政治も正しくないと批判する。

夫《そ》れ仁とは、恵を四海に施し、深く民を憐れむを仁と云ふ。夫れ政道と云ふは、国を治め人を憐れみ、善悪親疎《しんそ》を分たず、撫育《ぶいく》するを申す也、而《しか》るに近日の儀、聊《いささか》も善政を聞かず。欲心熾盛《しじょう》にして、君臣父子の道を弁《わきま》へず。唯人の財《たから》を我が

有にせんと計《ばかり》の心なれば、（下略）

という政道論とともに、ちかごろ京中で評判の高い「村雲の僧」という、行徳権勢の聞え高い僧は、天下の天狗の中から選ばれて「乱世の媒《なかだち》」として、京中に遣わされた謀略の名人だと話してくれる。事実このような山伏が後方攪乱のために京中につくった、カムフラージされたアジトもあったのであろう。

愛宕の太郎坊天狗は源平の争乱から、承久《じょうきゅう》の乱や南北朝争乱が、すべて天狗のスケジュールであり、今後は足利尊氏と直義兄弟の不和、高師直《こうのもろなお》と師泰《もろやす》兄弟の争い、その他の父子兄弟の怨讐《おんしゅう》と下剋上《げこくじょう》をおこして、再び天下を大乱に陥《おとしい》れると予言をする。実際に南北朝争乱は、正平三年の楠木氏滅亡と吉野陥落をもって決着がついたはずであるのに、こののち明徳三年（一三九二）の南北両朝和睦合体まで約半世紀のあいだ、複雑怪奇な乱世が継続する。また南北合体後も後南朝史のような、真相不明の隠微な事件が継起するのは、歴史の陰の部分に暗躍する山伏の動きがあったことを暗示するものといえよう。

三　動乱の中の山伏

「雲景未来記」では、南北両朝の正閏《せいじゅん》は、三種の神器の正当な授受をもって決すべしといっているが、これは『太平記』の根本思想であり、水戸学の『大日本史』にも一貫している。しかし私は山伏が南朝に味方したのは、北朝を武家方の傀儡《かいらい》と見て、真の現人神《あらひとがみ》は南朝の天皇であるとし、天皇に天皇霊を鎮魂（たまふり）して現人神たらしめる呪力が、三種の神器にあるとみとめたためだろうとおもう。

日本の庶民信仰では、清浄な人間に神がやどれば、天皇でなくとも現人神になる。また仏がやどれば即身成仏《そくしんじょうぶつ》する。シャーマンとしての山伏に神がやどれば、現人神として予言と奇蹟（験）をあらわすことができると信じられた。この精神構造が山伏をして、現人神の南朝に味方させたのであろう。そのために後醍醐天皇は元弘元年（一三三一）には比叡山の僧兵（行人）をたより、また笠置《かさぎ》の山伏にかくまわれた。笠置が落ちてからの楠木氏の抵抗は葛城修験を背景とする赤坂城と千劔破《ちはや》（千早）城においてであり、城の水の手は「五所の秘水とて、峯通る山伏の秘して汲む水」であった。

楠木氏と葛城修験の関係は、次の落首にもあらわれている。

たかまの山の　峯の楠
余所《よそ》にのみ　見てややみなん　葛城の

また千劔破城の有名な策略である「火の梯《かけはし》」では、長さ二十丈（約六十メートル）の梯を造って、敵兵が渡りかけたところを「投松明のさきに火を附て」梯を焼いてしまうが、これは山伏がよくおこなう「柱松《はしらまつ》」の投松明を応用したのである。山伏は入《にゅう》峯《ぶ》や出峯《しゅつぷ》の「柱松」の験競《げんくら》べには、二、三十メートルの松の先に投松明を投げ上げて、その点火の遅速を競うものであった。

元弘三年（一三三三）の吉野城軍《しろいくさ》は、大塔宮護良親王《だいとうのみやもりよし》を擁する吉野の山伏（大衆《だいしゅ》）が、愛染《あいぜん》宝塔に城郭を構えたのであるが、ここは吉野修験発祥の地で、金精《こんせい》明神（今の金峯《きんぷ》神社）の上にあたる聖地である。もと安禅《あんぜん》寺があったので「愛染《あいぜん》」とよばれ、その宝塔の土壇は今ものこっている。吉野川を脚下にめぐらす要害であるけれども、山上ヶ嶽の搦手《からめて》から攻められて落城する。この時大塔宮は自害しようとして、蔵王堂《ざおうどう》の広庭で最後の酒宴をひらくが、木寺相模というものが舞った歌は、山伏の延年《えんねん》にうたう宴曲《えんきょく》の一首であったとおもう。

戈鋋剣戟《かせんけんげき》を降事《ふらすこと》、電光の如く也。磐石《ばんじゃく》を飛《とば》す事、春の雨に相同じ。然りとは云へ共《ども》、天帝の身には近づかで、修羅《しゅら》かれが為に破らる。

しかしいつの世にも過去の行きがかりや、目前の利益のために節を枉《ま》げるものもある。元弘三年正月十六日の吉野城軍《しろいくさ》のときも、吉野執行《しゅぎょう》岩菊丸は、敵の二階堂道蘊《どううん》の案内者となって搦手を内報し、吉野落城にみちびく。笠置の戦のあとで大塔宮熊野落ちのときも、熊野の、三山の別当常遍《じょうへん》僧都《そうず》は、「無二の武家方にて候へば」と、「田舎山伏の熊野参詣す体《てい》」に見せて、熊野へ逃げ込もうとする大塔宮一行をうけいれなかった。これは熊野三山別当は湛増《たんぞう》以来、源氏に恩顧を感じていたので、山伏道よりも義理によって行動したのである。

かくて山伏の内部分裂もあって、正平《しょうへい》三年正月二十八日、吉野一山は高師直のために焼かれてしまう。『太平記』（巻二十六）「吉野炎上事」は

魔風盛《さかん》に吹懸て、二丈一基の笠鳥居、二丈五尺の金《かね》の鳥居、金剛力士の二階の門、北野天神示現《じげん》の宮、七十二間の廻廊、三十八所の神楽屋、宝蔵、竈殿《へついどの》、三尊光を和《やわら》げて、万人頭を傾くる金剛蔵王の社壇まで、一時に灰燼《かいじん》と成はて、煙蒼天《そうてん》に立上る。浅ましかりし有様《ありさま》也。

とのべているが、これはまた日本の修験道の衰退の一歩でもあった。そのために蔵王堂の復興には百年以上を要し、康正二年（一四五六）に高さ三十四メートルの蔵王堂がようやく再建された。

この炎上が大峯修験道にとって、いかに大きな打撃であったかは、その後熊野から吉野までの入峯、すなわち順峯《じゅんぷ》（春峯入《はるみねいり》）が絶えたことでもわかる。そのために白山《はくさん》修験が勢力をのばして、全国に白山神社をひろめることになった。また羽黒山や彦山《ひこさん》、立山のような地方の修験も独自の修験道を生み出し、それまでの大峯修験道への従属関係を断ち切ることになったのである。

室町時代の仏教と神道

一　本地垂迹《ほんじすいじやく》説と反本地垂迹説

仏教は日本に入ってから、神道との交渉を避けることはできなかった。聖徳太子や蘇我氏のように、仏教を重んじた皇族、豪族の進歩派が政権をとったので、仏教は優位に立ち、大化の改新はこの進歩派によって推進された。したがって改新の詔《みことのり》を出した孝徳天皇は『日本書紀』に

仏法《ほとけののり》を尊み、神道《かみのみち》を軽《あなず》りたまふ。

とまで書かれている。しかし一般庶民には祖先崇拝や呪術宗教の対象として、神も仏も同じ神霊であった。

神と仏を同じ超越者とする庶民信仰は、奈良平安時代には山岳宗教、あるいは山岳仏教の形をとった。すなわち山神を崇拝するのに、陰陽道や密教や法華経をもちいた

のである。しかしその崇拝対象はあくまでも山神であるという意味では、神を軽んじたわけではない。むしろ神の力を増し、神をよろこばす手段として、密教の陀羅尼《だらに》をとなえたり、法華経や大般若経を転読した。

従来、歴史学や仏教学は、本地垂迹説《ほんじすいじゃく》といえば、仏が主人で神がお伴のように説いているが、民俗学（庶民信仰）の立場からいえば、庶民にとっては仏も神も同等どころか、神を主体として拝んでいた。ということは十一面観音を通して白山の山神（白山妙理《みょうり》権現）を拝んでいたのであるし、地蔵菩薩を通して伯耆《ほうき》大山《だいせん》の山神（大智明《だいちみょう》権現）を拝んだのであった。したがって奥之院は山頂の神社で、中腹や山麓の寺院はその御前立《おまえだち》が拝殿という形になる。もちろん経済的管理は中腹や山麓の寺院の手にゆだねられるので、政治的・経済的には寺院と僧侶が優位に立つ。これがいかにも仏が本地で神が垂迹のように見えるけれども、宗教的には僧侶も神への奉仕者であった。

このような庶民信仰の神と仏の関係がわからないと、室町時代以降の仏教と神道の関係が理解できない。一般に神仏習合といえば本地垂迹説となっており、インドの仏が日本で神とあらわれたから、仏を本地とし、神を垂迹とすると説かれている。そのために伊勢神宮にも宇佐八幡にも、賀茂、北野、祇園等にも神宮寺ができたといわれるが、これは神宮寺がそれぞれの本社に奉仕する組織だったのである。また東大寺大仏造立に、宇佐八幡がわざわざ九州から手伝いに行きたいとの偽託宣があり、手向山《たむけやま》八幡がまつられることになるが、これも神が大仏造立をよろこぶというジェスチュアがないと、一般庶民を納得させることができなかったからである。

日本仏教史の大家、辻善之助博士は、文献学的に本地垂迹説を研究した結果、この説は平安時代の中頃からはじまり、鎌倉時代に理論化されたとしている。それは神を菩薩と称したり、権現号を奉り、神前で読経し、神のために僧を得度奉仕させ、やがて本地仏を安置するようになったからだという。しかしこれらの現象は、価値観を裏返していえば仏教が神祇に奉仕する姿である。決して神を軽しめることではない。ただ仏教には本体（実《じつ》）と現象（権《ごん》）の思想があって、絶対者である仏（如来）は本体で目に見えないが、それが権《かり》に現れたのが菩薩《ぼさつ》や明王《みょうおう》や天部《てんぶ》（神）だという。しかしこの論理からいえば、目に見える現象（権現）がなければ、本体である仏も存在しないということになり、どちらが鶏でどちらが卵かわからない。

この権現思想だと、伊勢の内外宮《ないげくう》の本地は金剛界、胎蔵界の大日如来であるが、大日如来そのものは宇宙に遍満する実在で、姿のないものである。ちかごろは曼荼羅《まんだら》ばやりだけれども、密教の真意では曼荼羅全体に図画された諸尊が大日如来で、中央に宝冠をかぶっている大日如来は存在しない。そうすると垂迹とかんがえられた伊勢の内外宮の神の方がもとで、そのおかげで大日如来の実在が認識される。このような論理で、神こそ根本であり、仏はその枝葉や花や実であるという主張が、室町時代に出はじめた。

神を本地とし仏を垂迹とする「反本地垂迹説《はんほんじすいじゃく》」または「跡高本下説《しゃくこうほんげ》」（垂迹の神が高く本地の仏が低い）は、まず『太平記』（巻十六）の「日本朝敵ノ事」に見えている。

第一の御子天照太神《てんしょうだいじん》、此国の主《あるじ》と成て、伊勢国御裳濯《みもすそ》川の辺《ほとり》、神瀬下津《かみがせしたつ》岩根《いわね》に跡を垂れ給ふ。或時は垂跡の仏と成て、番々《ばんばん》出世の化儀《けぎ》（菩薩明王の利益）を調《ととの》へ或時は本地の神に帰て、塵々刹土《じんじんせつど》（日本国土）の利生をなし給ふ。是則跡高本下の成道《じょうどう》也。

このような主張は、一般に理解されている「本地垂迹説」（仏が本地で、神は垂迹）からすれば、百八十度転換したコペルニクス的転回のようにおもわれている。そして戦前にはこの思想の根源はすでに鎌倉時代の『日本書紀』の研究にあって、卜部懐賢《うらべかねかた》の『釈日本紀』（巻五）に

大日本国は、真言教の大日の本国なり。

といった国粋思想にある、といわれていた。実は私も史学科の学生時代には、中世の神仏習合を卒業論文にしたので、この思想は蒙古《もうこ》襲来を契機におこった「神国思想」が基だろうなどと、青くさい結論を書いた。しかし庶民信仰あるいは庶民仏教、修験道といったものを主体とした日本仏教の歴史を見るようになって、この信仰（思想ではない）は古代からずっとかわらずにあり、現在でも一家の中に神棚と仏壇を並立さ

せ、神棚を上に、仏壇を下に置くことに思い到った。まさに「跡高本下」のサンプルみたいなものである。

しかし私がこんなことを言ったからといって、急に神主さんに威張り出されては困る。実は「本地垂迹」の、「反本地垂迹」のというのは、坊さんと神主さんが勝手に喧嘩して、おっちょこちょいの思想家、インテリなるものが尻馬に乗っただけのことである。世の中には庶民だけにまかせておけば、事は平穏無事にはこんでゆくのに、インテリや思想家が気の利いたような口を出すので、喧嘩になったり戦争になったりすることが多い。現実を理念化し、その理念（主義）で現実をうごかそうとするために、トコトンまで争うのである。仏教と神道の争いの歴史は、坊さんと神主さんの争いであって、これをまた腹黒い政治家や野心家が、鹿爪《しかつめ》らしい顔で利用したのである。靖国問題なども庶民的発想が置き去りされている、と私はおもう。

二　卜部《うらべ》兼倶《かねとも》と吉田神道

京都の文教地区である吉田山の山麓には吉田神社があり、そこから参道をすこし登ると、太元宮《たいげんきゅう》という別の社がある。もっともこの山は神楽岡《かぐらがおか》というのが正式の名称で、吉田神社があるので吉田山とよばれる。この神楽岡に太元宮斎場所《さいじょうしょ》がつくられたのは、応仁の乱後の文明十六年（一四八四）のことで、今から五百年前である。そしてこれを造ったのは吉田神社の祠官《しかん》、卜部《うらべ》（吉田）の兼倶《かねとも》であった。

兼倶は卜部（吉田）家の家学である『日本書紀』にも通じていたらしいが、その本質は政治家、あるいは企業家で、今なら宗教産業の成功者である。彼は「反本地垂迹説」と「跡高本下説《しゃくこうほんげ》」という思想をうまく利用して、大金儲けをした。というのは、これで「吉田神道」を立ててその家元になり、全国の神官の免許状を出すことにしたからである。しかもこの吉田神道は仏教を理論にも作法にも行事にも、利用することを忘れなかった。したがって明治維新の神仏分離のように、仏教をねじ伏せるというのでなく、柔道の手で、仏教の力、とくに密教の力を利用して、神道を仏教よりも優位においた巧みな政治家であった。

私は吉田家の記録を見ていないが、私の知るかぎりでは、江戸時代に吉田神道の裁許状のお得意さんは、田舎の山伏《やまぶし》であった。かれらは社持《しゃもち》といって村の神社の別当寺か庵に住んで、神社を管理していた。したがって神官の免状を持つ方が便利なので、吉田家の裁許状をもらって、本山派（聖護院）や当山派（醍醐三宝院）の山伏免状と二枚鑑札をもっていたのである。またその妻が御子《みこ》巫《かんなぎ》であれば、その裁許状も吉田家からうけていたものがのこっている。

吉田神道の根本思想を書いた書は『唯一《ゆいっ》神道名法《みょうほう》要集』（『続群書類従』神祇部）で、

奥書は平安時代に卜部《うらべ》兼延《かねのぶ》が書き、関白道長と頼通が一見したとある。すなわち

　万寿元年　七日　唯一長　卜部兼延証明畢

　　加㆓一見㆒畢　　　　　　桑門行覚《御堂殿御法名》

　長元九年四月廿一日

　　加㆓一見㆒畢　　　関《宇治殿》白御判

となっているけれども、卜部兼倶自身の著であることは定説になっている。この奥書に「唯一長」とあるのは、兼倶は吉田神道を「唯一宗源《ゆいいつそうげん》神道」とよび、また自分の地位を「神祇管領長上《じんぎかんれいちょうじょう》」と称していたことの略称とおもわれる。実は神祇官の長官は神《じん》祇伯《ぎはく》、白川家で、神官の裁許状も白川家より出るべきはずであったが、その権利を兼倶は買収したらしいのである。

『唯一神道名法要集』には、仏教と神道の関係を、聖徳太子の「密奏」として

　吾が日本に種子を生じ、震旦《しんたん》に枝葉を現わし、天竺《てんじく》に花実を開く。故に仏教は万法の花実。儒教は万法の枝葉。神道は万法の根本。彼の二教（仏教・儒教）は皆、神道の分化なり。

といっている。神道は種子または根で、儒教は枝と葉、仏教はその上に咲いた花と実だというのである。仏教に花をもたせた巧妙な妥協説であるが、根本は神道だときめつけている。これを神道史では「三教枝葉花実説」とよんで通っているが、私は「三

教根枝花実説」とよぶべきものとおもっている。しかもこれは江戸時代の復古神道のように、正面から仏教を排撃するのでなく、仏教を利用しながら神道を立てているという意味で、庶民信仰にも共通するところがあった。そのために修験道からもむかえられたものとおもうが、これはまた江戸時代の復古神道家からの攻撃の的となった。平田《ひらた》篤胤《あつたね》の『俗神道大意』では、

　サテ吉田家ノ神道行事ハ、モト真言ヲマナンデ始タルコトユエ、其壇モ四角ナルベキニ、八角ニ作テ秘事トイタシ、神道ハ八ノ数ヲ用フルナドイヒ、神道護摩、宗源行事、十八神道、コノ三ツヲ三科ト立テ、（後略）

と、密教との関係を非難する。しかし兼倶は神道加持《かじ》、神道灌頂《かんじょう》、安鎮法《あんちんほう》、切紙伝授《きりがみでんじゅ》、十八道《じゅうはちどう》などもとりいれており、修験道から学んだものがきわめて多い。またその神道理論も顕密二教、浅略深秘《せんりゃくじんぴ》、金胎《こんたい》両部などの密教、あるいは両部《りょうぶ》神道をうまく利用している。

三　兼倶の詐術

ト部兼倶の唯一宗源神道は、当時における新宗教だったとおもわれるので、宮廷の保守派からは反対が多かったらしい。これをうまく切り抜けたのは、私の見るところ

ではデマ宣伝と買収という権道《ごんどう》によったものとおもう。いまの週刊誌のような暴露記事がないのでよく分らないが、『宣胤《のぶたね》卿記』や『実隆《さねたか》公記』でそれがうかがわれる。

まず彼は延徳元年（一四八九）の「神異《しんい》密奏《みっそう》」という一件で、神楽岡《かぐらがおか》の斎場所《さいじょうしょ》、八《はっ》神殿《しんでん》太元宮《たいげんきゅう》に伊勢の内宮外宮が移って来られ、神器が多数落下したと奏上する。

　去る三月二十五日夜の亥刻《いのこく》、風雨雷鳴の刻、黒雲八流、斎場の両宮幷《なら》びに八神殿、及び太元宮の上に靡《なび》き降《くだ》り、其の中に光気二つ有り。（中略）八神殿の前、太元宮の後の庭上に一霊物有り。則ち之《これ》を抱き奉り、太元宮に安じ申し畢《おわ》んぬ。又今月（十月）四日、戌の刻、天気殊に快晴の折節、天より円光一流長さ三丈余降臨し、（中略）神器数多出現す。希代の思を成し奉り、則ち之を頂戴し、又太元宮に安置し奉り畢んぬ。（下略）

とあって、この神器を天皇の叡覧に供したいと申し出ている。しかし三条西実隆《さねたか》も中《なか》御門《のみかど》宣胤《のぶたね》も、これは不審だから用心しなければならないといったのは当然のことであろう。ところが兼倶を支持して、これは「大神宮真実の御体」であるといい、「御不審は口惜しく候」とまで奏上したのは、何と兼倶の仇敵たるべき神祇《じんぎ》伯《はく》白川家の忠富《ただとみ》王《おう》であった。私はこれを理解するには、買収がおこなわれたものとしなければならないとおもう。

ところで京都市民一般の反応はどうかといえば、『翰林葫《かんりんこ》蘆《ろ》集』の「吉田大神宮に詣る」の詩などによると、このデマを信用して続々太元宮へ参るものが多かった。これは当時伊勢神宮が荒廃していたという事情もあるが、兼倶はアルバイトなどを傭って、口うるさい京雀の口コミでこのデマを市中に流したらしい。この一件は『ぬなは（蓴菜）の草紙』という草紙本でうかがうことができる。

　吉田家の祖兼倶といへる人、伊勢内外宮共、神体吉田に飛ばせ給ふ、そのしるしに鴨川の水塩あるべし。是二見《ふたみ》の潮に乗じて来格ましますゆへと奏問《そうもん》し、賀茂の川上に塩俵数多うつ（埋）ませたり。謀計あらはれ、それより卜部の徒を伊勢へ参宮あらはにゆるさぬ事になん。

　兼倶はこのくらいのことはする人であったとおもうが、同時に宮廷や貧乏公卿への買収工作も怠りなかったであろう。その結果、延徳元年十一月十九日夜、後土御門天皇は吉田斎場所降臨の霊器なるものを叡覧あらせられた。しかしこれを不服とした三条西実隆は出頭せず、「毎事面壁の如し」と日記に書いている。

　しかし私は『唯一神道名法要集』などを見ても、兼倶は神儒仏の三教によく通じた人であるし、庶民信仰への理解もあった人で、頑《かたくな》な仏教家、神道家、儒学者よりも、現実的な宗教家であったとおもう。そのために三教いずれからも攻撃をうけたが、宗教の使命は庶民のより良く生きようとする要求にこたえ、生きることに安心をあたえなければならないもので、一宗一教にこだわらなかったのは立派だったとおもう。その詐謀やデマも彼の信念から出たものだったので、宮廷も世間もうごかされ、結果的に成功したのであろう。

一休禅師と『狂雲集』

一　「堅田の一休」と「風狂」の一休

戦前の日展で、平福百穂《ひらふくひゃくすい》の「堅田《かただ》の一休」が大きな評判になったことがある。墨絵で表現された葦《あし》の中の孤舟に座禅する青年時代の一休の気迫が、見る人の胸にひびく清潔な名画であった。ここでは永遠の求道者としての一休、大徳寺の名僧としての一休が、日本人の心の中に定着しているのを、平福画伯は水墨の画題にとりあげたのである。

ところが一休和尚《おしよう》はまた「一休頓智《とんち》話」の主人公としても人気がある。求道者になる前の小僧時代の一休は、すごく頭がよくて、頓智やウイットがどんどん湧いてきたとでもしなければ、「堅田の一休」とつながらない。頓智話の一休は、あまりに奇策を弄《ろう》する悪賢い小僧だからである。もちろん『一休咄《ばなし》』という頓智小僧の説話群は、江戸時代にできたもので、中世の「和尚と小僧」型の笑話形式の昔話が集められたものだから、室町時代の実在の一休とは関係がない。寛文八年（一六六八）に四巻本として刊行され、元禄十三年（一七〇〇）に五巻本で再刊され、子供に人気のある昔話になった。この頓智小僧を一休和尚としたのは、一休という禅僧が奇行に富んだ人と、一般に伝えられていたからであろうが、子供たちはその奇行が何であったかは、ほとんど知らなかったのである。

一休和尚像（東京国立博物館、出典：ColBase）

ところが戦後は大人のあいだで、この奇行が問題にされ出した。それは文芸評論家が一休の詩集『狂雲集《きょううんしゅう》』をとりあげるようになったからで、この詩集のかなりの部分が、「魚行酒肆《ぎょこうしゅし》婬《いん》坊《ぼう》」を詠じて、きわめて露骨な表現の多いことが、文学として興味をひいたためである。たとえば唐木順三氏の『中世の文学』や、加藤周一氏の『日本文学史序説』、水上勉氏の『一休』や西田正好氏の『一休――風狂《ふうきょう》の精神』などである。そこに見られるのは破戒僧一休を通り越して、色情狂一休でしかないが、戦後の寛容なヒューマニズムやエロチシズムは、これこそ人間一休の面目躍如《やくじょ》たりと喝采《かっさい》を惜しまない。柳は緑、花は紅で、あるがままの欲望も煩悩もかくさないところが、かえって大悟徹底した禅僧らしいというのである。

しかしこれでは「堅田の一休」の面目はまったくないし、禅僧のイメージから言っても困ることなので、『狂雲集』は単なる文学であり、フィクションにすぎない、実際の一休の行動とは別である、という弁護論が、禅宗史の側から出されている。その場合は名僧一休の生涯を弟子達が編纂した『東海一休和尚年譜』が使われることになり、『狂雲集』のような破戒の事実は何一つ存在しないことになっている。その上この年譜は一休の誕生を、後小松天皇の落胤《らくいん》で応永元年（一三九四）の一月元日に生れたなどと、すこし出来すぎているのが気がかりである。作家や評論家のように、合理主義と自由精神の権化みたいな人々が、年譜を信用しないのもやむを得ない。

そこで最近では頓智小僧の一休はさておき、『狂雲集』の一休と年譜の一休の矛盾を、どう解するかというい ろいろの試論が出される段階に来ている。本稿もその試論の一つになるとおもうが、私は『狂雲集』を文学的フィクションとする立場はとらない。そこにはすぐれた文学的表現はあるけれども、それも一休の行動や思想を表現したもので、事実のないものをあったかのごとく表現したのでないことは、一読してわかるからである。この詩集は禅の祖師や寺や霊境を賛したり、禅語を述べたり、風光や季節を詠じたりするとともに、禅僧の腐敗や世相を罵倒諷刺《ばとうふうし》する。そしてその間にしばしば婬坊《いんぼう》や婬事や愛欲を露骨に詠むのである。したがってこの詩集を年譜に重ねてみれば、青年時代の一休は「堅田の一休」に見られるような、向上《こうじょう》の一路を驀直《まくじき》に進む求道者であったが、中年以後、彼の性格と教界の名利や分派抗争のために、孤立した批判者になって行き、奇行にはしるようになったものと見ることができるだろうとおもう。

一休が禅僧としてもっとも得意な時代をあらわすのが、堅田の師、華叟宗曇《けそうそうどん》三十三回忌をつとめた長禄四年（一四六〇）の「自賛」で、

華叟の子孫、禅を知らず、
狂雲（一休）の面前、誰か禅を説く。
三十年来、肩上重し、
一人荷担す、松源《しょうげん》の禅。

とある。禅なんか知らないよ、といいながら、松源から虚堂《きどう》、そして大燈《だいとう》国師にいたる禅の正統を自分一人で背負っているという。このとき一休は五十八歳であったが、このころから彼は奇行にはしり、破戒を破戒とせぬ酒肆《しゅし》婬坊への出入りから、禅の枠を越えた自由の世界に超越してしまう。

二　森侍者への愛

一休の晩年の風狂と奇行は大悟徹底の遊戯《ゆうげ》三昧《ざんまい》とすれば、持戒破戒、あるいは正邪善悪を越えたものであるから、彼は堂々と詩に作ってすこしも隠さない。これこそ露《つゆ》堂々《どうどう》で、禅僧の詩として古今無双であろう。『狂雲集』には次のような前書《まえがき》の詩がある。

昔、一婆子《ばす》（老婆）有り。一庵主（独住の若僧）を供養して二十年を経たり。常に一の二八（十六歳）の女子をして飯を送り給侍せしむ。一日女子をして（若僧に）抱定《いだきつき》して云はしむ。「正恁麼時如何《こんなときなんとする》」と。庵主云く。「枯木寒岩《こぼくかんがん》に倚《よ》る。三冬《さんとう》暖気無し」と。女子帰りて挙似《（報告）》す。婆子（老婆）云く。「我二十年、只《（此）》箇の俗漢《（俗物）》を供養し得たり。追出して庵を焼却せよ」と。

老婆心、賊の為に梯《（はしご）》を過《（かけ）》て、
清浄の沙門に、女妻を与ふ。
今夜の美人、若し我（一休）に約《（ちぎり）》せば、
枯楊《（かれやなぎ）》の春老いたりとも、更に稊《（若芽）》を生ぜん。

この詩は若僧が恰好をつけて、自己をいつわり、娘を枯木に譬《たと》え、自己を寒岩とし

て、すこしも暖気を感じないといったので、老婆は二十年の修行は何のためか、と怒ったという有名な話である。可愛いと言えなかったのは、未熟で痩我慢があるからであった。したがって一休は、俺だったら老いたりと雖《いえど》も若芽を生ぜんと言ったのである。

ところがこの程度ならばどの禅僧でも言うが、一休は婬坊の、「抱持唼吻興」をうたい、「吸美人婬水」を詠ずるにいたって、物議《ぶつぎ》をかもすことになる。おなじ『狂雲集』（下巻）には「婬水」や「美人陰有水仙花香」、あるいは「喚我手作森手」などと題する詩もあり、ここで盲女森《しん》への執心が歌われる。これは文明二年（一四七〇）仲冬（十一月）十四日に、大阪住吉の薬師堂で盲女森に出会ってからのことで、一休ときに七十六歳であった。盲女森は住吉薬師堂の縁日に「艶歌《つやうた》」を歌っていた瞽女《ごぜ》で、その容姿はこの時代に描かれた『七十一番職人歌合』でうかがうことができる。

この森女、または森侍者は大悟徹底後の一休をかざる花であった。アッシジの「小さい花」というにはあまりに水仙花香が強すぎるが、聖者一休には森侍者がなければ、一幅の画に描いた禅僧にすぎなくなる。この森侍者との出会いも『狂雲集』の前書にくわしく出ていて、一休が子供のように、手放しで喜んでいることがわかる。

余（一休）薪園小舎（薪《たきぎ》の一休寺）に寓すること、年有り。森侍者、余の風彩《ふうさい》を聞き、已《すで》に嚮慕《(恋ひしたふ)》の志有り。予《よ》も亦焉《またこれ》を知る。然るに因循《いんじゅん》して今に至る。辛卯《かのとう》の春（文明三年）墨吉《すみよし》（住吉薬師堂）に邂逅《かいこう》し、問ふに素志《そし》を以てす。則ち諾して応ず。因《よ》りて小詩を作り、往日の間何闊《（前世から）》の懐《おもひ》を述ぶ。且つ今日来の不束《（手離し）》の喜を記す。

昔を憶ふ、薪園居住の時。
王孫の美誉《びよ》、相思《そうし》を聴く。
多年の旧約、即ち忘後《（夢中になる）》、
猶ほ玉堦《（たまのきざはし）》を愛す、新月の姿。

ここで前詩の文明二年の冬と文明三年の春の相違があるのは、はじめ住吉薬師堂の十一月十四日の縁日で、瞽女《ごぜ》の中に森女を見初《そ》め、翌年春正月か二月に薪の一休寺に引き取ったことをあらわすもので、一休の記憶違いではあるまい。この前書《まえがき》の中で、森女は一休の風采をきいて「嚮慕《きょうぼ》の志有り」というのも、一休の自信の程《ほど》が知られて面白い。面皰《にきび》の出た青年のような一休である。「王孫の美誉」といったのは貴公子の美貌の評判ということであるが、これをもって後小松天皇が南朝高官の遺女を愛して生れた、という『東海一休和尚年譜』の証拠とする論者は、真面目すぎて見事に一休に背負投げを喰わされたのである。

しかしこれらの詩をエロチシズムで興味をもつことが悪趣味であるとおなじように、禅語だけで割り切るのも、真実を逸することになろう。一休は森女の若い心と肉体に、

拘《とら》われずに拘われているのである。どちらに偏しても一休は地獄に堕ち、仏に唾《つば》を吐きかけられる。したがって一休は森女との邂逅は、前世からの約束と真実に思っている。

「何闊《かかつ》」（何ぞ久闊なる）は、「前世から」という意味に解されよう。もしこの語が文学的フィクションであるならば、一休は森女に対して老醜の一詐偽漢《さぎかん》でしかあり得ない。その上一休は森女に三世まで添い遂げようとするのであるから、その執着は並々でない。

　　弥勒下生《みろくげしょう》を約す　二首

盲森夜々、吟身を伴《とも》にす。
被底《（蒲団のなか）》の鴛鴦《（おしどり）》、私語《（ひそめごと）》新たなり。
新たに、慈尊《（弥勒）》三会《さんね》の暁を約す。
本居の古仏《（一休）》、万般の春。

これに対して森女も真実をもってこたえたであろうから、薪園の春は世の毀誉褒貶《きよほうへん》をよそに、長生殿《ちょうせいでん》の春のごとく、長閑《のどか》だったにちがいない。

　　森美人の午睡《（ひるね）》を看る

一代風流の　美人、
艶歌清宴曲、尤も新たなり。

新吟腸断す、花顔の靨《えくぼ》
天宝の海棠《かいどう》、森樹の春（楊貴妃）

三　風狂と愛の美学

「堅田の一休」と『狂雲集』の一休は、宗教あるいは禅を考える者の、永遠の課題である。公式の禅僧としての一休は、おそらく応永元年（一三九四）にどこかで生れ、六歳で安国寺の喝食《かっしき》（童子）となり、応永二十二年（一四一五）二十三歳のとき、堅田の華叟宗曇《けそうそうどん》の禅を慕ってその門を叩いた。華叟は大燈国師宗峰妙超《しゅうほうみょうちょう》の禅を継いだ徹翁義亨《てっとうぎこう》の法嗣、言外宗忠《ごんがいそうちゅう》の高弟であるが、名利を離れて江州堅田に隠栖していた。したがって華叟は容易に青年僧一休の入門を許さず、死を決した一休は五日間、その門前や琵琶湖の孤舟の中で、風にそよぐ葦《あし》をききながら座禅した。その覚悟がみとめられて師事すること九年、一夕鴉《からす》の鳴声を聴いて大悟徹底し、華叟に印可《いんか》されたという。

しかし華叟にはもう一人の弟子、養叟宗頤《ようそうそうい》があり、早く大徳寺に出世したが、一休はこの出世主義者を生涯のライバルとした。これが狷介不羈《けんかいふき》の性格と相俟《あいま》って、一休を孤高にして奔放な奇行の人としたとおもわれる。そのためにいろいろと尾鰭《おひれ》がついて、頓智の一休になったのであろう。彼も一度は大徳寺に晋住《しんじゅう》するが、多くは各地の小寺小庵を転々し、最後に南山城の薪村に落着き、森女と安住した。その間うろうろと村や街を歩いて婬坊《いんぼう》や酒肆《しゅし》に出入したらしく、住吉の薬師堂の縁日で、瞽女《ごぜ》の「艶歌」などに聞き惚れていたのであろう。このような行為は大燈国師が四条の橋の下の乞食の群に混って、二十年を過したということにも先蹤《せんしょう》があるけれども、廓庵《かくあん》禅師の『十牛図』の「入鄽垂手《にってんすいしゅ》序十」に

瓢《ひさご》を提《さ》げて市に入り、杖を策《つ》いて家に還る。酒肆魚行、化して成仏せ令《し》む

とある悟りの境涯に当るともいえる。これはまた『華厳縁起』では『宋高僧伝』の「新羅国元暁《がんぎょう》伝」の

氏（元暁）は東海湘州《しょうしゅう》の人なり。（中略）発言狂悖《はつごんきょうはい》にして、跡を示すに乖疎《かいそ》なり。居士（俗人）と同じく酒肆倡家《しょうか》に入る。

を引用し、また大安聖者が銅鉢を叩いて市中を「大安大安」と叫んで歩いたということに相通じ、そう珍しいことでもなかったのである。

このような人々は仏教を高踏的な宗教とせず、庶民の中の仏教を志向したのであろう。一休も民衆に禅を説くのでなく、民衆の中に禅を見出そうとしたのだとおもう。民衆の素朴で粗野で露骨な表出は、行いすました枯木寒岩《こぼくかんがん》の禅よりも、はるかに真箇《しんこ》の禅と見たにちがいない。一休の罵声と諷刺《ふうし》は、つねに貴紳豪家と伽藍叢林《がらんそうりん》に向けら

れていて、民衆には触れず、民衆の中に森女のような永遠の女性を見出すのである。一休は乞食《こつじき》二十年の大燈国師の禅に、庶民の人間臭さ、汗臭さを見ていたのではないかとおもう。禅には煙霞《えんか》の癖《へき》などという自然観照があるが、同時に人間観照があるべきであろう。自然観照に美の世界が開かれるとするならば、人間観照にも美の世界が開かれて然るべきものである。大徳寺禅の茶禅一味は、自然と人間の調和ということであろう。いやその一如こそ禅であり、同時に茶である。一休の禅からすれば、その人間は抽象化されず、概念化されない生身の人間でなければならない。西洋の芸術の伝統では人間観照は裸像となる。これに対して一休では禅である。

御阿古《（森女カ）》の開浴《（入浴）》に寄す
裸体如何と　衆人は見る。
花顔、翠黛《すいたい》、紅塵を洗ふ。
老僧《（一休カ）》は灌沐し、浴開の後、
漫泉《（寝床）》に行幸《（楊貴妃と玄宗）》す、天宝の春。

このような一休の人間観照の禅は、裸婦も性も対象化せずに、自《じ》家薬籠中《かやくろうちゅう》のものとしている。したがってこれに拘《とら》われたり、執着したりせずに、手玉に取っているのである。手玉に取らなければこんなに自由に露骨に詩にできるはずはないが、これをアレョアレョと見ている私たちも、いつの間にか手玉に取られてしまう。そして一休は悟っているのか、色情狂なのか、色情狂の振りをしているのではないか、それを五山の叢林の禅にあてつけているのではないか、などと要らぬ心配をするのである。『狂雲集』は一禅家の信仰告白の書であり、すぐれた中世文学であるとともに、東洋には珍しい愛の美学と性の美学の書であるとおもう。常識では矛盾だらけだけれども、この矛盾をどううけとめるかで殺人剣とも活人剣ともなる。そして一休はこの剣を禅の伝統の中よりも、市鄽《してん》村里や酒肆婬坊の庶民から得たのであろうと、私は信じている。

真盛上人と常念仏

一　真盛上人伝の不断念仏

先日、私は真盛上人《しんせい》の旧蹟で、現在天台真盛宗《しんせい》（旧天台宗真盛派）の本山、西教寺《さいきょうじ》を訪ねた。西教寺は比叡山の東麓、坂本の北端にあって閑寂な聖域である。ここからはほんとうの比叡山（日吉山《ひえ》）である波母山《はも》（八王子山）の秀麗な姿がよく望まれて、この山が古代から信仰対象であったことをうなずかせる。京都から見える比叡山は、実は四明嶽《しめいがたけ》で、ほんとうの比叡山ではないのである。

私は書いているものの都合で、この比叡山（日吉山）の山神をまつった日吉《ひえ》神社の、社殿配置をもう一度たしかめたかったので、三橋《さんきょう》のあたりの秋色をさぐりながら、西教寺を訪れたのである。はたして三橋の紅葉はまさに最高潮であったし、境内は人の雑踏もなく神さびていた。そして西教寺から見る八王子山も松と紅葉をこきまぜた、すばらしい大和絵風景であった。

西教寺山門へ入ると、真直ぐにのびた参道の両側の楓樹《かえで》も淡紅《たんこう》から真紅《しんく》まで、濃淡さまざまに紅葉して、この世ながらの寂光土《じゃっこうど》であった。この境内に入ったときから澄んだ鉦鼓《しょうこ》の音が、間《ま》をおいてゆっくりひびいていたが、本堂の庭までくるとはっきりと、それはこの寺特有の常念仏《じょうねんぶつ》の鉦《かね》の音であることがわかった。十数年前にこの寺を訪ねたときは、この常念仏に奉仕するのは老女一人だけということで、もう廃滅してしまったかとおもっていたが、まだ存続していたことを知ってうれしくなった。私はすぐ西教寺本坊の受付をたずねて、この常念仏の現状をうかがってみた。しかし居合わせた僧侶はあまり関心がなくて、要領を得なかった。ちかごろ、このように自分の寺の歴史や行事に無関心で、サンスクリットの仏教語だけをひけらかす坊さんが多くなったのは、どうしたことであろうか。実はこの寺の常念仏には、日本仏教の庶民的伝統がかくされているのであるが、いまの坊さんは日本の仏教よりも、インドの仏教や仏蹟に関心がつよい。そして隠された庶民の念仏の伝統には、あまり興味をしめさないのである。

私はあきらめて本堂の方へもどってくると、鉦の音が止んで手提げを下げた老人が出て来た。早速私はこの老人を呼びとめて、いろいろの事を聞くことができた。現在この常念仏に奉仕するのは三人で、二日ずつ交代なので、二日間は朝九時から十一時半までと、午後一時から四時までの二回、合計五時間半、鉦を打って念仏をする。ゆっくり節をつけて念仏一回ごとに鉦を一打するので、間《ま》をおいて鉦の音がするのである。この老人はちょうど二日の当番がすんだところで、これから四日間休めるのだという。自分は七十歳で、八十歳の老婆と六十六歳の同行がおるという。その八十歳の老婆が、私が十数年前に見た常念仏の老女であった。

この常念仏を西教寺では、「不断念仏」といっており、真盛上人の各種伝記も不断念仏としている。近頃できた『天台真盛宗読本―真盛仏法入門―』には

信行相続《しんぎょうそうぞく》を真盛上人は、不断念仏という形でおすすめになりました。上人が一代の間にお建てになったお寺は、みな不断念仏の道場です。西教寺はそれの根本道場で、上人入寺以来十七万日、なお今日まで不断念仏が続けられています。山門をはいるとすぐ聞える幽邃《ゆうすい》な鉦の音は、十七万日不断念仏の響です。西教寺のほかに、越前では引接寺《いんじょうじ》、西光寺《さいこうじ》、新庄の放光寺、大野の青蓮寺と蓮光寺、伊賀では西蓮寺《さいれんじ》、浅生田の九品寺《くほんじ》、大野木の西福寺、三田の西盛寺、伊勢では西来寺《さいらいじ》、成願寺《じょうがんじ》、作田（佐田）の恵光寺、赤間（岡）の称名寺、射和《いざわ》の蓮生寺、野田の光泉寺などの名がご伝記に出ています。

と出ているだけである。しかし私は真盛上人のはじめた「不断念仏」は「常念仏」のことで、撞木《しゅもく》置かずの念仏だったとおもう。この点をはっきりしておかないと、真盛

上人が天台宗の念仏の改革者であったという意味がはっきりしなくなる。真盛の不断念仏は九十日間不断でも七日間不断でもなく、永遠に不断の間断《かんだん》なき念仏だったはずである。私はこれは「不滅の聖火」や「不滅の法灯」とおなじく、一刻も断やしてはならぬ厳しい口称と詠唱の念仏だったとおもう。

私が十数年前に会った老女も、これは撞木置かずの念仏で、一人が休むときはすぐ他の人が撞木を取るはずだといっていた。東国（常陸下総下野《ひたちしもうさしもつけ》）の彼岸の天道《てんとう》念仏も「撞木置かず」といわれたが、これは彼岸七日間のことであった。これを永遠不断とするのはまことに厳しいことである。しかもその番衆は老人三人というようなものでなく、真盛に帰依《きえ》した僧俗は、すべてよろこんでこの撞木の順番を待ちのぞんだことであろう。私がこのように推定するのは、真盛伝の中には、別に四十八日の「別時念仏」があるからで、これには二十四人か十二人の結番衆や堂僧がつとめたとおもわれるからである。これは合唱だから一時に多数を要するが、不断念仏（常念仏）では三人か四人が二、三時間ずつ交代でつとめ、次の日は次の三、四人と交代することができる。

もちろん天台宗の不断念仏は、正覚《さとり》を開くための四種三昧《ししゅざんまい》の中の常行三昧《じょうぎょうざんまい》から出ている。これは九十日間無休息の念仏を堂僧が交代でつとめたが、平安中期には七日の不断念仏になった。『栄花物語』の「山の念仏」がそれで、仲秋明月を中心におこな

われる趣味的なものになっていた。『三宝絵詞』（下）の「比叡不断念仏」に

念仏は慈覚大師のもろこし《（唐）》より伝て、貞観七年より始行へるなり。四種三昧の中には、常行三昧となづく《（名付）》。仲秋の風すゞしき時、中旬の月明なるほど、十一日の暁より十七日の夜にいたるまで、不断に令レ行なり。身は常に仏を廻る。身の罪こと〴〵くうせ《（失）》ぬらむ。口には常に経を唱ふ。口のとが皆きえ《（消）》ぬらむ。心は常に仏を念ず。心のあやまちすべてつき《（尽）》ぬらむ。（下略）

とある。しかしこのような七日不断念仏を真盛上人が繰り返すはずはない。永遠不断を目指したことは、西教寺境内の常念仏の「万日回《まんにちえ》向碑《こうひ》」が明確に物語っている。

二　常念仏万日回向碑

真盛上人の伝記は、大永六年（一五二六）の『真盛上人往生伝記』三巻と、弘化二年（一八四五）の『円戒国師絵詞伝』三冊、享保四年（一七一九）の『真盛上人別伝』、元和《げんな》三年（一六一七）の『西教寺中興真盛上人伝』（西方尼寺伝）などがあるが、常念仏のことは出ない。そうすると永遠不断を目指す常念仏と、真盛の不断念仏は異なるかという疑問が出てくる。しかし現在西教寺の本堂前には元禄七年（一六九四）の碑をはじめとして十二本の万日回向碑が立っていて、真盛入寺の文明十八年（一四八

六）を起点として、日を数えている。しかしその日数がかならずしも正確でないのは、途中で中断したのを元禄七年あたりで再興したことを物語るものであろう。しかもそのころから、この不断念仏（常念仏）を俗人の講中に委《まか》せたものとおもわれる。

万日回向碑は次のようにあり、元禄七年のものは

元禄七年甲戌天三月十五日

（梵字／キリーク）奉称念弥陀宝号七万余日　有縁無縁皆成仏道

和邇《わに》真光寺相那《だんな》井口氏政次

万日回向碑　大津市・西教寺

とあり、次の「八万日念仏回向碑」は享保五年の建立で、文明丙午《ひのえうま》（十八）年からはじめられた由来が刻されている。次が「九万日回向」で寛保四年三月十五日供養で、施主は上坂本中とある。「十万日供養回施法界塔」は安永六年三月二十一日供養で、「十一万日回向、十万相越《だんおつ》、四来緇素《しそ》、法界含識《がんしき》、同生安養」碑は文化九年壬申三月の供養である。施主、伊勢亀山の伊藤喜《き》扈《ゆう》が宝山自照居士の菩提のために立てた。「十二万日回向」は天保十四年三月、「十三万日回向」は明治八年、「十四万日回向」は明治二十

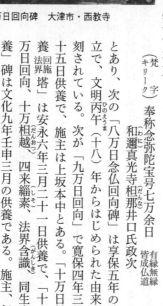

七年十月で、西教寺実成坊相方中《だんぼうちゅう》が建立した。「常念仏十五万日回向」は大正六年四月上旬であり、「常念仏十六万日回向」は昭和十九年四月上旬、そして最後の「常念仏十七万日供養」は昭和四十七年十一月十一日で、西教寺念仏講世話方中野平蔵と宝光寺檀徒徳永良三建立である。

ところがこのような万日回向は鳥取市外の湖山《こやま》町栖岸寺《せいがん》にもあり、この寺は浄土宗である。ここの常念仏は江戸初期の承応三年（一六五四）からで、発願者は沙弥《しゃみ》露身《ろしん》とあるから、おそらく遊行者《ゆぎょうしゃ》の聖《ひじり》がはじめたものであろう。そして明暦二年（一六五六）には一千日結願《けちがん》回向があり、二万日回向塚（正徳六年）、二万三千日回向塚（享保九年）、二万五千日回向塚（享保十四年）、三万日と三万五千日回向塚（宝暦四年）、三万二千日回向塚（年号不明）、四万日回向塚（明和六年）、五万日回向塚（寛政四年）、六万日回向塚（文化五年）、七万日回向塚（弘化五年）、八万日回向塚（明治十一年）、九万日回向塚（明治四十一年）、十万日回向塚（昭和十三年）、十一万日回向塚（昭和四十三年）等がある。

またもっとも注意すべきものに、弾誓《たんせい》系の常念仏があって、弾誓の三世、信州松本の光明山念来寺《ねんらいじ》の唱嶽木食長音《もくじきちょうおん》上人は、元和七年三月十五日に常念仏を始めている。『信州筑摩《ちくま》郡松本領光明山念来寺常什物《じゅうもつ》記』によると、

元和五己未歳法国光明弾誓仏《(たんせいぶつ)》第三世法孫沙門唱嶽木食長音上人開基、而《しこうして》自ラ

本尊造即安置、常念仏始テ開闢《かいびやく》于時元和七辛酉、歳三月拾五日自レ爾《それより》已来《いらい》称号不退之霊場也享保二十乙卯年迠凡一百十九歳ニ当レリ。明和八辛卯年迠百五十歳に当レリ

とある。またこの系統の信州大町市の弾誓寺にも、常念仏万日供養碑が林立している。そして唱嶽長音の六世、空幻明阿《くうげんみようあ》上人は東叡山護国院の常念仏を請け取って（引継いで）、宝永七年（一七一〇）に弟子の寮坊主豆州光明院華空が三万日回向をしている。おなじく享保七年江戸目黒の涅槃《ねはん》山安養院で明阿の弟子寮坊主恵定が三万日回向をし、信州松河組板取邑《いたどりむら》の雲照院常念仏も、明阿の弟子寮坊主全空後順と空後智光が、元禄十一年に開闢《かいびやく》した。諏訪領松本の百瀬邑《ももせむら》正念寺常念仏は享保四年に明阿上人が請け取って千日供養をしたまま中絶したのを、浄土宗勤《そうきん》なるものがまたまた請け取って二千日回向をしたとある。

　このように常念仏は中絶しやすいものであるが、それを請け取って継続することも出来たので、真盛上人の常念仏形式の不断念仏も中絶して、元禄七年に再興されたのであろう。そしてその碑がさきにのべた西教寺本堂前の十二基の万日回向碑であるということになる。

三　真盛上人の念仏と持戒

私が真盛上人の偉大さを知ったのは、学生時代の恩師、牧野信之助先生が、室町時代社会史のなかで、しばしば室町時代仏教に言及されたときであった。先生は越前の出身で、熱心な念仏信者であった。その越前が真盛の活躍地の一つであった。したがって『真盛上人御伝記集』を編著し、熱烈な讃仰《さんごう》序論「人としての真盛上人」を添えている。先生は真盛にベタ惚れで、室町時代仏教は真盛と本願寺の蓮如《れんにょ》と、真宗高田派の真慧《しんね》に代表され、この三偉人が同時代に生きたのは不思議なことだとされた。しかしその所論は天皇、上皇、将軍、守護大名等に授戒や説教をしたことや、持戒堅固であったこと、そしてその随従者が熱心のあまり、上人の説法を聞くと入水往生《じゅすいおうじょう》をする者が多いことを強調するだけであった。上人の不断念仏とは何なのか、持戒と念仏の関係はいかなるものかは説かれなかった。

いま真盛上人の伝記をくわしく語る余裕はないが、元和三年の『西教寺中興真盛上人伝』（西方尼寺伝）五巻の標記だけ拾っても、その概略は分《わか》るであろう。㈠誕生教勧（嘉吉三年伊勢壱志《いちし》郡小倭庄大仰郷に生る。）㈡淵中現瑞、㈢入寺薙髪《ちはつ》、㈣篠木住居、㈤参宮霊夢、㈥住山修学（比叡山西塔の木存法印に師事、二十五歳で灌頂をうける。）㈦黒谷蟄居《ちっきょ》（叡山黒谷青龍寺に隠棲。）(八)大黒天秘法一千座、(九)感得要集、(一〇)法楽説法、(一一)東山入院（横川《よかわ》の末院の西教寺に入寺して中興する。これが文明十八年二月晦日《みそか》で、伝記には書かれないが、万日回向の常念仏はこの日から数えたのである。）(一二)夢中感薬、(一三)兼知死期、(一四)猿受十念、(一五)義政受戒、(一六)越府惣社、(一七)神馬十念、(一八)真然真能（義政の愛妾の出家と入水往生）、(一九)西来教寺（伊勢安濃津《あのつ》西来寺建立に龍女の加勢があった。）(二〇)朝倉請寺（越前一乗谷安養寺で授戒した。）(二一)鷹受十念、(二二)西光教寺（朝倉の武将、入信して岡の西光寺を建てる。）(二三)幽霊十念、(二四)上人病悩、(二五)天子受戒、(二六)畠山請待《しょうたい》（畠山義就帰依《きえ》して、河内高屋城に招き、説法を聞く。）(二七)山王炎上、(二八)越前下向、(二九)蓮生龍燈、(三〇)牛受十念、(三一)末後説法、(三二)遺誡示寂《ゆいかいじじゃく》、(三三)送終儀則、(三四)盛存盗衣、(三五)真範入水、となっている。

　私は日本仏教の歴史には、表（寺院）の仏教と裏（庶民）の仏教史があるとおもっている。したがっていま西教寺の常念仏の鉦《かね》の音と、本堂前に林立する常念仏万日回向碑は、真盛の表の伝記では説明されないのである。私がこれについて聞こうとすると、寺僧が皆逃げてしまうのは、裏の仏教史がわからないからなのである。しかし真盛ゆかりの寺には、近江、伊勢、伊賀、越前にわたって、皆これがあったのだから、これを無視して、真盛を語ることはできないであろう。

　真盛の持戒と念仏は、比叡山の円頓戒《えんとんかい》の伝統と、常行三昧念仏で説明されないこともない。しかし私は比叡山が山岳宗教の山であることを忘れてはならないとおもう。そうすると念仏が自己否定の苦行の一形態であり、永遠相続を目的とする理由がわかるとおもう。常念仏の苦行によって結縁の信者も死者も滅罪され、「十方相越、四来緇素、法界含識、同生安養」が実現される。また山岳宗教は不滅の法灯や不滅の法香、あるいは入定《にゆうじよう》による永遠の生命、山上洞窟埋経による仏法の永続など、つねに永遠を志向する。したがって一般仏教の無常とか空《くう》とかの否定概念とは正反対の、永生《ようしよう》、永遠への執着で、神仙術、仙薬、木食断食《もくじきだんじき》、入定《にゆうじよう》、如法経《によほうきよう》などを実践する。永遠相続の常念仏はこの延長線上にあったといえる。

弾誓系の念仏はもっとも明確に、持戒と念仏と苦行をむすびつけたもので、これは即身成仏して永遠の生命を得ようとするものであった。この一派の常念仏と真盛の不断念仏は、裏の仏教史のどこかで連なっているが、いまその結節点を明確に把握することができない。また真盛の追随者に入水往生者が多いということも、入定とおなじ信仰から出ているとおもわれ、真盛の説法にはこれをうながす基調があったものとおもう。このような裏の仏教史の伝統は西塔黒谷《くろだに》や廃滅した宝幢院《ほうどういん》、あるいは横川にあったらしいが、その一つの表現が比叡山回峰行《かいほうぎよう》にのこったと見ることができよう。

中世の禅宗と放下・暮露

一　禅と念仏の交流

日本仏教は南都六宗といったり、八宗十三派といったり、またそれぞれの宗派に多くの分派ができて、五十派以上の教団がひしめき合っている。そのほか単立寺院という宗教法人法の落し子のような教団も何百とあって、管長や宗務総長をつくるために、頑張っているのではないかとおもうほどに、百花斉放《ひやつかせいほう》である。しかしこれを大きくまとめると、密教と法華経と禅と念仏の四教になってしまう。どの宗派も教相判釈《きようそうはんじやく》という物指《ものさし》をもっていて、顕教《けんぎよう》と密教、聖道門《しようどうもん》と浄土門、難行《なんぎよう》道と易行《いぎよう》道、自力と他力あるいは十住心論（十種の宗教の優劣）や五時八教などという物指で測って、自分の宗派が最高だと主張する。各宗の宗立大学は、この物指を教えるためにあるようなものである。しかし私の庶民仏教宗の教相判釈は、四教無差別ということになる。日本では律も華厳《けごん》も唯識《ゆいしき》（法相《ほっそう》）も形だけになり、三論や成実《じょうじつ》や涅槃《ねはん》はほろびたも同然であるが、それにもかかわらず、どうして四教だけがのこったのか、というのは日本仏教をかんがえる上の大問題である。しかしこの大問題を論ずるいとまはないので、ここでは中世の禅と念仏の無差別を見ておきたい。

禅といえばもっぱら自力で見性成仏《けんしょうじょうぶつ》するのだし、念仏といえば他力で極楽往生しようとするもので、全くの正反対である。それが庶民信仰の上では無差別だったのは、どうしたことであろうか。すでに見たように、鎌倉時代中期の法燈《ほっとう》国師（心地覚心《しんちかくしん》）は、入宋して仏眼《ぶつげん》禅師（無門慧開《むもんえかい》）の印可《いんか》を受けた臨済宗法燈派の祖であるとともに、踊《おどり》念仏をする高野聖萱堂《こうやひじりかやどう》派の祖でもあった。のちにできた法燈国師の伝記『鷲峯《じゅぶ》開山法燈円明国師行実年譜《ぎょうじつねんぷ》』（聖薫比丘《しょうくんびく》編、南北朝時代）では念仏のことは載せず、ただ高野山での活動は『慈願上人所草録』と『師之縁起』にこれをゆずっている。この『師之縁起』というのは、高野山側の記録『非事吏事歴《ひじりじれき》』のいう『法燈別伝』にあたる『法燈行状』らしいが、これには心地覚心の分身である覚心というものが、心地覚心の命で萱堂を建て、萱堂聖の祖となったとしている。ともあれ萱堂は専修念仏の道場であり、高野山で高声《こうじょう》念仏と鉦叩《かねたたき》念仏および踊念仏のゆるされた、別格の道場であった。その上、踊念仏の一遍上人は法燈国師に紀州由良《ゆら》で参禅し、その印可をうけたとある。ここでは踊念仏の一遍は逆に念仏から禅に近づいている。

　このような禅と念仏の併修《へいしゅう》と交流は、偶然におこったとは言い難い。これは当時の宋の禅が念仏と併修する念仏禅であったという解釈もあるが、日本の庶民仏教では念仏禅とちがって、死者の霊魂と供養を、禅と念仏の両方にもとめている。日本仏教では正覚《しょうがく》を開くという第一義よりも、仏教の呪力に霊魂の救済をもとめる信仰がつよく、力倆《りきりょう》とよぶカリスマのある禅僧には、とくに死者を成仏させる力が期待された。法燈国師の場合は後鳥羽上皇の御霊《ごりょう》がしばしば怪異をなしたので、これを鎮めて成仏させるために、水無瀬宮《みなせぐう》に大興禅寺《だいこうぜんじ》を建てることを依頼されている。このようなところから、禅宗ほど葬礼に熱心な宗派はなく、現在仏式葬礼の次第は、各宗とも禅宗の葬礼規式（叢林清規《そうりんしんぎ》）をもとにしているほどである。

　一方念仏が死者の供養に欠くべからざるものであることは周知の事実で、親鸞がいくら

　　親鸞は父母《ふも》の孝養《きょうよう》（供養）のためにとて、一返にても念仏申したること、いまだ候はず。

といっても、葬式法事に念仏はつきものであるし、中世では集団供養のために大念仏というものが、各地で催された。これはなにか災害や戦争などで多数の死者があれば、その亡魂を供養して洪水や凶作の祟《たた》りがないようにするために、大念仏会が勧進聖によって興行された。たとえば『法然上人行状画図』（巻三十）によれば、東大寺再興

の大勧進上人、俊乗房重源《しゅんじょうぼうちょうげん》は、源平争乱の亡魂のために七日の大念仏をもよおした。

> 寿永元暦《じゅえいげんりゃく》のころ、源平の乱によりて、命を都鄙《とひ》にうしなふもの、其数をしらず。ここに俊乗坊無縁の慈悲をたれて、かの後世《ごせ》のくるしみを救はむために、興福寺東大寺より始て、道俗貴賤をすすめて、七日の大念仏を修しけるに、(下略)

また非業《ひごう》の死をとげた旅行者などのためにも大念仏はおこなわれたもので、謡曲『隅田川』では、人買にかどわかされて奥州へ下る途中、隅田川のほとりではかなくなった梅若丸の亡魂のために、村人が大念仏をする。ちょうどそこへ梅若丸を尋ねて狂女となった母が来合せて、大念仏に参加すると、梅若丸の亡霊があらわれて、母の念仏に唱和する。このような大念仏はやがて村々のお盆の精霊供養にもおこなわれて、日本の津々浦々に普及するが、これを勧めて歩いた遊行《ゆぎょう》勧進聖の中に、禅宗から出た放下《ほうか》と暮露《ぼろ》があったのである。

二　三河の放下大念仏

仏法僧鳥で有名な三河鳳来寺《ほうらいじ》の周辺には、お盆に他所であまり見られない大念仏がある。「放下《ほうか》大念仏」として伝えられたが、「放下」という言葉が理解できなかったので、郷土史家や芸能史研究者などは「法歌」のことではないかと言っていた。しかし

旧鳳来町の「ほうか」大念仏

だんだん放下という遊行者が中世の文献に見えるので、いま地元では困って「ほうか」と書いて、大念仏の一部とかんがえている。

この放下大念仏は鳳来町（現新城市）の源氏《げんじ》、布里《ふり》、塩瀬、一色《いっしき》、名号《みょうごう》と、新《しん》城《しろ》市大海《おおみ》につたえられている。しかし奥三河東栄《とうえい》町の足込《あしこめ》というところにも、放下大念仏につかう大団扇《うちわ》があったので、もとはもっと広く分布していたことがわかる。お盆の三日間はこのあたりでは新仏の盆棚の前ばかりでなく、お宮やお寺でこの大念仏がおこなわれる。この踊手の服装はまことに異様で、浴衣の法被《はっぴ》に脚絆《きゃはん》をつけ、草鞋《わらじ》または草履《ぞうり》で大きな菅笠をかむる。昔の遊行者の姿であるが、四人の踊手のうちの三人は、背に三メートルぐらいの大団扇を立てて背負い、胸に大太鼓をつける。三人の団扇にはそれぞれ「大」「念」「仏」と書いてあり、放下は大念仏を踊る遊行者であったことがわかる。しかものちにのべる『天狗草紙絵巻』によって、三人一組であること、その名は「朝《ちょう》露《ろ》」「電光《でんこう》」「蓑虫《みのむし》」であることもわかるのである。もう一人の踊手はホロといって、背負籠《しょいこ》に白布をかぶせたものを逆さに背負い、その上に十数本の割竹に切紙をたくさんつけたものを立てる。この負物《おいもの》もホロとよぶので、村人は「ホロ背負《しょ》い」というが、これは「暮露《ぼろ》」の訛《なま》りであろう。しかもこのホロは、三十センチほどの二本の竹をこすり合せて音を出すササラをもつ。

この四人の踊手のまわりには大鉦《おおがね》（双盤《そうばん》）を打つ鉦打と笛吹が若干名に、老人組の歌方が立っていて、笛と歌の合間に大太鼓と大鉦が打たれ、四人の踊手は激しい跳躍の踊をする。大団扇は身をかがめれば地を掃くばかりに撓《しな》い、その反動に耐えるように踊手は足を踏ん張る。昼間の暑さを忘れるような山峡の夜気の中で、踊手は汗だらけになる。このとき歌われるのは「念仏」と「大念仏歌枕」であるが、大念仏歌枕を法歌とかんがえているようである。念仏は関西地方の六斎念仏の一部と共通するものがあり、

みんだー　なむあみだーんぶつ
なむあみだー　なむあみだーんぶつ

みんだー　なむあみだー
　なむあみだーんぶつ　なむあみだー
みんだー　願《がん》以《に》此《し》功《く》徳《どく》　平等施一切《びょうどうせーいっさい》
　同発菩提心《どうほつぼだいしん》　なむあみだーんぶつ　なむあみだー
　　心静めて歌をふくせよ

以下は大念仏歌枕の中から、新仏にふさわしい歌をえらんでうたうのである。この歌枕の中には「ほうか」とか「なげ」とか「小歌」があるが、これらはすべて「室町小歌」といわれる優雅な世俗歌で、すくなくとも室町時代から歌いつがれたものであろう。たとえば「海道下り」は

　おもしろの　海道下りや
　筆で書くとも　およばじや。
　小田原の　茶屋を通れば
　みめよき姫が　お茶を挽《ひ》きそろ。
　寄りてまいれよ　旅人や
　旅人がおたち（発ち）やるとも
　茶わんなお（直）すな　わすれるな
　わすれても大事ござらぬ　水は流れる。

（立ち）
しをや《（庄屋カ）》が下の　やぶ《（藪）》の竹には
きようなる《（興ある）》節が　四つござる。
まず宵に　殿御《とのご》を待つ節と
夜中に待ちいて　寝る節と
あかつきの　離れ節
夜明けて　浮名の立つ節と
なにごとも　ごようでおさまる。

とあって、訛りや脱落があるらしいが、室町時代の小歌集である『閑吟集《かんぎんしゅう》』におさめられてもおかしくない。
放下の大念仏には怨霊《おんりょう》や新仏を鎮魂成立させる面とともに、粋な情事や名所や季節をうたう世俗的な面が交っていた。これは唱導説経などの世俗化（説経節、古浄瑠璃、くどき）と、縁起の世俗化（お伽草子系絵物語）に歩調をあわせたもので、大念仏（踊念仏）はやがて阿国《おくに》歌舞伎の念仏踊になってゆく。放下の世俗化は室町中期の『七十一番職人歌合』の「放下」の絵と歌に見られるが、ここでは放下は俗形で烏帽子《えぼし》をかむり、法被《はっぴ》に裁付袴《たつつけばかま》、藁脛巾《わらはばき》、そして腰蓑《こしみの》を下げて、腰に刀と柄杓をさす。背には一本の篠竹《ささだけ》に短冊《たんざく》をつけて背負い、手に筑子《こきりこ》（二本の竹を打ち合わせるもの）をもつ。筑子はササラの変化したものなので、三河鳳来町あたりの放下大念仏の放下は、これより古いことになる。『七十一番職人歌合』では放下は鉢叩《はちたたき》と番《つがい》になっているから、空也僧（鉢叩）と同類と見られていたのであろう。放下の歌は、

月見つゝうたふはうか（放下）のこきりこ（筑子）の
竹の夜声のすみ渡るかな
やぶれ僧（薦僧）えぼし（烏帽子）きたればこめら（少女達）はの
男とみてやしり（尻）につくらん

とあって、放下は「やぶれ僧」すなわち「薦僧《こもそう》」または「暮露《ぼろ》」（ぼろぼろ）とおなじであった。柝《き》のように筑子を打ちながら小歌をうたって歩いたので、娘たちが後からついて来たのであろう。遊行念仏聖の世俗化した姿で、これがいっそう堕落すれば「法界坊《ほうかいぼう》」や門付《かどづけ》の「法界屋」になったものと、私はかんがえている。しかし放下が何故このような姿をするのかは、従来解釈ができなかった。

三　禅宗の無常偈と放下・暮露

放下の読み方については、禅宗では「放下着《ほうげじやく》」などといって、ホウゲとよむので、禅語ではなかろうという説もある。したがって謡曲『放下僧《ほうかぞう》』は『放家僧』が正しい

という人もあるが、これではいっそう意味をなさない。放下をホウカとよんだ証拠は、浄土真宗側の本願寺三代宗主、覚如の『改邪鈔《かいじゃしょう》』に出るのは面白い。これは一遍の時《じ》衆《しゅ》集団について、

世法ヲ放呵《ほうか》スルカタ（形姿）トオボシクテ、裳無衣《もなしごろも》ヲ著シ、黒袈裟ヲモチヰル歟《か》

といっているが、世間の道徳も礼儀も捨て去るということで、禅語の「放下」を極端までおしすすめたのである。そして一遍の伝である『一遍聖絵』（巻一）には

万事を放下して、身命を法界につくし

と書かれている。これもホウカと読んだであろう。しかも『天狗草紙絵巻』（三井寺巻）にも放下は一遍の踊念仏の画面に出てくるのである。

これは決して偶然のことではないであろう。「世法ヲ法呵《ほうか》」し「万事を放下《ほうか》」するということは、アウトローになることであった。『天狗草紙絵巻』も一遍時衆のアウトロー振りをテーマにしている。そうすると念仏芸能の放浪者である放下は、禅語の「放下《ほうげ》」と区別して、ホウカといったものとおもわれる。実際に謡曲『放下僧』では牧野小次郎とその兄の禅僧（これは禅寺の喝食《かっしき》とおもう）は、親の仇《かたき》を討つために、放下と放下僧になって放浪する。ちょうど近世にも仇討は、虚無僧に身をやつすのとおなじである。ツレの小次郎はシテの禅僧に

この頃人の翫《もてあそ》び候ふは放下《ほうか》にて候ふ程に、某《それがし》は放下になり候ふべし。御身《おんみ》は放下

僧に御なり候へ。彼の者（仇の利根信俊《とねのぶとし》）禅法に好きたる由、申し候ふ程に、禅法を仰せられうずるにて候。

といっている。

これで見ると禅寺の喝食（半僧半俗の雑役者、沙弥《しゃみ》にあたる）は放下僧となって、配下に放下をもち、禅語を弄《ろう》したり、念仏や小歌をうたい、大念仏を興行してあるいたことがうかがわれる。一つの念仏芸能団を組織してあるいたから、その中には、世を憚る者が身を隠すこともあったのであろう。この放下集団が一方では「ぼろぼろ」とよばれたことが、兼好法師の『徒然草』（百十五段）に出てくるが、これがさきの『七十一番職人歌合』の「やぶれ僧」であり、薦僧《こもそう》であり、暮露《ぼろ》、梵論師《ぼろんじ》、虚無僧《こむそう》、普化《ふけ》僧も同類である。

宿河原《しゅくのかわら》にぼろぼろおほく集りて、九品《くほん》の念仏（大念仏）を申しけるに、外より入り来るぼろぼろの「もしこの御中に、いろをし房と申すぼろ（暮露）やおはします」と尋ねければ、（下略）

とある「いろをし房と申すぼろ」は仇であり、「外より入り来るぼろぼろ」は仇を討つ方であった。どちらも暮露、すなわち放下となって世を忍んだのである。虚無僧を梵論師《ぼろんじ》というのは「ぼろの師」ということで放下僧のことであろう。

放下や放下僧が禅問答をしたことは、謡曲『放下僧』を見ればわかる。またこれに

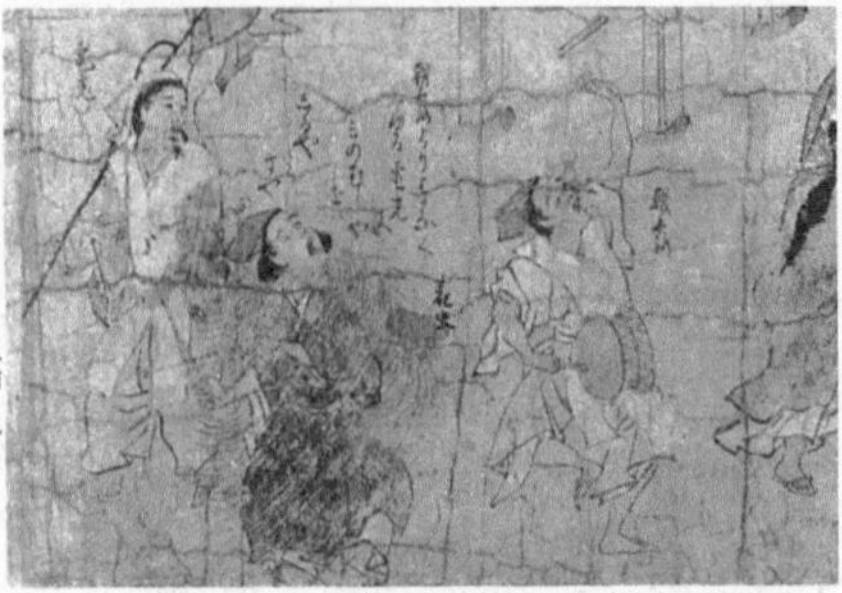

三人の放下　『天狗草紙絵巻』伝三井寺巻

放下僧が拄杖《しゅじょう》と団扇を持つことが見えるので、三河鳳来町あたりの放下大念仏の大団扇が、これから出ていることもうたがいがない。そしてこの放下がササラを摺《す》ることは、鎌倉時代（永仁四年）の『天狗草紙絵巻』に描かれている通りなので、きわめて古い形をのこしたこともわかる。このササラは謡曲『放下僧』ではコキリコになり、

　東には祇園清水落ちくる滝の、音羽の滝の嵐に、地主の桜は散り〳〵、西は法輪、嵯峨《さが》の御寺《おんてら》、廻らば廻れ、（中略）都の牛は車に揉《も》まるる、茶臼は挽木《ひきぎ》に揉まるる、げにまこと忘れたりとよ、こきりこは放下に揉まるる、こきりこの二つの竹の、代々《（節々）》をかさねて、打ち治まりたる浮世かな。

というようにうたわれる。また『七十一番職人歌合』でもコキリコ（筑子）であるが、『天狗草紙絵巻』では、三人の放下のうち、朝露が太鼓とコキリコを持ち、電光が拄《しゅ》杖《じょう》とササラを持ち、蓑虫が蓑を着てササラを摺って踊る。

この蓑虫という放下が蓑を着るのは、実は「身《み》の無常《むじょう》」をもじったもので、かれら

の歌う小歌は

朝露より　はかなく見ゆる　電光は

みのむじやうをば　しるやしらずや

であった。放下三人の名がこれから出ていることはあきらかである。これは空也僧（鉢叩茶筅売《はちたたきちゃせんうり》）が無常和讃をうたって歩いたのとおなじであるが、放下の無常の小歌は禅宗の葬式に使う偈《げ》から出ているものと、私はかんがえている。それは

一切有為《うゐ》法《ほう》　如夢《む》幻《げん》泡《ほう》影《えい》

如露《にょろ》亦如電《やくにょでん》　応作《おうさ》如是観

で、これを小歌にしたのが放下の歌であったとおもう。このように無常観と無常事（葬式）をベースにして、日本仏教の禅と念仏は無差別の交流をしていたのである。

V

弾誓上人の仏頭伝授

一　庶民仏教史における弾誓

日本仏教の歴史には多くの謎が秘められているが、とくに庶民仏教は記録が少ないために不明なことが多い。しかし伽藍《がらん》仏教や教団仏教は、インドや中国の仏教だけを手本とするので、日本人のものになり切っていない点が少なくない。お盆という行事一つをとりあげても、日本人は先祖供養や新仏供養のために盆棚をつくり、棚経《たなぎょう》を読んでもらうが、『盂蘭盆経《うらぼんきょう》』によるお寺の説明では、釈迦の弟子の目連《もくれん》尊者の亡母のために、衆僧に百味飯食《ひゃくみぼんじき》を供するのがお盆だという。日本仏教はインドもしくは中国の仏教と大きな隔たりがあることは否定できない。

私はつねに庶民仏教は宗派のない仏教であり、伽藍や寺院のない仏教であるとともに、日本人の民族宗教に一致する仏教であったとおもっている。親鸞が伽藍と寺院を否定して、小棟を上げただけの道場の念仏を主張し、インド以来の戒律を否定して肉食妻帯を主張したのは、庶民仏教の本質を見抜いていたからである。しかしこのような主張は親鸞からはじまったのではなくて、すくなくとも奈良時代の聖《ひじり》とよばれる民間僧（私度僧）から、平安・鎌倉・室町時代を経て、近世まで続いていた。いわば、伽藍仏教、教団仏教とは別の、庶民仏教の流れが、脈々とつづいていたのである。

　いうまでもなく、これらの聖は寺をもたないから、在家とおなじ道場に住むか、宿なしの遊行をしながら、説経をしたり病人の祈禱や雨乞祈禱をしたり、ときには葬式もした。

『大宝律令』の「僧尼令」（第五条）では「凡そ僧尼、寺院に在《おい》てするに非ずして、別に道場を立て、衆を聚《あつ》めて教化《きょうけ》し、幷《あわせ》て妄《みだ》りに罪福を説く」ことを禁じているし、『続日本紀《しょくにほんぎ》』（養老元年四月廿三日）では「小僧《しょうそう》行基幷《なら》びに弟子等、街衢《がいく》に零畳《（うろつく）》し、妄《みだ》りに罪福を説き、朋党を合せ構へて、指臂《しひ》を焚き剝ぎ、歴門仮説《れきもんかせつ》」することを禁じている。これらの禁令は南都七大寺のような伽藍仏教、国家仏教側から、庶民仏教を非難迫害したものである。しかし一般庶民は遊行者の庶民仏教を歓迎し、行基の遊行《ゆぎょう》するところには何千人もの民衆があつまり、その場で出家するものも多かったという。

　このような遊行者の仏教については従来あまり明らかでなかったが、最近では着々とその研究がすすめられるようになった。その中でちかごろ比較的明らかになったのは、弾誓《たんせい》上人の仏教とその伝統である。従来弾誓の名は浄土宗の一派、捨世《しゃせい》派の一人として知られていた。これは浄土宗の中で持戒と隠遁と木食《もくじき》の苦行主義を主張する一派であるが、弾誓の行為や思想を見てゆくと、むしろ山岳仏教の修験道に近く、念仏とともに密教を中心にしていたことがわかる。

したがって弾誓は生涯山中の洞窟を棲家《すみか》として、念仏と密教を行じていたので、どの宗派にも属さなかった。しかしその弟子たちは寺を建てたために、ある者は浄土宗に属し、ある者は天台宗に属した。ことに弾誓が慶長十八年（一六一三）五月二十五日に、六十二歳で入定《にゅうじょう》した京都大原古知谷《こちだに》の阿弥陀寺は浄土宗となり、箱根塔《とう》の峰《みね》の洞窟遺跡にできた阿弥陀寺も浄土宗になった。しかし相模大山《さがみおおやま》の東にある一之沢《いちのさわ》（伊《い》勢原《せはら》市日向《ひなた》）の洞窟遺跡、浄発願寺《じょうほつがんじ》は天台宗であり、信州の百瀬《ももせ》正念寺《しょうねんじ》等も天台宗である。

京都の大原は、三千院と寂光院があるためにあまりにも有名である。美術と文学と歴史の三拍子そろった史跡であり、その隠れ里的風景とともに人々を魅了するに十分であるが、宗教的魅力では古知谷に及ばない。古知谷は三千院から一キロほど奥にある、鬱葱《うっそう》たる樹林と岩壁にかこまれた、陰気な谷である。したがって訪れる人も稀であるが、弾誓の事蹟が明らかになれば、真の日本人の仏教とは何かをかんがえる人々があつまるであろうとおもう。この阿弥陀寺の巌窟には、弾誓上人入定の石棺が安置されており、その遺品も少なからず陳列されている。どれも庶民仏教の遺跡、遺物であるから、三千院、寂光院の建築や什宝《じゅうほう》のように、人目を引く立派なものではない。しかし弾誓の庶民仏教の伝統と本質があきらかになるにつれて、その遺跡、遺物は輝きを増すであろう。

二　仏頭伝授の起源

弾誓が一般に注意をひきはじめたのは、信州下諏訪の諏訪大社下社の近くに「万治《まんじ》の石仏」とよばれる不思議な石仏があって、その謎を解くことからはじまった。これは石仏というにはあまりに怪奇で、田圃《たんぼ》の中に半ば埋れた長さ五メートルに高さ二・五メートルほどの自然石の前面に、袈裟《けさ》と弥陀の定印と膝・蓮台まで稚拙な線彫りとし、その上に別石の仏頭《の》を載せたものである。普通ならば仏像の頭から胴、膝、蓮台までを線彫なり、半肉彫なりにするのが、磨崖石仏の常套《じょうとう》である。ところがこの石仏は別石で仏頭を彫刻して載せてある。これに対して画家の岡本太郎氏が「世界一面白い作品」と評し、作家の故新田次郎氏が南米イースター島からもたらされた石像の首という小説を書いたりしたので、信州の郷土史家の関心をあつめるようになった。これが「万治の石仏」といわれるようになったのは、この石仏に

万治三年十一月一日　願主　明誉浄光
心誉広春

の銘があるためであった。この万治三年（一六六〇）を手がかりにして、これが弾誓五十年忌にあたることをつきとめたのは、信州の民間念仏を研究している宮島潤子氏で、ここに弾誓の庶民仏教の本質は「仏頭伝授」にあることがあきらかになってきた。一般仏教や密教の常識を持つ者でも「仏頭伝授」ということを知る人は、まず無いといってよいであろう。普通、仏法を伝授するのには授戒《じゅかい》とか灌頂《かんじょう》によるが、禅宗でおこなう印可《いんか》というのも伝授の一つである。この場合、授戒、灌頂ともに「血脈《けちみゃく》」とか「印信《いんじん》」（切紙）というものを伝授のしるしにする。いずれも紙に書いたものである。印可の方では「衣鉢《いはつ》」といって衣や袈裟（実際には袈裟の環だけをいう）と鉄鉢《てっぱつ》をしるしに授けられる。また日本仏教独特の「伝法《でんぽう》」とか「五重相伝《ごじゅうそうでん》」というものでは、「血脈」（授戒と十念）のほかに「手印《しゅいん》」を授かる。

　この「手印」は伝法の導師が阿弥陀如来の身代りとなって、両手の手形を朱で紙に捺《お》したものである。角力《すもう》取りの手形に似ているが、これは阿弥陀如来の手形だから、棺に入れてもらえば、往生疑いなしという信仰がある。この源はおそらく、信濃善光寺の阿弥陀如来の「お手判」というものであろう。しかしこの「手印」（お手判）は直接阿弥陀如来から往生の証明をいただくという点で、実は仏頭と共通するものがあ

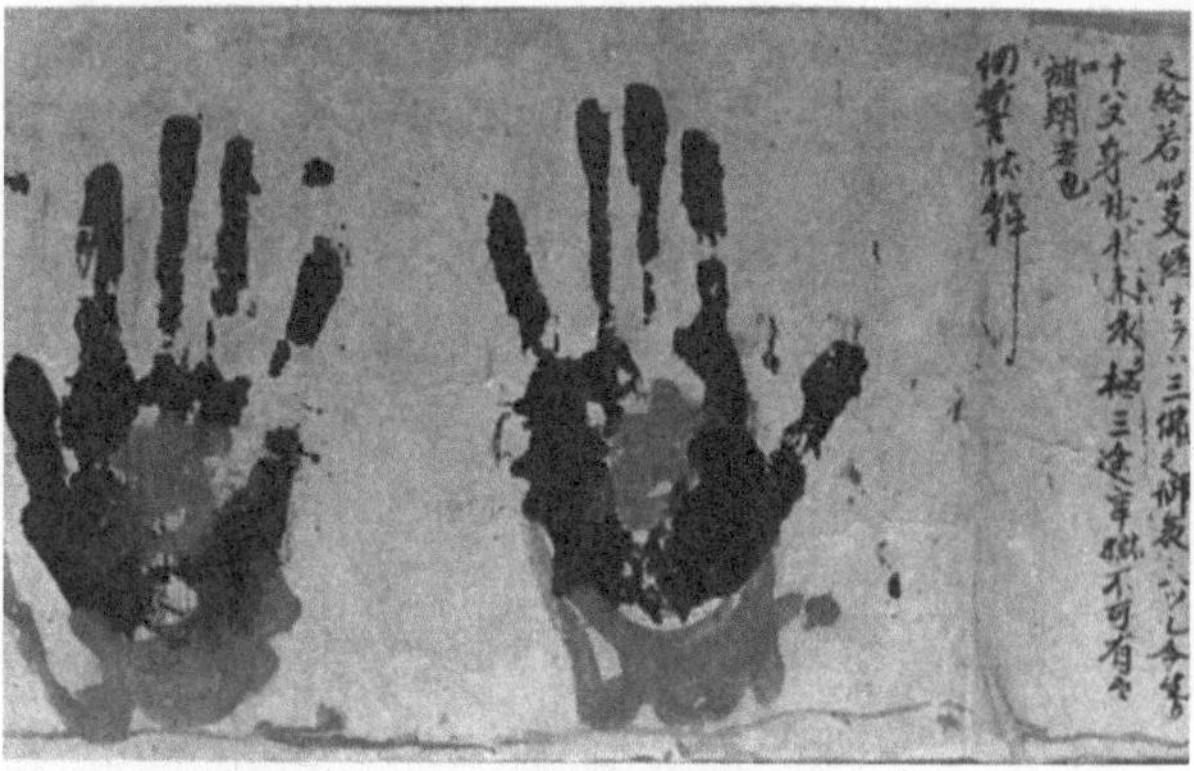

弾誓上人の「手印」

る。

弾誓の伝記は各種あるが、そのクライマックスはいずれも佐渡の真《ま》更川《さらがわ》檀特山《だんとくさん》（佐渡市）での仏頭伝授の段である。とくに弾誓生涯の事件を年号をつけて記した古知谷阿弥陀寺本（刊本）の『弾誓上人絵詞伝《えしでん》』（二巻）によると、この奇蹟は慶長二年（一五九七）十月十五日におこったもので、弾誓は六年間この巌窟に籠って苦行をしていた。弾誓四十六歳のときであった。

慶長二年十月十五日の夜、一天清朗《（ママ）》にして巌窟特に寂寞《じゃくまく》たれば、心もいとど澄わたりて念仏もっとも勇猛なり。そのとき忽然《こつぜん》として此巌窟変じて報土（浄土）と成れり。（中略）時に弥陀尊、直《じき》に上人に授記して、「十方西清王《さいしょうおう》 法国光明満正《まんしょう》 弾誓阿弥陀仏」と呼たまふ。其説法を書記して「弾誓経《たんせいきよう》」と名《なづ》く。都《すべ》て六巻。（中略）説法既に終る時、観音大士手づから白蓮所乗《びやくれんしよじよう》の仏頭を以て上人に授け給ふ。是伝法の印璽なり。（下略）

とあって、弾誓の仏法は阿弥陀如来から直授されたものであり、この仏法を二世、三世と伝えるときの「伝法の印璽《いんじ》」となるものであった。

ここに記された仏頭は「証拠の御頭《みぐし》」とも「伝法の仏面《ぶつめん》」ともいって、現に古知谷阿弥陀寺にある。白蓮所乗とあるように、小さな木製の御首が白木の蓮台に乗っている。これは『弾誓上人絵詞伝』の挿絵の通りであるが、はたして何世まで伝法にもちいられたかはあきらかでない。絵詞伝の出来た明和四年（一七六七）には、もはや伝授はおこなわれていなかったらしくおもわれる。その理由は、この仏頭を伝授される資格のある者は、弾誓とおなじく木食をして肉食妻帯せず、巌窟修行して即身成仏《そくしんじようぶつ》した、という自覚を得たものに限られたからであろう。

要するに弾誓の仏教は、即身成仏が目的であった。ただ密教の即身成仏が大日如来と同躰になるのに対して、弾誓流では阿弥陀如来と同躰になる即身成仏であった。その修行形態が山奥の巌窟に籠って、水行（水垢離《みずごり》と滝行）と木食をしながら真言と念仏を一心に唱えるというのは、修験道の修行形態である。したがって弾誓の仏頭伝授は、修験道にこれと似た伝授があったのではないかとおもわれるが、今の修験道正《しよう》灌頂《かんじょう》は印信切紙《いんじんきりがみ》を授けるだけになっている。しかし私はかつては大日如来の宝冠を、即身成仏のしるしに、頭に載せることはあったかとおもっている。これは阿弥陀如来像に大日の宝冠を載せて「宝冠の弥陀」といい、大日弥陀一体の姿といわれているからである。このことからすすんで正灌頂に仏面をかぶることがあったので、「伝法の仏面」という言葉が残ったかとおもわれる。弾誓はこれを一歩進めて仏頭を作り、これを受法者の頭に戴《いただ》かせるのが、仏頭伝授であったであろう。

もう一つ、私がすでに絶えた修験道儀礼として想定しているのは、山伏の修行には木か石の小さな仏頭を携行し、どこの自然石でもこれを載せて、全体を仏として礼拝したのではないかとおもう。これは「万治の石仏」が石の仏頭を載せただけで、自然石を石仏化しているからである。また箱根塔の峰の阿弥陀寺の洞窟で、私はそれにもちいられたのではないかとおもわれる小さな石製仏頭を見つけた。石仏の頭が落ちたものとはちがう切口なので、これも推定の資料になる。そのほか一之沢浄発願寺には、木製の出山釈迦像《しゅっせんのしやか》の仏頭があって、仏像に嵌《は》め込まれた頭部の胴が失われたものとはかんがえられない。いろいろと疑問の仏頭があるのは、まだ不明な仏頭の用途が、弾誓流の仏教にあったためとおもわれるが、「万治の石仏」の謎だけは、弾誓流の仏頭伝授を石仏に応用したものとして、解決されたといってよいであろう。

三　庶民仏教と遊行者の伝統

日本の庶民仏教の流れの中で、弾誓流の仏教の重要性は、仏像彫刻である。放浪の遊行者ですぐれた多くの仏像をのこした円空の秘密も、弾誓流の仏教によって、ある程度は解くことができる。円空は弾誓の没後十九年たった寛永九年（一六三二）に生れたので、直接の関係はないが、どこかで繋りのある「遊行者の仏教」の実践者であった。その共通する点をあげると、㈠仏像彫刻、㈡作歌、㈢遊行と祈禱、㈣山居と窟《いわや》籠《ごも》り、㈤木食と断食、㈥密教、㈦念仏、㈧一心禅観、㈨即身成仏、㈩入定《にゅうじょう》となる。

いまそのすべてを説明することはできないので、窟籠りだけをとりあげて見ると、不思議なほど、弾誓も円空も共通して、山中の洞窟で修行することを好んでいるのである。まず弾誓は天文二十一年（一五五二）に尾張に生れて十五歳で発心し、三十六歳まで美濃武儀郡《むぎぐん》で修行するが、天正十八年（一五九〇）に佐渡へ渡り、翌十九年から六年間檀特山の巌窟に籠った。その結果即身成仏して「弾誓経」を感得したことはすでにのべた。その後甲斐・信濃を遊行して諏訪の唐沢《からさわ》の洞窟に籠った。その間に飯田の阿弥陀寺、大町の弾誓寺、松本の念来寺、百瀬の正念寺、雲照院、甲斐の光国寺、宝樹院、法国山光明院などを開いた。その名声を伝え聞いた江戸の幡随院《ばんずいいん》白道《びゃくどう》に招かれて江戸へ出たが、それから箱根へ行く途中では、神奈川小机《こづくえ》の法国寺で洞窟に籠った。箱根塔ノ沢温泉の上の塔の峰洞窟へ入ったのは慶長八年（一六〇三）、五十二歳のときであった。この洞窟は弾誓以前にも遊行者が籠ったらしいが、多くの弾誓の遺物がのこされている。

しかし弾誓はここだけで満足せず、十里を隔てた一之沢の洞窟にも籠り、箱根との間を往来したという。慶長十二年に箱根を出て京都へ向う途中、遠江《とおとうみ》の浜名湖畔、舘《かん》山寺《ざんじ》の洞窟にしばらく留った。これは円墳の石室を利用した洞窟であった。慶長十三年に京都へ入り、若いころ関西遊行のあいだに、五条の橋から北にあたって紫雲のたなびくのを見た大原古知谷の岩窟を棲家とした。そしてここに多くの事蹟をのこして入定したのであって、これらの洞窟が寺になるのは、後になってからのことである。

これに対して円空の遺跡もほとんど洞窟である。北海道では太田権現の窟《いわや》、黒岩の円空洞、有珠《うす》善光寺の窟、礼文華《れぶんげ》の窟などで仏像を彫ったことが知られている。木曾では沼田の岩屋、美濃では粥川《かゆがわ》の円空洞《ぼら》または坊主洞、板山の岩屋観音洞、大仏山《おおぼとけやま》の洞窟などがある。また飛驒では丹生《にう》川の出羽窟、深谷《ふかたに》の円空岩の洞、高山の松倉山普門堂の窟《いわや》などで仏像神像を彫っている。また大峯《おおみね》修行で笙《しょう》の窟に籠ったことも知られ、弾誓の窟籠りに負けないくらい遺跡がある。このような両者の修行形態の符合は遊行者の仏教に一つの流れがあったことを想定させる。弾誓と円空の仏像彫刻も、即身成仏の自覚を得た弾誓、円空が、仏が仏を作るという仏作《ぶつさ》仏業《ぶつごう》の一表現にほかならなかった。また弾誓も円空も、そして遊行者だった木食徳本《もくじきとくほん》や木喰行道《もくじきぎょうどう》も、すべて花押《かおう》に「心」の字をもちいるのは、決して偶合《ぐうごう》というわけにはゆかない。

このように寺を持たずにつねに庶民の間を遊行して、その宗教的要求にこたえた庶民仏教者の頂点に、弾誓が位置していることは、つい最近わかってきたばかりである。もちろん弾誓以前にも聖《ひじり》の伝統はあったであろうが、それはまだ分らない。これは庶民仏教の聖が秘密伝授によって、その仏法と掟《おきて》を伝えたためであろうとおもう。しかし中世末期に弾誓が出て、遊行者の伝統が世の注目をあつめるようになった。したがって弾誓の行くところにはつねに信者が雲のごとくに集まり、その遺跡が寺になって行った。そこにはたいてい即身成仏の弾誓像が皆金色像としてつくられており、かならず涅槃像があり、また常念仏が興行されたところが多い。遺跡の寺院は弟子達がこれを継承したけれども、弾誓の伝統が絶えたために衰えたところもすくなくない。しかし最近庶民仏教の重要性が注目されるようになって、弾誓はいま脚光をあびようとしている。

袋中上人と『琉球神道記』

一　浄土宗名越《なごえ》派と辺境伝道

英雄も高僧も時代がつくるし、民衆がつくるものである。とくに高僧といわれる人々は、その時代の民衆のもとめるものを実現した人であることは歴史を見ればあきらかである。それはすぐれた宗教的資質をもつだけではなく、民衆の宗教的要求に共感できる人であった。その共感を不退転の意志と努力で実現するとき、民衆もまたその努力に協力して一つの信仰集団ができあがる。

弾誓《たんせい》などもそのような高僧の一人であるけれども、弾誓の寂後は三代か四代でその信仰集団は消えていった。これは弾誓ほどの宗教的資質と、不退転の努力をする後継者が続かなかったからである。弾誓は自分の力だけで信者をひきいた一匹狼であった。しかしその力のない後継者は、天台宗や浄土宗という既成教団の傘の下に身をよせて、弾誓の個性をうしなったばかりでなく、信仰集団も消えていったのである。

私から言わせれば、これが弾誓の本懐《ほんかい》ではなかったかとおもう。一遍《いっぺん》もそうであったが、偉大なるカリスマは一代限りなものである。「我が化導《けどう》は一期《いちご》ばかりぞ」といった一遍の心意気に私は感動する。一遍や弾誓らしい像法（似た法）は相続されるかもしれないが、カリスマそのものは相続されない。教団の大を誇るのは、宗教の形骸化を自慢するようなものである。その意味でおそらく現代の日本人の何万分の一しか、弾誓や袋中《たいちゅう》の名は知らないであろうけれども、ときどきその事蹟を想起することが、日本人の仏教を相続するために必要なことである。

　京都の三条大橋は昔から東海道五十三次の「上り」、すなわち終点としてしたしまれ、広重の絵にも描かれたが、いまは交通の渋滞でそのおもかげはない。三条京阪《けいはん》駅の駅前広場もないまま、縦横にはりめぐらされた歩道陸橋が東山の景観をさえぎって、京都市の交通行政の貧困を見せつけている。したがって袋中上人の旧蹟である檀王《だんのう》法林寺がどこにあるのかをさがすのは容易なことでない。しかし、おそらくこの交通渋滞も、檀王さんの門前市からはじまったのではないかとおもう。ここの「檀王さんの古着市」といえば、インテリ階級や旦那衆は知らないけれども、京都の庶民で他人の古着を着るほどの人々なら、知らない者はなかった。

　しかし古着市は知っていても、「檀王さん」をはじめ袋中上人を知る人はもう少なくなった。ただちかごろは慶長年間に海外布教した浄土宗の僧として、弾誓とともに研究者の注目をあつめるようになってきた。この時代は海外からも切支丹《きりしたん》の宣教師が、東洋各地はもちろん、日本にも多数渡来しているので、そのような世界史的大布教時代の一環ともかんがえられるが、袋中はむしろ琉球の宗教と民俗を日本人に知らせたという点で研究者に注目されている。したがって現段階では仏教史の問題としてよりは、民俗の問題として関心を持たれるのである。柳田国男翁は、すでに大正十四年（一九二五）に『海南小記』の「阿遅摩佐《あじまさ》の島」で、袋中の『琉球神道記』をとりあげ、その中に日本人の山岳宗教の原型をなす拝林（現地では御嶽《うたき》という）や、日本人の海上他界にあたる儀来河内《ぎらいかない》（現地ではニライカナイという）のあることを述べている。そして昭和九年にはその自筆稿本が複製頒布され、昭和十一年には横山重氏によってその諸著述と伝記が『琉球神道記―弁蓮社袋中集』（日本学術振興会助成）として出版された。

　しかし私は袋中を出した浄土宗の一派である名越《なごえ》派というものに仏教史的な興味がある。というのは袋中の伝にはあらわれないけれども、名越派という一派は明治になっても、鎮西派を中核とする浄土宗に包括されることを拒否したくらいの独立性をもち、早くから東北、北海道に布教をしていた。私は放浪の彫刻僧、円空の足跡を追ってこの事に気付いたので、名越派そのものの信仰と伝統に、辺境伝道をうながす何物かがあるのではないかとおもうようになった。しかしこの問題はあまり専門すぎて、ここでは詳述しにくい。このような信仰の本質は表向きに書いたものには出て来ないから、名越派の僧の事蹟や寺や行事から見てゆくほかはない。従来はこの一派の教理上の主張である「一念業成《いちねんごうじょう》」と「心具不生《しんぐふしょう》」だけが問題にされてきたのであるが、そこから辺境伝道が出てくるはずもない。しかし「名越の伝法」といわれる秘密伝授の伝統は、多分に密教的で、弾誓とおなじく念仏と密教の結合した庶民信仰がひそんでいることはたしかであろう。これは袋中がしばしば弘法大師の夢を見た、と書いていることにも関係がある。しかも私は東北地方に多い「かくし念仏」が、おなじ土壌の上に成立したものとおもっているし、関東地方に弘法大師のはじめたという天道念仏(彼岸念仏)が普及しているのも、おなじ理由からと信じている。

またこの派の伝道するところに善光寺信仰が見られるのも、一つのポイントである。この派は法然の弟子聖光《しょうこう》弁長《べんちょう》の高弟、記主《きしゅ》禅師良忠《りょうちゅう》(鎌倉光明寺開基)から分派した善導寺尊観《そんかん》を派祖とするが、信仰的には善光寺南大門の側の月形《つきがた》房に住した、良慶明心《みょうしん》から出ている。この善光寺の明心が相伝した秘書を「月形函《つきがたばこ》」として封じた良山妙観《みょうかん》が、磐城平《いわきだいら》(いわき市)に観福寺と如来寺を建てたところから奥羽伝道がはじまった。その弟子の良就十声《じっしょう》が磐城平に建てた専称寺には、有名な鎌倉時代の携帯用善光寺仏(鉄仏)が相伝されていて、これらの人々が善光寺信仰を伝える聖《ひじり》だったことを物語っている。また袋中が琉球に渡った慶長年間には無名の名越派の聖が、蝦夷地《えぞ》の奥深い有珠《うす》（伊達市《だて》）に善光寺を開いていた。これが有珠善光寺で、寛文三年（一六六三）に臼嶽《うすだけ》大噴火で焼けたのを、円空が再興して自作の善光寺仏を石臼の上に祀《まつ》った。これを寛政年間におとずれた大旅行家、菅江真澄《すがえますみ》が記録している。慶長年間に蝦夷地に入ることは、琉球へ渡るよりも危険であったが、名越派の聖は善光寺仏を背負ってアイヌ伝道に身を挺したのである。

いまこのような辺境伝道の秘密をすぐ解くことはできないけれども、日本人の海外発展や朝鮮の役のあった時代に、南方伝道をこころみようとしたことは、日本仏教史上めずらしい出来事として注目に価しよう。

二　袋中の遊行と説経唱導

袋中良定《りようじよう》の伝記は寂後三十四年の『飯岡西方寺開山記』（寛文十三年）から江戸末期まで、絵巻物もふくめて八種類が出ている。多くの奇瑞《きずい》談があるところを見ると、民衆からそのカリスマが信仰されていたことがわかる。いまこれらの各種の伝記の中の主なる部分を摘出して見ることとする。

袋中は奇しく《く》も弾誓とおなじ天文二十一年に陸奥国に生れたが、その出生のとき袋のまま生れたので袋中と号したという。十四歳で入寺、十六歳で名越派の本寺である矢ノ目の如来寺に入り、その後おなじ名越派の檀林《だんりん》である大沢の円通寺（益子《ましこ》町）や山崎の専称《せんしょう》寺、折木《おりき》の成徳《じょうとく》寺を遊歴し、足利《あしかが》学校にも学んだ。円通寺では名越派の秘書「月形函《つきがたばこ》」をふくむ大沢文庫の古記録を整理したが、これは袋中の学才をしめすものであった。その間叡山、京都、奈良にも遊学したので、梵語梵学に通じ、悉曇《しったん》について真言僧と堂々の論争をしたことが伝えられる。『琉球神道記』に片仮名代りに梵字をもちいたのは、このような教養があったからである。著書にも『梵漢対映集』一巻がある。

また伝記にはあらわれてこないが、神道の研究も深かったようで、『神道集略抄』八巻を著している。これは名越派が専修念仏でありながら、密教も神道もその中に取り入れて庶民信仰化したことをしめすものであるが、同時に庶民教化の唱導に熱心だったことをあらわしている。というのはこの『神道集』というのは、安居院《あぐい》の『神道集』のことで、澄憲《ちょうけん》、聖覚《せいかく》などを出した説経唱導の家元である安居院にあったという諸社の物語縁起である。室町時代のお伽草子《とぎぞうし》の原本をしめすものとして、中世唱導文学研究の必修テキストとなっているが、異訓異字が多く有名な難解テキストの一つである。大沢円通寺には袋中の手沢本《しゅたくぼん》と思われる『神道集』の善本が所蔵されていて、先年複写出版された。実は袋中が琉球へ渡って『琉球神道記』を書いたのも、この

『神道集』を底本にしていたのである。そうすると袋中はこの手沢本『神道集』を琉球まで携行していたのかもしれない。しかしそれは説経唱導の種本《たねほん》とするためであったろうから、名越派の聖の辺境や遠隔地への遊行が、説経唱導のためだったことも立証される。

『神道集略抄』は『神道集』の五十話のうち、二十四話を抄出して略述しているので、これを敷衍《ふえん》して説経したのであろう。このことから見ると、袋中が『南北二京霊地集』二巻を著したのも説経の種にするためだったことがわかる。上巻には主として大和と高野、大峯、熊野の寺院縁起をあつめ、下巻には京都の寺院縁起をあつめて、出典書目まで添えている。これは単なる縁起研究のためのものでなく、説経の種本として、『神道集』と一対をなす『仏法集』だったのである。「名越の伝法」とよばれる秘密伝授には、「七不思議の伝」などという説経があるので、この派の説経唱導という使命感が辺境伝道に発展したのではないかとおもう。因《ちなみ》に「名越の伝法」は「授手印《じゅしゅいん》の伝」「十念の伝」「系図の伝」「七不思議の伝」「入道場の伝」「知識対面の伝」「亡者回向《えこう》の伝」「枕十念の伝」「十念合掌の伝」「四葬大事の伝」から成り立っており、入道場者にしか伝えられなかったが、今はこれも絶えたという。

三　琉球伝道と夢の記

袋中が琉球に渡ったのは慶長八年（一六〇三）五十二歳とも、慶長十一年五十五歳のときともいう。古い伝記は慶長八年説をとっている。このとき琉球を目的としたのでなく、中国に入らんとして果さず、呂宋南蛮《ルソン》に渡らんとしたが、風のために琉球に吹きもどされたとある。『飯岡西方寺開山記』は

　此年入唐ノ望有テ、郷里ヲ去テ西海道ニ趣キ、商沽《ショウコ》便船ヲ伺、漢土ノ著岸ヲ志ザスト雖モ、彼国東夷（日本）ヲ畏テ、堅ク旅船ヲ入レズ。故呂宋《ルスン》南蛮遠流ヲ凌ギ、風ニ依テ琉球ニ至ルニ、彼コノ人崇敬シテ、請テ桂林寺ニ住セシメ、一国挙テ知徳ト称シテ、（下略）

とあり、伝記によっては呂宋南蛮に至ったといっている。入唐の目的が何であったかは分らないが、文禄慶長の役の直後なので入国できるはずはないから、呂宋南蛮も一つの伝道目的ではなかったかとおもう。琉球へはこの前後、無名の念仏聖が渡って唱導説経に操《あやつり》人形ももちいたらしく、戦前まで「念仏者《にんぶつちゃ》」なるものが葬式を手伝ったり、「京太郎《ちょんだら》」という人形を使ったといわれている。そのような中で琉球も袋中の目的地の一つだったとかんがえられよう。

在琉三年の間に著された『琉球神道記』は巻一、巻二はインドの仏教的説話をしるし、巻三に中国の故事、巻四に琉球諸寺にまつられる諸仏諸菩薩明王の由来を説く。巻五は琉球大社七所の神道をのべるが、七社のうち六社までが倭《やまと》の熊野権現で、一社が八幡大菩薩なので、熊野と八幡の縁起を『神道集』やお伽草子の本地物《ほんじもの》に基づいて語る。また「神楽事《かぐらごと》」「鳥居事《とりいごと》」「諏訪明神事」などは『神道集』によって書いているので、原本なしには書けなかったであろうとおもう。そして最後に「已下《いか》ハ正ク琉球国神道」として創世神話や巫女、巫 男《かんなぎおとこ》、山神、新神、海神等の伝承と、民俗風俗の見聞とともに述べている。

袋中は琉球に三年を送ったのち五十五歳（一説五十八歳）で帰朝し、慶長十六年六十歳のとき京都三条大橋の東に法林寺を開いた。これから八十八歳までの晩年を京都や南山城の各地を転々とするが、前半生のような遊行《ゆぎよう》は止めたようである。これは袋中を慕う信者が多くなったためらしく、法林寺を開くときも洛中洛外有信の道俗が「堀ヲ埋ミ地ヲ平ゲ、有能ノ倫《ともがら》ハ銭財ヲ投ジ」たばかりでなく、京都所司代《しよしだい》、板倉周防守《すおうのかみ》も助成したという。この寺に九年間を送り、元和《げんな》五年には伏原二位殿《ふしはらにいどの》という公卿の帰依《きえ》で、洛北氷室山《ひむろ》に草庵を作るとともに、京都東山清水三年坂に近い菊谷に庵室を営んで、二庵を往来した。そののち方広寺大仏のほとりの袋中庵で三年を送り、元和八年には奈良の眉目山《まめやま》に降魔山《ごうま》善光院念仏寺を開いた。この山は奈良豆《ならず》山（奈良坂)のことらしく、『瘖寐集《ごびしゅう》』の三十八に「元和八戌十月二日、ナラノ豆山ニ移住ス」として、同六日の暁の夢を記している。

袋中の著書で面白いのは『琉球神道記』のほかに、この『瘖寐集』がある。これは明恵上人の『夢の記』のようなもので、実に詳細に夢を記しているので、袋中の深層心理を通して、その信仰内容や人間関係を知ることができる。やはり仏菩薩や先師や親や弘法大師、あるいは修法呪法や我が身の前世などの宗教体験が多いのは流石《さすが》とおもわれる。しかも年月日が記入してあるので、伝記を補うことができる。弘法大師にあこがれていたらしく、その夢が多いが、大師の御衣《おころも》の切端《きれはし》をもらう夢が二夢ある。その御衣を懐《ふところ》に入れて大師の後を泣きながら追ってゆく。

衣ノキレヲ紙ニ包ミ、懐に入テ、走ナガラ思ヤウ、新作ノ寺社縁起ニ、弘法大師ノ門人ト書付タルモ、加様ノ縁ニヤト思也。御迹《あと》ヲ追。名ゴリ(残)ヲ存候テ、頻《しきり》ニ鳴(泣)ナガラ走ル。後ハ大音シテナク(泣)ト思テ覚《さめ》ヌ。覚テ枕ニ涙大ニ流タリ。

とあり、寛永二年、七十四歳の十一月十四日の暁夢であった。よほど純粋な心の持主であったので、五十八歳までのひたむきな求道と遊行ができたのであろう。

また袋中は晩年になって遊行回国を止めたことに、後《うしろ》めたさもあったらしい。寛永元年、七十三歳の六月二十一日の暁夢《ぎょうむ》に、藁蓆《わらむしろ》の上に坐った母の夢を見ている。それに対坐するのは若いころの自分で、他国遊行の事を母に申し出た。すると母は「学問

の方はどうした」という。袋中は「諸宗のことは大方学びましたが、他人はどう見るか分りません」と答えると、母は、

回国ノ儀ハ御心ニ任《まか》セ候ヘト。我心ニ大形《おおかた》ハ止《やめん》ト思テ覚《さめ》ヌ。落涙シテ是ヲカク《書》

とある。そして自分が遊行回国を止めて隠遁《いんとん》したのを、母が悪《にく》んでいるのではないか、と書き添えている。

このような「夢の記」がなければ、袋中の人間的な深層心理をのぞくことはできないであろう。袋中は五十八歳まで、名越派の使命にしたがって、ひたむきな求道と遊行に身を挺したが、晩年は信者のもとめに応じて、各地の寺庵を転々とした。しかしこの隠遁は彼の良心に一つの負目となったらしい。袋中の本懐は中世の聖とおなじく

出家遁世の本意は、道のほとり野辺の間にて死せんことを期したりしぞかし

であったにちがいない。

お国歌舞伎と念仏踊

一　念仏の世俗化

中世の終焉と近世の黎明は、仏教の上にもあらわれてくる。日本人の仏教には底流において不変な庶民信仰があるけれども、仏教文化としてあらわれた面は、時代とともに変化したのである。

その中で念仏が芸能化した歌念仏と踊念仏は、民衆的な歌謡にも舞踊にも演劇にも、もっとも華やかな展開を見せた。その一つの華はお国歌舞伎であるが、どうしてお国歌舞伎が念仏踊からはじまったのか、その謎は十分に解かれていない。これは中世での念仏の世俗化と娯楽化が従来よくわからなかったためで、念仏を親鸞の念仏だけとおもっている人々には、念仏で踊ることや狂言をすることはかんがえられないからである。

宗教というものは信仰という内面性とともに、文化としての外面性がある。その文化も仏像や仏画や仏寺建築のような造型芸術に対して、茶道、花道のような芸道もあれば、踊念仏、大念仏、六斎《ろくさい》念仏、くどき、チョンガレなどの民衆芸能もある。仏教が日本文化の母胎をなしたといわれるのは、こうした文化を創造したためであるが、とくに念仏芸能は庶民に仏教をひろめるために、無名の勧進聖《かんじんひじり》、遊行聖《ゆぎょうひじり》、道心坊によって創造、伝播されたものである。

念仏の芸能化はすでにのべたように、比叡山の常行三昧《じょうぎょうざんまい》の念仏が不断念仏となり、これが日本化した融通念仏《ゆうずうねんぶつ》となって、その「能声《のうしょう》の念仏」が、聞く人々を極楽世界におるような陶酔にみちびいた。私はこのような道筋での念仏の芸能化を、以前に「融通念仏・大念仏および六斎念仏」（『大谷大学研究年報』第一〇号）その他の論文であきらかにしたが、お国歌舞伎と念仏踊の問題もその延長線上で解決できるのである。

踊念仏と念仏踊という言葉は、しばしば同じようにつかわれている。しかしこれは踊念仏が念仏を主体にした宗教的な舞踊であるのに対して、念仏踊は踊を主体とする娯楽的舞踊をさしていた。したがって踊念仏は一遍の踊念仏のように、極楽へ往生するよろこびをあらわす歓喜踊躍《かんぎゆやく》念仏であるといわれた。しかし民衆の方は中世以来、これを娯楽としてうけとっていたようで、鎌倉時代の末には宴席でも踊られ、その世俗化が非難されるようになっていた。そのころの浄土真宗の中にも世俗化した踊念仏があったらしく、これを痛烈に攻撃した孤山《こざん》隠士の『愚暗記《ぐあんき》』という一書があった。これは浄土真宗越前三門徒派の開祖、大町如道《おおまちにょどう》の『愚暗記返札《へんさつ》』によってその内容を知ることができる。これによると、

一向念仏ト号シテ、在家男女聚《あつ》メツ、、愚禿《ぐとく》(親鸞)善信ト云流人《るにん》之作リタル和讃ヲウタヒ詠《なが》メテ、同じ音ニ念仏(行道)ヲ唱《となう》ル事有リ。(中略)阿弥陀経ヲモ不レ読、六時《ろくじ》礼讃《らいさん》ヲモ勤行セズ。但男女行動シテ、六字之名号計《ばかり》唱テ、彼和讃ヲ同音ニウタヒ詠メタリ。肉食等ノ不浄ヲモ不レ戒、袈裟衣、数珠具足《ぐそく》ノ沙汰モ無シ。死人之追善トテ卒都婆《そとば》ヲモ不レ立ス。(下略)

などといわれた。そしてこの世俗化がすすむと、踊念仏を派手な衣裳や仮装で踊るようになった。これは南北朝・室町時代初期の『看聞御記《かんもんぎょき》』や『大乗院寺社雑事記《ぞうじき》』などによく出る「念仏拍物《はやしもの》」とか「念仏風流《ふりゅう》」とよばれた風流大念仏である。ここで「風流」というのは芸能や扮装をさす言葉である。現在日本全国にたくさん残っている郷土芸能としての念仏芸能は、この風流大念仏と次の念仏踊の流れを汲むものである。

風流の踊念仏に対して「歌う念仏」の節《ふし》に、世俗的な今様《いまよう》や小歌《こうた》をのせて、白拍子《しらびょうし》や遊女や小町娘の踊る念仏踊もひろくおこなわれた。これが普通の概念での「念仏踊」なのであって、お国歌舞伎はこの方から出たものである。平安末期の今様（流行

歌）をあつめた『梁塵秘抄《りょうじんひしょう》』は、宗教的俗謡で「法文歌《ほうもんか》」とか「神哥《かみうた》」とよばれながら、世俗歌も混っていた。

○波も聞け　小磯も語れ　松も見よ　我を我といふ方の　風吹いたらば　いづれの
　浦へも靡《なび》きなむ

○恋ひ〳〵て　邂逅《たまさか》に逢て　寝たる夜の　夢はいかが見る　さし〳〵きしと　たく（たたくカ）
　とこそみれ

○恋しとよ　君恋しとよ　床《ゆか》しとよ　逢はばや　見ばや　思ばや　見えばや

などという今様は、室町時代の小歌集である『閑吟集《かんぎんしゅう》』に入れても、すこしも不自然でない。『閑吟集』にはいっそう世俗的な小歌（室町小歌）が多いが、その中に恋う人を待つというモチーフが多いことは注意する必要がある。たとえば、

○つれなき人を　松浦《まつら》の奥（沖）に　もろこし船の　うきね（憂き寝）よなふ

○来ぬも可なり　夢の間の　露の身の　逢ふとも　宵の電光《いなずま》

○一夜来ねばとて　とが（咎）もなき枕を　たて（縦）なげ（投）に　よこ（横）なげに　なよな枕よ
　なよまくら

○人をまつむし（待＝松虫）　枕にすだけど（鳴）　さびしさのまさる　秋の夜すがら

○柳の蔭に　お待ちあれ　人問《と》はばなう　楊枝木《ようじき》伐ると　おし（仰）あれ

などと、情調ゆたかな人を待つ歌が多い。これはお国歌舞伎歌でもおなじであるが、

その底には口寄せ巫女《みこ》が霊の憑《よ》るのを待つ憑依《ひょうえ》儀礼があり、これが念仏と結合しやすかったものと見なければならない。

二　出雲お国の小歌念仏踊

世俗歌に恋人を待つ歌が多いのを、昔の女性の受身的な弱さとしたり、「通《かよ》い婚」や「よばい婚」の残存とばかり言うことはできない。出雲お国は出雲大社の勧進巫女《みこ》であったが、これは神や霊の託宣《たくせん》をおこなうことを意味している。しかし実際に神降ろしや口寄せをおこなったというよりは、それをかたどった小歌念仏踊を踊ったのであろう。一遍の踊念仏をはじめ、現在の風流大念仏も、法楽《ほうらく》や神いさめ、または豊年踊、雨乞踊などとして、神前で踊られることが多い。したがって有名な『多聞院《たもんいん》日記』(天正十年＝一五八二、五月十八日)に、春日若宮《わかみや》で出雲お国が踊ったという「ヤヤ子ヲトリ」も、この小歌念仏踊であったと私は推定している。

於二若容拝屋一加賀、国、八才、十一才ノ童、ヤヤ子《（童女）》ヲトリト云法楽在レ之、カカ《（加賀）》ヲトリトモ云、一段イタキケニ面白云々、各群集了。

これを神前だから、神子《みこ》神楽《かぐら》であろうとする説が多いけれども、八歳の加賀と十一歳のお国はヤヤ子または小町娘とよばれる年齢で、小町踊はすなわち小歌念仏踊である。

小町踊は今も各地でボンボンや七夕踊としてのこっているが、これは七夕の旧七月七日が「七日盆」とよばれる盆の入りなので、青年男女の盆踊と区別して、七日の夜に踊ったのである。しかし出雲お国は勧進巫女として京都奈良へ出て、これを神前の法楽踊としていた。そしてその小歌の中には恋人を待つ世俗歌もあったであろうが、これは巫女としては当然のことだったのである。というのは巫女が神や霊の憑依を待つ心は、昔から娘が恋人を待つ心にたとえられたからである。天正十年に十一歳だったお国も、天正十六年には十七歳で京都で小歌踊をしている。したがって『梁塵秘抄』や『閑吟集』の恋歌をうたっても、決して不自然ではない。これは『言経卿記《ときつねきょうき》』（天正十六年＝一五八八、二月十六日）に、

出雲国大社女神子《おんなみこ》、色々神歌《かみうた》又小歌《こうた》等舞之間、阿茶丸召寄見了、

とあることでわかる。

巫女の霊寄せの歌でよく知られたのは

みちのくの　梓《あずさ》の真弓　我がひかば

やう〳〵寄り来《こ》　しのび〳〵に

とあるもので、梓巫女がにぶい音で弦を叩いていると、巫女は忘我の恍惚境《エクスタシー》に入り、霊が憑依する。しかしこれは梓弓の音を合図に、恋人が忍んで来るのを待つ小歌とも

解される。お国歌舞伎で歌われた一連の小歌が、今の風流踊念仏で「忍び踊」とよばれるのは、「霊を忍ぶ」ということと、「恋人が忍んでくるのを待つ」という二重の意味がこめられているからである。いまでは東北地方の祝い歌となった「さんさ時雨《しぐれ》」という民謡も、もとはこの種の霊寄せの歌だったと私はかんがえている。

　さんさ時雨か　萱野《かやの》の雨か
　　音もせで来て　濡れかかる

音も立てないで寄って来るのは霊にほかならないし、もとはおそらく「憑《よ》りかかる」（寄《よ》りかかる）か「憑りかかれ」であったろうとおもう。これを恋歌にしたために「寄りかかる」が「しなだれかかる」から「濡れかかる」に変化したもので、霊を忍ぶ涙雨が「さんさ時雨」の発想となったにちがいない。私がこのように推理するのは、あの「さんさ時雨」の曲調は、実に六斎念仏の「四遍《へん》」という曲に合うからで、もとはやはり念仏踊の小歌だったことをしめしている。

そこでお国歌舞伎に踊られたとされる「しのびおどり」は、尾州家本『歌舞伎之草紙』に載せられていて、これは京都の女歌舞伎の采女《うねめ》の踊ったものという。

　いとまごひには　来たけれども
御番表《（碁盤表）》で　目がしげ《（繁）》ければ
まづ　お待ちあれ

あはれ　霰《あられ》が　はらほらと　降れがな
その間あらせじと　立つ名あらせじと
立つ名や
しのびおどりは　おもしろや

これに対してもとの「やや子踊」が「綾子踊」として越後の山村に伝わってのこった。黒姫村女谷（現柏崎《かしわざき》市）の「恋の踊」は、「しのび踊」と一連の歌詞の中にいっそう巫女霊寄せの古態をのこしている。

千夜も通へ　百夜《ももよ》もござれ
其かねごと《（約束）》の　違はんままに
そろり〳〵　そろ〳〵と　忍び来て
思はず知らず　寄り添いば《（へ）》
置かるるものは　ただ　さア

それではこのような小歌念仏踊を狂言に仕組んだお国歌舞伎というものは、どのような構成をとったのであろうか。

三　お国歌舞伎と亡霊

お国歌舞伎の構成は、奈良絵本系の『かふきのさうし』にもっとも具体的にかたられているが、従来は念仏踊というものが十分あきらかでなかったので、なかなか分析ができなかった。この草紙によるとお国歌舞伎は三段に構成されていて、全体としては能のような亡霊済度《さいど》劇であったことがわかる。その第一段目では、年十七、八のお国が京都北野の常舞台《じょうぶたい》で一日二回の「かぶきおどり」を興行したが、その姿は白拍子の男装であった。そして楽屋を出て橋がかりで「こひのこうた」を歌ったとある。しかし挿絵の方は半被《はっぴ》に裁付袴《たっつけばかま》をはいて編笠をかむり、念仏鉦《がね》と撞木《しゅもく》を両手に持った勧進聖の姿で舞台の中央に立っている。お国はここで「歌う念仏」を能声《のうしょう》の美声でうたい、その中に霊を呼ぶ小歌を歌念仏として入れたのが、「恋の小歌」というものであったろう。

おそらく中世ではこの小歌につれて踊があったのであろうが、お国歌舞伎はこれを演劇化して、名古屋山三《さんざ》の亡霊を登場させる。念仏と歌念仏は「嵯峨の大念仏の女物《もの》狂《ぐるい》の能」（『申楽談義《さるがくだんぎ》』）に見られるが、亡霊を出す趣向は『隅田川』にあって『申楽談義』は「隅田川の能に、内にて児《ちご》もなくて殊更面白かるべし。此能は現はれたる子にてはなし、亡者なり」とのべている。お国歌舞伎はこの趣向をつかったのであろう。しかし近世に入って世俗化された大念仏狂言としては、この亡霊をお国の古い恋人であったという設定にして、名古屋山三の亡霊を舞台に招じ上げ、久闊《きゅうかつ》の昔語りをするのが第二段目である。

一むかしの事かとよ。なごやさんざ《名古屋山三》と申て、なまめい《艶冶》たるいろ《色》この《好》みのおのこ《男》あり。まことにみ《身》にすぐれたるかぶきもの《歌舞伎者》、れんぼ《恋慕》のみち《道》にみ《身》をなして、いかなるくらい《位》の人々をも、ふみたまづさ《文玉章》をかよ《通》はし、こころのまゝになび《靡》かして、世にながれたるかぶきもの、いへども《雖》いま《今》はや、な《名》のみばかりぞのこりけり。

とあって、過去の人であったが、お国歌舞伎の評判を聞いて執心をおこし、亡霊となってここにあらわれたという。巫女の霊寄せが成功したのである。

〽なふ〳〵おくに《お国》にもの申さん。われをばみしり《見知》たまはずや。そのいにしへ《古》のゆかしきに、一夜のやど《宿》をかし《貸》給へ。〽おもひよらずやきせん《貴賤》のなかに、わき《分》きてたれ《誰》ともみしる《見知》べき。いかなる人にてましますぞ。御な《名》をなのり《名告》おはしませ、

とあって昔語りの問答になる。これが中世ならば念仏とお経の功徳《くどく》によって名古屋山三の亡霊は成仏して消え失せ、あとは「草茫々《ぼうぼう》となりにけり」と終るのであるが、近世の念仏狂言は現世的な歓楽によって、亡霊は成仏する。

すなわち第三段目では、お国は派手な男装をして名古屋山三と連舞《つれまい》をする。この派

手な服装をすることを「かぶく」というのであって、その踊が歌舞伎踊である。

うた《歌》はさま〴〵おう《多》しと申せども、ことにかぶき《歌舞伎》のおどりうた、よにもてあそびしひとふし《一節》なり。さらばむかしのかぶき人と、つれ《連》まいらせて、かぶきて人々いざみ《見》せんと、おくに《国》がそのひ《日》のいでたちには、(下略)

とあって連舞《つれまい》をするときの歌が歌念仏である。

さてまづかぶきのうたには〽あたらきよ《今日》はなまき《生木》になた《鉈》じやとなふ。おもひまは《廻》せばき《気》のどくや。ちやや《茶屋》のおかか《女将》に七つのれんぼ《恋慕》、一つ二つはちは《痴話》にもめ《召》されよなふ。のこる五つはみなれんぼ《恋慕》、ちやや《茶屋》のおかかにまつだひ《末代》そ《添》ふならば、(下略)

この世俗的で華麗な舞台に、茶屋の女将《おかみ》が派手に着かざった女中どもを引きつれてあらわれ、レヴュー式の総踊りになる。このときの歌にも「人をまっちのあぶらひ《油火》は、消えずなが《長》かれとろ〴〵と、なにをなげ《嘆》くぞかはやなぎ《川柳》」などと、人を葬る油火の嘆きを川柳で茶化してしまう歌がある。

そして最後はお国が風呂上りの半裸の姿で名古屋山三と茶屋の女将と三人の舞となり、そのまま亡霊の山三を送り出す。これも大念仏の最後に、霊を送る踊念仏があることをもとに、趣向をこらしたものとおもわれ、お国歌舞伎が中世の大念仏、踊念仏と念仏踊を世俗化し、演劇化したものであることがわかる。その人間臭さと現世的、歓楽的な点に、中世の念仏狂言と異なる時代精神がうかがわれるのである。

円空と庶民の仏教

一　遊行者円空の謎解き

近世の日本仏教が幕藩体制のなかで形式化し、宗教としての生命力を失ったことは、よく知られている。それは宗門改めという行政事務の一部を寺が荷《にな》うことによって、寺檀《じだん》制度が確立したため、活発な布教や勧進活動の必要がなくなったからであった。寺院の経済と僧侶の社会的地位の安定は、かえって僧侶を怠惰にしたのである。

本来僧侶は遊行《ゆぎよう》と頭陀《ずだ》（乞食《こつじき》）によって生きるべきものであったが、古代から南都七大寺などという官寺や定額寺《じようがくじ》の僧は、国家の保護の下に遊行も頭陀もおこなわなかった。これに対して沙弥《しやみ》、優婆塞《うばそく》、聖《ひじり》などとよばれる民間僧は遊行と勧進によって生活を維持すると同時に、都市の下層民や農山漁村の庶民に、仏教の信仰をひろめ、その物心両面の苦痛を救うはたらきをした。

如来立像（部分）円空作
（東京国立博物館、出典：ColBase）

この人々は勧進聖または念仏聖とよばれたり、修験山伏とよばれたが、総じて遊行者であった。かれらは古代と中世には神や仏の身代りとして、民衆から迎えられた。しかし近世になると、寺も庵も持たない放浪者は無宿者なので、支配者から迫害されるようになった。円空や木喰《もくじき》行道が「異端の放浪者」などと言われるのは、このような状況の下であった。これに対して民衆は依然として遊行者を歓迎し、病気の祈禱を依頼したり、雨乞をたのんだりした。その厚意にこたえて、かれらは仏像や神像を彫刻して、村の堂や庵や洞《ほら》、あるいは仏壇に残して行ったのである。

これらの遊行者はほとんど記録をのこさないので、その生立ちも行動も謎に満ちているが、円空の場合は作品としての仏像や神像に墨書した背銘《はいめい》や、修法書、写経奥書、和歌などによって、ある程度その謎が解けるようになった。そこで最近明らかになった円空の行動とともに、彼の仏教信仰の内容をすこし分析してみることとしたい。それは円空を明らかにすることは、謎とされてきた近世の遊行者一般の行動と宗教を、解明することにつながるからである。

円空は十年前まではその出生も没年齢もまったく不明であって、私も前著『円空仏』（昭和四十三年淡交社刊）には「私は北海道の円空仏の若さを三十歳前後とみ、延宝三年の大峯厳冬の雪中越年《えつねん》修行を四十歳前後とするから、元禄八年の入定《にゅうじょう》は六十歳前後でなければならない。しかしこれもしょせんは臆測の域を出ないのである。聖には本来生年生家も、没年も墓所もいらないものである。」などと書いた。しかし昭和四十五年の十二月に、上野《こうずけ》一ノ宮、貫前《ぬきさき》神社旧蔵大般若経奥書（千葉県浜名徳水氏所蔵）が発見されてからは、その出生年がはっきりしたので、没年齢は数え年六十四歳であることが決定された。それまで多くの研究者の立てた推定は、この数行の文献で雲散霧消したのである。

またこの大般若経奥書は、円空の出家年齢も明かしていると私はかんがえるので、その全文をあげておくことにしよう。

十八年中動法輪　　諸天昼夜守奉身
刹那《（せつな）》転読心般若《（しんはんにや）》　上野一ノ宮今古新
いくたひもめくれる法ノ車仁ソ一代蔵モク軽トヾロケ
延宝九年辛酉卯四月丁酉十四日辰時見終也
壬申年生　美濃国円空（花押）

ここに「動法輪」とか「法ノ車」といったのは、仏教を弘《ひろ》めることを「転法輪《てんぽうりん》」ということから出たもので、十八年間仏教を弘めているという意味である。そうすると円空はこの年から十八年前に出家したことになる。これで円空の出家は寛文三年（一六六三）三十二歳のときだったと推定される。そしてこの年はじめて美濃の山間部郡《ぐじ》上《よう》郡の美並《みなみ》村根村《ねむら》神明神社に、天照皇太神と阿賀田《あがた》大権現の御尊体を造立し、翌寛文四年には同村福野《ふくの》白山神社の阿弥陀如来像を彫刻している。またこの年の造立とおもわれる阿弥陀如来、釈迦如来、薬師如来と子安大明神、春日大明神、伊弉諾《いざなぎ》尊、伊弉《いざ》冉《なみ》尊の像七体が、同村勝原《かつはら》子安神社にのこされ、おなじ年の神像二体が同村大矢《おおや》の熱《あつ》田《た》神社にある。そのほかにこの年をへだたらない円空作仏像神像が同村に多いことから見て、円空の出家はこの村の中であり、その寺は同村粥川《かゆかわ》の粥川寺《しゅくせんじ》であろうと私は考えている。

円空は従来美濃平野の真中の岐阜県羽島《はしま》市上中町《かみなかちょう》の生れと信じられ、その生家という記念館もある。これは天保十五年（一八四四）に書かれた『浄海雑記』に

円空上人、姓ハ藤原、氏ハ加藤、西濃安八郡《あんぱちぐん》中村之産也。幼キ時、台門《（天台宗）》ニ帰シ、僧ト為ル。（下略）

とあるのを素朴に信じたからであるが、五十歳のときの円空が「十八年中動法輪」という以上は、幼い時の出家ではない。また最近では円空が木地師《きじし》の出身であったこと

をしめす背銘が出て来た。

この円空仏は常陸笠間《ひたちかさま》の月崇寺《げっそうじ》蔵の観音像で、その円空自筆背銘には

　万(満)山護法善神　　延宝
　御木地土(士)作大明神　　八年庚申秋
　(梵字)(サ)　観世音菩薩　　九月中旬

とあり、従来は「御木地土作」が読めなかったが、私は「御木地士(師)作る」と読んで、奥美濃美並《みなみ》村周辺の木地師仲間から出た者と推定した。というのはこのあたりは木地師の多かった所で、最初の作品である神像をのこした美並村根村は、現在も木地師に多い小椋《おぐら》姓が半数以上を占める。また円空出家の寺と私がかんがえている粥川寺の近くには「木地《きじ》屋敷」の地名や、円空が籠ったという「坊主洞《ぼうずぼら》」もある。『浄海雑記』のしるす円空伝の先入観を捨てれば、すべて解決できる史資料が続々と多数出て来たのである。

また『浄海雑記』が「台門ニ帰シ」と言っているような正式の出家を、円空がしたかどうかも疑問である。円空は一時期を除いて生涯を放浪の遊行者として送ったのであって、その出家は山伏となる得度《とくど》受戒であったらしい。したがって後に法隆寺で「法相中宗血脈《けちみゃく》」を受けたり、三井寺園城寺《おんじょうじ》で「金剛宝戒」を受けたり、尾張の荒子観音寺で「天台円頓《えんとん》菩薩戒」を受けたりする。しかし、これらは結縁《けちえん》の授戒や灌頂《かんじょう》で

受けることのできるもので、法相宗や天台宗の正規の僧侶たる必要はなかったのである。円空はむしろ遊行の一修験山伏として、「宗派のない」庶民仏教の中で、あのすばらしい仏像や神像を彫りつづけたものと見るべきである。

二　円空の仏教と大般若経

円空はその作品が日本全国にあるので、江戸時代から注目を浴びていた。円空没後五十年ぐらいの『飛州志《ひしゆうし》』も円空作の木仏の多いことを書いて、「姓氏或ハ何国ノ産、何レノ宗派ト云フコトヲ不知。疑フラクハ是台密《たいみつ》ノ徒タルカ」としている。しかし台密といっても天台密教の正統派ということではなくて、天台宗寺門派《じもんは》（本山は三井寺園城寺円満院）に属する山伏ということである。円空が園城寺で金剛宝戒を受けたのは延宝七年（一六七九）四十八歳の時であったが、これは密教の戒律で三昧耶戒《さんまやかい》であったとおもう。

天台宗寺門派は、派祖の智証大師円珍以来、山岳宗教にとくに熱心であった。したがって『寺門高僧記』を見ると、歴代大峯山《おおみね》その他で修験道を実修する僧が多かった。ことに一乗寺大僧正増誉《ぞうよ》は熊野三山撿挍《さんざんけんぎょう》に補せられたほどで、やがて聖護院《しょうごいん》を開いて天台系修験道の本山とした。これに対して円満院に所属する修験も多かったわけで、円空受戒の師であった尊栄が「寺門円満院流、霊鷲院《りようじゆいん》兼日光院大僧正阿闍梨《あじやり》大先達、尊栄」と名告《なの》ったのは、修験道の大先達の資格を持っていたことを意味する。したがって『飛州志』の著者、長谷川忠崇《ただたか》が円空を「台密ノ徒」と見たのは正しかったが、事実は山伏として天台宗寺門派に属させてもらったにすぎない。したがって特に天台宗の教理や信仰を学習したということではない。円空の思想や信仰や作品に、とくに天台宗の色彩がないのはそのためである。山伏は仏教のみならず神道も陰陽道《おんみようどう》も神仙術も取り入れた「庶民信仰」の宗教家、すなわち「ひじり」なのであるから、その仏教も「宗派のない仏教」であった。

修験道の内容をなす仏教は、日本にあるすべての仏教をふくむが、とくに呪術としての密教を欠くことはできない。これは修験道が原始呪術宗教を根幹とすることから当然のことであり、円空はその原始呪術宗教のもっとも忠実な実践者であった。そのために深山幽谷を遊行、抖擻《とそう》し、窟《いわや》に籠り、水垢離《みずごり》をとり、苦行と祈禱をおこない、神や仏の像《すがた》を木に彫った。これらは特定の仏教による実践ということではなくて、原始呪術に仏教を取り入れたまでである。

修験道の内容を構成する仏教は、密教のほかに法華経や念仏、禅、大般若経（空観）などがある。倶舎頌《くしやじゆ》をもちいることもある。とくに法華経は滅罪経典として、修験道の大きな要素を占めることは、私がしばしば指摘したところであるが、円空には

大般若の転読　羽黒修験　秋峯入

法華経をとくに重んじた形跡はない。円空が正統の「台密の徒」ならば、法華経の書写（如法経《にょほうきょう》という）や持誦読誦《じじゅどくじゅ》があってしかるべきである。また念仏は山岳宗教には意外に根強くあるもので、大峯山、石《いし》鎚《づち》山、出羽三山などではいまも入峯《にゅうぶ》に山念仏を高声に唱えながら、山に登る。これは日本人が山を他界《たかい》（あの世、霊魂の世界）とした原始信仰が浄土教化して、山に極楽浄土や地獄があるという信仰になったからである。山神の本地は多く阿弥陀如来であり、弥陀ヶ原や浄土山、地獄谷がある。しかしこれも円空は「南無阿弥陀仏」の名号やお札をのこすにとどまった。

　これに対して円空が生涯をかけて熱心だったのは大般若経信仰で、ここに円空の仏教の特色があるといえる。とくに大般若経信仰を重んずる修験道は日光山修験なのであるが、円空は関東で日光修験に接触する前から延宝二年（一六七四）四十三歳のとき、志摩の漁村で大般若経六百巻の修復をしている。しかも志摩町片田《かただ》の三蔵寺と、阿児《あご》町立神《たてかみ》の医王寺と二か所の大般若経であり、その見返しに釈迦十六善神の絵を多数描いたほどの力の入れようであった。これは私が円空出家得度の寺と推定する粥川《しゅくせん》寺《じ》に、平安中期の天暦《てんりやく》七年ほか平安時代書写の大般若経が、三十五巻あったことと無関係ではあるまい。現在この大般若経は重要文化財に指定されて現存するが、円空の頃は六百巻揃っていたのかも知れない。そして粥川寺に隣する美並村杉原《すいばら》熊野神社にも大般若経六百巻があって、火災で失われたというから、大般若経信仰はこのあたりの高賀山《こうがさん》周辺に支配的であった白山修験に関係があるという推定もなされる。

しかしそれよりも決定的なのは、円空が延宝八年から九年にかけて関東を遊歴したときの、上野《こうずけ》一ノ宮貫前《ぬきさき》神社（群馬県富岡《とみおか》市）の大般若経六百巻である。さきにあげた延宝九年四月十四日の奥書は、この大般若経に書かれていた。この中で「辰時《たつのとき》見終也」と書いたのは、六百巻の閲読を終ったということで、閲読のあいだに経巻の破損があれば修理したであろう。そして円空は粥川寺で出家してから十八年間、「刹那転読心般若」とあるように、一瞬も止むことなく心に大般若経を転読していた、というのである。いかにこの経典が円空の仏教にとって、大切なものであったかがわかる。

三　円空の修験道と密教

私は今年の桜の満開の時期に、円空の足跡をたずねて伊香保《いかほ》の水沢寺と上野一ノ宮を訪れることができた。妙義山《みょうぎ》、赤城山《あかぎ》、榛名山《はるな》の上毛三山を望む美しい神社境内に、神宮寺址がのこされていた。放浪の円空が大般若経修理を名として、この寺の片隅に寄寓したことをおもうと感無量であったが、三重塔の礎石のほかは何も残っていない。

しかし円空が「一代蔵モ軽クトヾロケ」と詠んだところをみると、一切経を入れた六角輪蔵《ろっかくりんぞう》があって、人々は輪蔵をゴロゴロと廻しては一切経の功徳《くどく》をうけていたのだろうとおもう。水沢寺にも六角輪蔵があったが、これは六道地蔵をまつる地蔵堂に変えられていた。佐渡の小木《おぎ》の蓮華峯寺《れんげぶじ》では折角の六角輪蔵を転用して、別に経蔵を建てていたが、これは一切経転読の庶民信仰をわすれたものであろう。円空はまた三井寺園城寺の八角輪蔵に八大龍王像を納めており、このような信仰を大切にしたことがわかる。

上野一ノ宮の大般若経はいま美並村の粥川寺址《しゅくせんじあと》の星宮神社にのこされて現存する。これもさきにあげた大般若経奥書が発見されなければ、如何《いか》なる経緯で「上州一之宮」の判のある大般若経が、奥美濃の山間部にあるのか説明することはできなかったであろう。しかしこの奥書が出てから、私は美並村の村史編纂の監修者として、他の委員とともに星宮神社大般若経の調査をした。そしてもう一度おどろかなければならなかった。

円空は上州一ノ宮神宮寺で熱心にこの大般若経を閲読したためか、または円空が懇願したためか、住僧はこの六百巻を円空に与えたものであろう。しかしこれを遠路、美濃の山村まで運ぶことは容易でない。これには少なくとも三百巻一箱として、二箱に四人の人夫が要ったであろう。円空も担《かつ》いだとしても三人の人夫が要る。こんなにまでして運んだ理由は、この経巻の紙背に山伏としての密教修法書を書いたり、貼ったりしてあったためであることが、調査の結果わかったのである。

円空の修験道のもう一つの柱は密教であった。しかしそれはいわゆる正統密教といわれる真言密教ではなくて、庶民信仰的な雑部《ぞうぶ》密教であった。円空の初期の雑密《ぞうみつ》は誰から伝授されたかは、いま全くの謎であるが、出家後三年、東北・北海道にのこした来迎《らいごう》観音像には、しばしば六観音種子《しゅじ》とおもわれる梵字を書いている。その後は梵字真言も書くようになるけれども、金剛界大日真言や胎蔵界大日真言、金胎両部不二真言、五仏真言、不動真言などが多く、梵字もかなり出鱈目《でたらめ》である。

ところが上州一ノ宮を足場として、関東の修験道の山々や山伏宅を遊歴するあいだに、日光山内、円観坊で高岳法師なる山伏に会った。そしてこの高岳法師から修験道修法を伝授されたことが、大般若経紙背の修法書からわかったのである。たとえば『スラサラ童子法』の奥書には

秘中の深秘、唯受一人の術法也。誤っても口外す可からざる者也。

天和二戌九月吉日　沙門高岳　円空示

とあり、怨霊降伏《ごうぶく》の秘法であった。また『七仏薬師一印秘法』の奥には

七仏名号は義浄訳経に出づ

天和二戌九月五日　附与円空

無観無行　高岳

とある。そのほか『金剛説神通大満タラニ法術霊要門経六』や『穢跡《えせき》金剛法禁百変法門経』や『観自在菩薩怛嚩多唎《たばたり》随心陀羅尼《ずいしんだらに》経下巻』などの雑部密教経典もあり、「胎《たい》子守《じまもり》」「降雨止雨法」「吒枳尼天《だきにてん》法」など多くの厭禁《まじない》の呪法が書かれている。以上のように円空の庶民仏教は、大般若経と呪術的密教を根幹とする、修験道であったということができる。

木喰行道の島渡り

一　木食遊行者の心

江戸時代の寺檀《じだん》制度の確立で、僧侶は自坊にじっとしておればよかった。檀家に葬式があれば金襴の袈裟《けさ》と絹の衣で、駕籠に乗って出向いた、といって多くの寺は今も大玄関の天井に駕籠を下げてある。頭陀行《ずだぎょう》を本来の生活とした仏教の精神からすれば恥かしいことなのに、格式をほこるようになったのはどうしたことであろうか。

しかしそれも長い日本仏教の歴史からすれば、伽藍《がらん》の大をほこる造寺堅固という末法にも歴史的必然性がある。民衆の宗教心の表現が高まれば、わが先祖の霊に仕える菩提寺の住職には、隣寺に負けない立派な金襴の袈裟を着てほしいし、本堂も庫裡《くり》も遠くから目立つように高くしたいとおもう。本山も他宗に負けないようにデカイものを建てるなら、棟上げの毛綱《けづな》の髪も寄進しましょうというのは自然なことである。近代仏教の造寺堅固も造衣堅固も、民衆の宗教心の表現だったと言えないこともない。しかしそれでは本来の仏教精神は消えてしまうので、このような歴史的必然に抵抗する遊行者《ゆぎょうしゃ》が存在した。いつの時代にも歴史的必然に抵抗する者の生活はみじめであるが、かれらはそれに満足していて、不平などは一言も聞かれない。もちろん体制への反抗などという意識もなかった。かれらは内なるものに促され催されて、ひたすら遊行した。遊行者の一人木喰行道《もくじきぎょうどう》はお寺に一宿を乞うて断られると、

一宿ヲね（が）ふてみれば　ハツト《（法度）》タ《（ダ）》ト
　住寺《（持）》の心　やみぢ《（闇路）》なりけり
行暮て　はつと《（法度）》もしらず　こ《（乞）》ひければ
　おしやう《（和尚）》の心　やみぢなりけり
いましめの　はつと〳〵は　いらぬもの
　じやく《（寺役＝葬式）》は所の　ふきつ《（不吉）》なりけり

などと誤字宛字《あてじ》だらけの戯歌《ざれうた》で自分の淋しさをまぎらして、一生遊行放浪をつづけた。

木喰行道も遊行を止めようとおもえば、止められる機会はあった。たとえば七十一歳の天明八年（一七八八）から八十歳の寛政九年（一七九七）まで九年間の日向《ひゅうが》国分寺滞在は、そのまま居坐れば住職で落ち着けたであろう。しかし彼はあえてここを発って放浪に出る。もちろんこの九年間の滞在も

九州修行ノ節ニ、イタッテ、日向ノ国分寺ニ、ヨンドコロナキインエン（因縁）ニヨッテ、
トドマリテ住ショク（職）イタシ、

とあるような「イタッテヨンドコロナキ因縁」であったが、これは自分がしばらく留守居していた無住の日向国分寺を、不注意で焼いてしまったので、再興のための滞在であった。しかし困難な勧進《かんじん》による五智如来堂《にょらいどう》（仏像五軀は彼の自作）の再興ができあがると、さばさばと一介の乞食《こつじき》になってここを出る。そのために九十三歳まで十三年間の傑作が、各地にのこされたのは幸せであった。

江戸時代の日本人の仏教としては、寺檀制度による檀那《だんな》寺もあれば、病気、雨乞《あまごい》などのための祈禱寺もあり、高野山、善光寺、成田不動、浅草寺《せんそうじ》のような庶民信仰の霊場寺院とか巡礼札所などもある。しかし一般に無視されてきた遊行者の仏教が、最近注目をあつめているので、弾誓《たんせい》、円空に次いで木喰行道や澄禅《ちょうぜん》、養阿《ようあ》、徳本《とくほん》などについて述べたいとおもう。とくに木喰行道については、最近佐渡の調査を始めたし、『微《み》笑仏《しょうぶつ》』（昭和四十一年、淡交社刊）に説明不

木喰自身像（東京国立博物館、出典：ColBase）

足の点もあったので、順序不同でここに取り上げることとする。

二　木喰行道の蝦夷島渡り

木喰行道の遊行でもっとも疑問の多いのは、北海道へ渡ったことと、佐渡ヶ島の滞在である。木喰行道が遊行者の伝統として、弾誓や円空の系譜につながることは、もはや疑いのないものになっている。これら三人とも花押《かおう》に「心」もしくは「一心」をもちいることは偶合《ぐうごう》とはいえないし、その他多くの遊行者が、「心」にいろいろの装飾をつけて花押にしている。また木喰行道が八十九歳の文化三年(一八〇六)に、「光《こう》明《みよう》神通明満《みようまん》仙人」と自署したのも、弾誓が佐渡で即身成仏の自覚を得たとき「十方西清王法国光明満正弾誓阿弥陀仏」と名告《なの》ったことを知っていたであろうことは、すでにのべた通りである。

そうすると木喰行道の佐渡滞在は、弾誓の後を慕って行ったものと推定されるが、私は十五年前の『微笑仏』のときは、それに気付かなかった。したがって佐渡の方は今は解決されたのであるが、北海道には疑問がのこるのである。しかし私が『微笑仏』に書いたように、実に多くの木食《もくじき》遊行者が江戸時代には北海道へ渡っている。これに対して私は『円空仏』(昭和四十三年、淡交新社刊)には、活発な辺地伝道をした浄土宗名越《なごえ》派の蝦夷地《えぞち》伝道に刺戟《しげき》されたものだろうと書いた。この名越派の遊行者は善光寺仏と善光寺信仰を各地にはこんで歩いたので、東海岸の有珠《うす》善光寺はすでに慶長十八年以前に名越派によって開かれ、ここに円空も行道も足をとどめている。西海岸のどんづまり、熊石《くまいし》法蔵寺および門昌庵《もんしょうあん》（太田権現の納経受取寺・浄土宗）と太田の村の潮音寺（大日堂）などもおなじであろう。行道は熊石法蔵寺まで来て、日本回国の半分を果したと思って、六十二歳の安永八年六月二十四日に「日本回国中供養《ちゅうくよう》碑」を建て、地蔵菩薩立像をのこした。

しかし円空の研究がすすむにつれて、北海道の円空の足跡が洞窟ばかりであるところから、遊行者の望む「窟籠り《いわやごもり》」修行の聖地として、円空以後の遊行者をひきつけたことが推定できるようになった。円空は本州でも「いはやひじり」とよばれているほど、窟籠りが多いのである。したがって、東海岸の礼文華《れぶんげ》の窟や有珠湾の穴澗《あなま》の大岩窟（一名地獄穴）、西海岸の太田権現の窟や、乙部《おとべ》村の黒岩窟（円空上人の窟）などに籠ったことがはっきりしている。この中で太田権現の窟には木喰行道も籠って、「山巡り」の修行をしたことが推定されるようになった。

これはすでに拙著『微笑仏』にのべたように、寛政年間に北海道に渡った近世随一の大旅行家、菅江真澄《すがえますみ》の日記の「蝦夷喧辞弁《えみしのさえぎ》」と記すところで、

神のいは《（岩座）》くらもちか《（近）》からん、いくばく《（幾許）》かあらんそび《（聳）》へたちて、のぼるべうもあら

ぬ巌《いわお》のつら《（面）》に、ふたひろ《（二尋）》あまりのくろがね《（鉄）》の、つかり《（鎖）》をかけて、これをちからにたぐりのぼれば、いはや《（窟所）》どのうつむろ《（洞）》に堂をつくりかけたり。

と、いまと同じ太田権現の窟と堂を記述している。そしてその中に円空の仏像があったのを見ている。

斧作りの仏、堂のうちにいと多くたゝせ給ふは、淡海《（近江）》の国の円空といふほうしのこもりて、をこなひ《（修行）》のいとまに、あらゆる仏を造りをさめ、とあるので、窟の中に堂があり、堂のうちに多数の円空仏があったというのである。菅江真澄はこの海岸と断崖と窟と、その中の堂を四枚のスケッチにしているが、円空仏だけは窟の外にならべて描いている。これは堂の中の仏像だから、外へ出さないと見えないので、外へならべたところをスケッチしたのであろう。ところが柞木田龍善《たらきだりゅうぜん》という仁の『修験木喰』(昭和五十二年、佼成出版社)は何を血迷ったのか知らないが、これは嘘だと書いている。

しかしこれに対する批判は後まわしにすることにして、菅江真澄の記述をたどると、はた、こと《（異）》すぎやう《（修行）》者も、近きころ此いはやにこもり《（籠）》居て、はるぐ〵と高き大谷《ミタニ》へだてたる岩のつら《（面）》に注連《しめ》引はへ《（延）》、木のたかぐつ《（高沓）》をふみて、山めぐりをぞしける。その木沓も猶のこれり。小鍋、木枕、火うちけ《（打笥）》など岩むろのおく《（奥）》にありけるは、夜こもりの人のためとか。(下略)

とある「近きころの別の修行者」というのは、真澄が来る十年前の安永七年にここへ来た木喰行道であった可能性が大きいとおもう。これがたとえ行道でなくとも、はるばる太田権現の窟に来て籠るということは「修行」を目的とした危険な苦行であることは、一度ここへ足をはこんだ者ならば分るのである。しかもここには木喰行道がよく彫刻した立木仏もあったという。

　みちのかたはらなりける木の根《（株）》を、斧のあたるにまかせてつくりなせるぼさち《（菩薩）》に、きぬ《（布）》うちきせ《（着）》手向たるも、おかしうたふと《（尊）》く、

とあるのは、木喰行道のほかは想定できない。

しかし木喰行道が太田権現以前に作った仏像はまったく見あたらないので、ここでの円空仏との出会いから、行道の仏像彫刻がはじまったという推定を、前著『微笑仏』に私は書いた。すると『修験木喰』はこの窟に円空仏があったはずはないという。私のこの推定を否定するには、ここに円空仏はなかった、といわなければならないので、大胆にも菅江真澄の見聞記を嘘だと強弁したのである。おそらく柞木田龍善という仁は、真澄の『蝦夷喧辞弁』の本文も、その挿絵も見たことがないにちがいない。曰く、

　太田権現の窟は、人間が一人横になれるくらいの長さも奥もそう広くない窟であるし、円空がここに籠って作仏したにしても、それほど多く立てておく場所がな

いのである。それが、木喰が行ったとき、果してそこに円空仏があったかどうか、

（下略）

と書いて、また「洞窟は間口四メートル、奥行き広いところで約二メートルで、とても洞窟といえたものではない」とも言う。これでは子供の暗算でも八平方メートルだから、坪にして二・四坪、五畳敷弱の大きな洞窟である。五畳敷に一人で一杯になってしまうほど、円空は巨人だったかどうか知らないが、私はカメラマンの後藤英夫氏とその御令息、そしてマネージャー格で付き添って行った関秀夫君と四人でこの洞窟に入って、洞窟内を写真にとるスペースはあった。当の後藤氏から、あの出鱈目《でたらめ》な『修験木喰』の、太田権現の窟の誤りだけでも訂正を申し入れてほしい、という強い要請があって、私ははじめて、この書の存在を知ったのである。

三　木喰行道の佐渡ヶ島渡り

今では円空も行道も、木食遊行者の系譜とその掟《おきて》で、多くの謎が解けるようになった。とくに佐渡には近世遊行者の祖、弾誓光明仏の足跡があるので、これを慕った修行であることがわかる。しかし十五年前の『微笑仏』では、まだ弾誓と木食遊行者の関係が分らなかったから、佐渡の素朴な人々の「中世的ホスピタリティ」に引かれた

のであろうと書いた。遊行者の歴史は同時に庶民の仏教の歴史なので、まだまだ新しい事実が出てくるにちがいないとおもう。

弾誓の伝も在世時代の記録がないので、正確なことは今後に俟《ま》たなければならない。現存の伝は、浄土宗が弾誓を浄土宗捨世派《しゃせいは》に組み込んでからのもので、もう一度見直す必要がある。私の調査でも、弾誓六年間の佐渡修行は、かならずしも檀特山《だんとくさん》ばかりでないことがわかった。したがって木喰行道も檀特山だけで修行したのでなく、真更《まさら》川《がわ》の奥の聖地、山居《さんきょ》へも行っている。それは真更川の旧家、土屋家に木喰行道の渡唐天神像と、一筆書きの「龍水」があることで証明された。

現在の『弾誓上人絵詞伝』は、京都古知谷《こちだに》阿弥陀寺本（刊本）も箱根塔《とう》の峰《みね》阿弥陀寺本（絵巻）も、真更川山居のことは何も書いてない。しかし遊行者の聖地はむしろこの山居の方であった。したがって浄土宗側の伝記作者は、佐渡の実地踏査をせずに、机上で書いたことがわかる。木喰行道が檀特山に釈迦堂を再興したのは、弾誓の旧蹟だったからであった。従来は行道は石名《いしな》清水寺の奥之院として、檀特山釈迦堂を再興した、といわれてきた。しかし真更川の伝承では、弾誓ははじめ檀特山で修行し、鳥にみちびかれて山居へ移ったのだという。事実檀特山と山居の峰は南北に相対している。そしてこの間を往来するには、どうしても通らなければならない聖地があることが、私の踏査でわかった。これが石名と真更川の中間にある、岩谷口《いわやぐち》集落の洞窟である。真更川山居はこれから三時間ほど山路の急坂を登るのであるが、最近海岸に電光型のドライブウェイができ、海府《かいふ》大橋が架せられた。それ以前は真更川の人々もこの山路を通ったということであった。このドライブウェイが開けるまでは、この洞窟は北海道の太田権現とおなじく道のどんづまりになるので、その手前の集落が岩谷口と名付けられたのであろう。

岩谷口の洞窟は不思議な洞窟で、奥の知れない二つの細長い洞穴が海に向って開口している。洞穴の上の岩壁が半球形にオーバーハングしているので、その下に立つと海の方の音はパラボラ・アンテナで集音されたように、大きく地の底から響くのである。ここが聖地になった自然条件は音の蜃気楼《しんきろう》のような反響と残響にもあったかもしれない。そして手前の洞穴には薄気味悪く奥まで水が澱《よど》んでいて、子龍のために残した母龍の目玉が底に沈んでいるので、夜は青白い光を発するという。

もう一つの奥の洞穴には、弘法大師の投筆という磨崖《まがい》名号があることは、私も郷土史家から聞いていた。高い所にあるので二回目の踏査で見付けたが、これが何と弾誓筆独特の癖のある六字名号と花押であった。そうすると従来弾誓は檀特山の洞穴で慶長二年（一五九七）十月十五日の夜に即身成仏し、十万西清王法国光明満正弾誓阿弥陀仏になったという重大な回心《えしん》は、この洞穴でおこなわれたと推定してよいであろう。このことから見ると遊行者のいう佐渡の檀特山は、現在の檀特山から岩谷口を経て真更川山居にいたる三十キロ行程ぐらいの広い範囲だったかもしれない。かれらはこの範囲を往復する抖擻行《とそうぎょう》を「檀特山修行」と称していた可能性が大きい。そして南の終点が釈迦の聖地檀特山で、北の終点が阿弥陀の聖地山居であることも、弾誓の思想をあらわしている。

木喰行道の佐渡修行は、弾誓が佐渡を去ってから百九十年も経っているので、檀特山釈迦堂は荒れていたであろう。しかし真更川山居の方は浄土宗捨世派《しゃせいは》の浄厳などが入り込んで繁昌していた。したがって行道は檀特山の方だけを再興したのであるが、真更川山居の方へも来ていたことは、さきにあげた土屋家所蔵の墨跡がこれを証明している。このようにして行道の佐渡渡りの謎は、いまほぼ解けようとしているが、これはひとり行道の問題ではなくて、遊行者の仏教全体の問題であり、ひいては日本の庶民仏教史の問題でもある。しかしそれほどの聖地の檀特山も山居も、今はすっかり荒れ果てている。しかし神秘的な山居池だけは、昔のままの山を映して美しく静まりかえっていた。

神仏分離と庶民信仰

一　神と仏の一体観

日本人と仏教の関係は、神と仏の交渉からはじまったが、この交渉に終止符を打ったかのごとく見えるのが、明治維新の神仏分離である。

しかし神仏習合といい、神仏分離といい、日本人の心の深層からいえば、水面の波風であって、庶民信仰の立場からは、習合以前も以後も、分離以前も以後も変化がなかったということができる。このようにいえば、一般常識としては奇矯《ききよう》のように見えるかもしれない。しかし深い海は表面がいかに狂瀾怒濤《きようらんどとう》で荒れていても、海底の水はうごかないのである。日本人の精神生活あるいは宗教生活には、変化する部分と変化しない部分とがある。不易《ふえき》と流行である。また早く変化する部分とゆっくりと変化する部分とがある。

歴史の表面を見ると、すべては変化しているように見える。そこには発展論的な変化と、終末論的な変化の評価はあるにしても、歴史は変化だという常識が成り立つ。しかし歴史観はまたその変化に一貫した不変原理を見ようとする。人間の歴史の究極目的は何かという目的論的な見方がそれである。中世の『愚管抄《ぐかんしょう》』はそれを「道理」とよんだが、「神の国」や「仏国土」の実現と見る者もあるし、「民主主義」や「人間性」の完成とする者もある。日本では戦時中に「皇国史観」というものがあったのも、歴史の一貫性とその原理をもとめようとしたものである。

しかしこのような歴史観は歴史の表面にあらわれた政治的、社会的、経済的、文化的な諸事象をデータにしたもので、日本仏教の歴史も教理とか仏教美術などの文化史的事象や、教祖・教団などの社会経済史的事象から出ることはなかった。しかしよくかんがえてみると一般庶民は仏教教理なり、各宗の教学なりを知って信徒門徒になったか、あるいは仏教美術を享受したかどうかとなると、これは大いに疑問である。端的に私の意見をいえば、日本人の仏教受容は祖先をまつるためであり、その祖先の加護と恩寵を受けるためであった。この場合の祖先という概念は複雑で、霊鬼《れいき》概念から祖霊《それい》概念、そして一家の先祖から一族の祖先神すなわち氏神《うじがみ》までをふくんでいる。本論の最初にのべたように、日本人の霊魂観（神霊観）は死霊（ほとけ）から神までが一連なりであって、死霊は仏教の供養や祭りをうけて、祖霊から神へと昇華してゆく。

これを宗教民俗学は「霊魂昇華説」と名付けているが、「ほとけ」と神の分れ目を一般には三十三年忌の「弔い切り」において、それからは神としてまつり、位牌《いはい》は捨てたり流したり焼いたり、屋根裏に上げたりする。都会人や若い人やインテリは知らないかもしれないけれども、宗教民俗学はその事例をいくらでも挙げることができる。人が死んで「ほとけ」になり、やがて神になるというのは庶民信仰であって、庶民仏教はこの庶民信仰の上に成り立っている。

村落の民間寺院は墓地と隣合わせであり、墓地がないようでも、境内の隅に石塔だけ建てるラントウバ(私は檀徒墓の訛《なま》りとしている)がある。それすらなくとも檀徒の死霊が休らいながら、毎朝暮の住職の勤行《ごんぎょう》の法音を聞いて浄められてゆく位牌《いはい》檀や位牌堂がある。そして本尊はこれらの霊が浄められて帰一する先祖の仏教的表現として、村落寺院は維持されてきた。

一方庶民信仰の神々には、まだ完全に神格化しないで、怒りや祟《たた》りを持った暴悪な神が多い。荒神《こうじん》とよばれる神は「墓荒神《はかこうじん》」やミサキ荒神があるように、墓地の中にまつられたり、かつて墓地だった森(荒神森、荒神ブロ)の中にあったりする。私はこのように仏と神の中間にある神を、「中間神霊」と名付けているが、山神《やまのかみ》というものも代表的な「中間神霊」である。この山神に仕えてその怒祟《どすい》を鎮魂し、かえってその強力な恩寵《おんちょう》を得ようとしたのが、山伏《やまぶし》とよばれる山岳宗教者であった。

古代の神仏習合も、このような山神に仕えて鎮魂呪術を身につけた山岳宗教者が、神社の別当として奉仕したことからはじまる。かれらは神前でいっそう鎮魂の呪力ありと信じられた仏教経典（法華経、大般若経、仁王経等）や陀羅尼《だらに》を読誦し、仏教の法《ほう》味《み》、法楽《ほうらく》を捧げたのである。したがって山岳宗教の段階では、あくまでも信仰の主体性は神にあり、仏教側は奉仕者にすぎなかった。このことは神仏分離の過程でわかるように、いかに習合の甚だしい神社でも、直接に神饌《しんせん》を捧げたり、社殿内に立入って祝詞《のりと》を読んだり、掃除したりするのは、神主《かんぬし》・宮仕《みやじ》・祝《はふり》であって、僧侶ははるか遠い拝殿や長床《ながとこ》までしか入れなかった。

しかしどうして明治維新の変革期に、日本の歴史に例を見ない激しい排仏毀釈《はいぶつきしやく》の嵐が吹き荒れたのかという疑問がある。これは政治的変革期にありがちな大衆の狂暴性というものもあるが、神道側と仏教側の未熟な神仏への認識と対応の仕方に、大きな原因があったのではないかとおもう。その証拠には排仏毀釈が一時の嵐として過ぎ去ると、庶民仏教のあり方は昔のままに残ったからである。排仏で寺院を一掃しようとしたり、一宗一か寺に合寺しようとした松本藩や富山藩でも、民間寺院は何事もなかったかのように旧に復している。ただ山岳宗教の社寺や諸大社だけが大きな変革と破壊の爪跡を残したが、これは別の理由からであった。しかし大部分の日本人の仏教は祖霊崇拝と祖先崇拝の仏教として一貫した形態を現在まで残している。私がさきにのべた日本仏教史の一貫性は、日本人の精神生活の一貫性にあり、これを保持した庶民信仰の一貫性にあるということができよう。

二　日吉山王社《ひえさんのう》の破仏

たしかに明治維新の神仏分離にともなう排仏毀釈運動は、仏教の社会経済史や文化史に大きな影響をあたえた。これを変革という点に焦点をあてれば、たしかに大きな変革で、行き過ぎの破壊と損失も大きかった。しかし私は破壊をおこなうだけの勢いがなければ、明治維新の革命は成就しなかったであろうとおもう。しかも破壊のおこなわれた社寺にはそれなりの理由があって、仏教側の神主への差別と圧迫が強かった。その反発が復古神道や平田篤胤《あつたね》一派の排仏思想に連なったものとおもわれる。

たとえば破壊の大きかった比叡山の地主神である坂本の日吉山王社《ひえさんのう》では、社司、宮仕《みやじ》、公人《くにん》は延暦寺の支配下にあり、社殿の鍵は延暦寺の執行代《しゅぎょうだい》が持っていた。神祭節は延暦寺から神事奉行が立ってその指揮に従い、神幸の神輿舁《みこしかき》もしたという。かれらは法体《ほったい》で神事をおこなったのであるが、平生は延暦寺の院や坊に所属して、雑用もつとめていた。『神仏分離史料』(上)に

山門各坊家来《けらい》の者、公人《くにん》と相唱へ来り候所由《いはれ》は、同人共別当大師の余流を汲み、

一山各坊公務に関係仕候。（下略）

とあり、平生の処遇をうかがうことができる。中世の日吉社神人《じにん》との関係はあきらかでないけれども、その地位が低かったことは想像できる。このような神職の鬱憤が明治元年三月二十八日の神祇事務局達《たつし》に、

一、中世以来、某権現《ごんげん》或ハ牛頭《ごず》天王《てんのう》之類、其外仏語ヲ以《もつて》神号ニ相称《となえ》候神社不レ少《すくなからず》候、何レモ神社之由緒《ゆいしょ》委細ニ書付、早々可ニ申出一候事、（下略）

一、仏像ヲ以《もつて》神体ト致候神社ハ、以来相改《あらため》可レ申候事　附《つけたり》、本地《ほんち》抔《など》ト唱へ、仏像ヲ社前掛、或ハ鰐口《わにぐち》、梵鐘、仏具等之類差置候分ハ、早々取除キ可レ申事

とあると、社司はその翌日早くも蜂起《ほうき》し、在京の西国の神職を糾合して四十余人、四月一日に延暦寺執行代へ、日吉山王七社の鍵二十七箇の引き渡しをせまった。この時の神職の先頭は、排仏家として知られる樹下《じゅげ》茂国と生源寺三位《しょうげんじさんみ》であったので、一団は暴徒化して村人も加わり、仏像、僧像、経巻、法具等を神殿からはこび出しては破却し、百二十四点を焼き棄てた。その目録は「日吉社焼捨御道具並社司江持運品々覚《おぼえ》」に載っており、大般若経六百巻箱入だけでも七点にのぼっている。その他の文化財の損失は莫大なものであった。

　このような神主の蜂起が各地に起ったが、これは維新政府の予期しないことであった。そこで神官の私憤による紛擾《ふんじょう》を禁ずる太政官布《だじょうかんふ》達《たつ》を十日後の四月十日に出さなけ

ればならないほどであった。

諸国大小之神社中、仏像ヲ以テ神体ト致シ、又ハ本地抔《など》ト唱ヘ、仏像ヲ社前ニ掛、或ハ鰐口《わにぐち》、梵鐘、仏具等差置候分ハ、早々取除《とりのぞき》相改可レ申旨、過日被二仰出一候。然ル処、旧来、社人僧侶不二相善一、氷炭之如ク候ニ付、今日ニ至リ、社人共俄《にわか》ニ威権ヲ得、陽ニ御趣意ト称シ、実ハ私憤ヲ霽《はら》シ候様之所業出来候テハ、御政道ノ妨《さまたげ》ヲ生ジ候而已《のみ》ナラズ、紛擾《ふんじょう》ヲ引起可レ申ハ必然ニ候。（下略）

といって行き過ぎを誡《いまし》めなければならなかった。

しかし一方では太政官は神仏の混淆《こんこう》を禁ずる国是《こくぜ》を定めていたので、社僧や別当の還俗《げんぞく》を要求し、これを肯《がえん》じないものは神社から離れて帰農せしめることとした。すなわち日吉社の事件から一か月後の閏《うるう》四月四日の太政官達《たっし》で、

今般諸国大小之神社ニオイテ、神仏混淆之儀ハ御廃止ニ相成候ニ付、別当社僧之輩ハ、還俗之上、神主社人等之称号ニ相転《てんじ》、神道ヲ以《もって》勤仕可レ致候。若亦《もしまた》無拠《よんどころなく》差支有之《これあり》、且ハ仏教信仰ニテ還俗之儀不得心之輩ハ、神勤相止《とどめ》、立退《たちのき》可レ申候事

とあり、村落では山伏が社持《しゃもち》といって、寺に住みながら氏神や鎮守神の別当をつとめる者を還俗させて、その神主とした。かれらはすでに江戸初期から聖護院や醍醐三宝院で修験道先達の資格を取って僧侶となり、吉田神社からは神職の裁許状をもらって神主となり、二枚鑑札の者が多かったので、その還俗はスムーズにおこなわれた。し

かしあくまでも修験寺院に止まって神祇を祀るものも少なくなかったために、明治四年には聖護院よりの歎願書をうけて「修験道規則」が出され、「修験一途之者」すなわち山伏専業は還俗しないでもよいことになった。

三　高野山の神仏分離と復旧

明治維新の原動力となった尊皇論は、仏教を外来宗教として排撃し、国粋的な神道をもって国民精神を統制しようとする神道国教主義に展開して行った。いうまでもなく民衆の庶民信仰では、神と仏は同根であるというような認識は、神道側にも仏教側にもまったくなかった。したがって維新政府よりも、地方の出先機関たる藩知事や参事に急進的な排仏をおこなうものがあり、神官の暴発と相俟《あいま》って人心を不安におとしいれる事態があった。また一方では僧侶の中には排仏運動を恐れて、還俗する者も多かったので、維新政府は神仏分離令は排仏毀釈ではないという説諭を、早くも明治元年九月十八日付で出さねばならなくなった。

神仏混淆不レ致様、先達テ御布令有之候得共、破仏之御趣意ニハ決テ無之《これなき》候処、僧ニ於テ妄《みだり》ニ復飾之儀願出候者、往々有之不レ謂事《いわれざること》ニ候。（下略）

ということで、むしろ神仏分離の行き過ぎを抑えなければならなくなった。したがって明治三、四年ごろになると、分離の実施には手が加えられるところもあった。

たとえば高野山には伽藍神《がらんじん》として、伽藍壇上《だんじょう》の御社山《おやしろやま》に丹生高野《にうこうや》両所明神が祀られていたが、これは分離令によって御神体は山麓の天野《あまの》社に移し、金胎大日如来像を入れて大日堂とする布達が明治二年十一月に出された。そしてその「神体改め」は天野惣神主立ち合いの上で、小河堺県知事が検分したけれども、御神体の女神像と男神像は厨子《ずし》内に残され、鏡だけが引き上げられたらしいという。

この処置には高野山側の運動もあったと見えて、それから三か月後の三年二月二十七日の堺県から政府神祇官への照会では、高野山の丹生高野両明神社は、日蓮宗の三十番神と五十歩百歩で、完全な分離は不可能であるから、御一考を煩わしたいという事であった。同四年十一月高野山が和歌山県に編入されてからは、大日堂となった丹生高野両所明神を旧に復するかどうかについて、山内中臈住職の意見がもとめられた。これは神仏分離政策の後退といわなければならないが、また不思議なことに、山内住職の意見は丹生高野両所明神は旧地主神で、今の地主神は弘法大師だから、旧に復する必要はないという意見であった。

このようなところにも維新期の神仏についての意識の混乱が見られる。すなわち仏教側も高野山のような仏地に神社は要らない、という逆の神仏分離思想が大勢を占めたのである。これは高野山金剛峰寺が天野社を地主神として支配していたときは、供《ぐ》僧《そう》、祝《はふり》、社家《しやけ》、宮仕《みやじ》、神楽男《かぐらお》、巫子《みこ》等を配下におき、天野社領も支配したが、もはやそれらが独立した現時点では、この社の上宮《じょうぐう》を高野山上にまつる必要もなくなったといえる。そして高野山が丹生都比売神《にうつひめ》と高野明神（狩場明神）という山神を崇敬する、山岳仏教の霊場であるという庶民信仰と歴史が忘れられたのである。

この事情は現在でも同じであって、弘法大師の密教が山岳宗教（修験道）に裏付けられた日本的真言密教であることが忘れられ、インドやチベットの密教と同列に論じられていることにもあらわれている。しかしその後、維新の混乱期が鎮静するにつれて、どのような論議を経たのかはあきらかでないが、明治十二年十二月九日付で伽藍壇上の大日堂が、丹生高野両明神社に復帰することが認められた。（日野西真定氏「高野山神仏分離史料とその解説」『密教文化』第一二〇・一二一号）

神仏分離は明治維新による日本国家の近代化のために、通らなければならない関門であった。また仏教も近代化というプロセスの中で、排仏毀釈《はいぶつきしやく》の嵐によって失うところも大きかったけれども、当然経験しなければならない陣痛であった。しかし忘れてならないことは、政治的社会的一大革命と、仏教と神道の激突にもかかわらず、一般民衆は戦後近代化の今日でも一家の中に神棚と仏壇を併存して平気でおるという事実である。一部の宗派では仏壇に先祖の位牌《いはい》を入れることを禁じ、阿弥陀如来の絵像や六字名号を礼拝するよう指導しているが、大部分の仏壇は先祖の位牌を納めてある。

そして神棚には氏神の御幣《ごへい》や伊勢の大麻《たいま》を奉斎している。つまるところは仏壇には近い先祖、神棚には遠い先祖や始祖を祀ってある。民衆はそれすら意識しないで、庶民信仰をこの併存に表現しているのである。この現実を近代的宗教家や評論家は民衆の無知、無反省とかシンクレチズムとか、日本文化の重層性とかと評するけれども、民衆は悪口言われているとも知らずに、今日も神棚と仏壇に手を合せている。

解説

豊島《とよしま》　修《おさむ》（大谷大学名誉教授・日本宗教民俗学）

本書は昭和五十四年五月から三か年にわたり、淡交社の月刊誌『淡交』に連載された「日本人と仏教」を改題し、一冊にまとめたものである。平成元年に角川選書として刊行されたが、この度角川ソフィア文庫として再刊されることとなった。角川選書版において、著者である五来重先生の本意としては、毎月の連載であったため執筆枚数に制限があり、じゅうぶん説明ができなかった問題について、稿を改めて発表するとともに、その「あとがき」についても、本来、先生ご自身が執筆されるべきところを、かわって私が紹介を兼ねて記述させていただいたのであった。

現在、日本人の宗教と生活に密着した仏教は、葬送儀礼をはじめとして、仏教行事、霊仏霊社への参拝や巡礼、豊作や厄除開運の祈願などに見られるように、われわれの心に深く根をおろしている。しかも現実に日本人のものとなっている仏教は、古代から厳然と存在しつづけたが、従来の日本仏教史研究では、寺院や仏教教団の社会的・経済的側面が注目され、主に寺院荘園史、教団史、一揆史、本末寺檀関係史などがあきらかにされてきた。それは日本社会経済史の一部分として、日本仏教史が取り上げてきた問題である。しかし、日本仏教は多くの民衆によって支えられており、宗教または信仰としての民衆仏教の歴史については、いまだあきらかにされていない。それは日本仏教が一般民衆とどのような関わりをもったかが課題となるが、この問題は教祖と教団の歴史とは別に追求される必要があるとされる。そのためには新しい視点から、日本仏教の歴史を見直すことが要求されるが、先生は上述した歴史事象の底流をなす庶民信仰に根ざした民衆仏教を新たにほりおこされ、日本人の宗教意識から諸事情の意味を説明されている。

この庶民信仰とは、「原始宗教、自然宗教をその母体として」おり、文化宗教としての外来宗教である仏教は、庶民信仰と習合することなくして日本仏教にはならなかったことを、本書の随所で指摘されている。そして日本人と仏教の関係は、「日本民族に固有の神観念や霊魂観念」あるいは「罪業観念や呪術観念」の上に成立していること、民衆仏教・庶民仏教は「宗派のない仏教」であり、「信仰と実践」（修行）の仏教であることを力説される。

また庶民の仏教の成立と展開を考えるとき、従来の日本仏教史に見落とされてきた「聖《ひじり》」の研究から、山岳修行と遊行《ゆぎよう》によって、庶民の宗教的要求にこたえた有名無名の民間宗教者の歴史的・社会的役割と機能について、豊富な知識と歴史眼の正確さ、新鮮さでもって論述されている。こうした論証は先生の庶民仏教史論の独擅場《どくせんじょう》であり、日本宗教史研究・日本仏教史研究に寄与するところが大きいといえよう。

日本人と仏教の関係は、神と仏の交渉からはじまった。古代の山岳修行者が陰陽道と仏教をうけいれ、仏をまつりはじめたのである。「聖徳太子と夢殿」では、『日本書紀』推古二十一年十二月一日条に見える、片岡山飢者《うえびと》説話が古代宗教の信仰と儀礼を説話化したものと把握され、太子廟窟や夢殿で「逆修《ぎゃくしゅ》」（擬死再生儀礼）がおこなわれたことを、わずかな文献と民俗の照応と考証でほりおこしている。また庶民仏教の担い手である行基や空也、優婆塞《うばそく》空海などの民間宗教者の事績と仏教の特質をあきらかにされ、とくに空海の真言密教の特質である「即身成仏」の原点に「即身成神」があること、山岳修行にともなう苦行主義が日本密教の特質であること、わが国の民間念仏は往生だけが目的ではなく、滅罪信仰にともなう往生が「山の念仏」の根本的な性格であることなど、従来の日本仏教史研究に新しい見解を加えられている。

こうした新しい見解は本書の随所に見られるもので、たとえば「一遍の遊行と踊念仏」では、山岳宗教と念仏・禅定を結合した一遍の遊行があり、この宗教はのちの木食念仏者の伝統となったことを指摘されている。とくに近世初期の弾誓《たんせい》は、山岳・洞窟修行によって「阿弥陀如来に即身成仏する木食念仏行」をおこなったこと、弾誓の庶民仏教の本質が「仏頭伝授」にあることなどの指摘は、長年の先生の修験道史研究・庶民信仰史研究から導かれた成果の一つである。この研究によって庶民仏教の伝統と本質をあきらかにする方向性が確立し、庶民仏教の重要性と、「日本人にとって仏教とは何であるのか」を考える示唆を与えられたものといえよう。そして円空・木喰行道・木食白道・徳本などの近世の遊行者も、こうした庶民宗教者の系譜に位置づけられ、かれらの仏像彫刻や作歌、遊行と祈禱などの実践も、「遊行者の仏教」として把握することが可能となったのである。浄土宗名越《なごえ》派の辺境伝道とその信仰については、いまだ謎の部分が多いが、慶長年間に琉球を伝道した袋中の遊行の分析を通して、先生は名越派の聖の辺境と遠隔地への遊行が「説経唱導」のためであったと指摘される。このことは先生の別著『善光寺まいり』に詳しいが、この派の辺境伝道の心意伝承は「名越の伝法」にあり、それは秘密伝授であるところから、従来その日本宗教史上の重要性に誰も気づかなかったのである。

このほか念仏芸能は、庶民に仏教をひろめるために無名の勧進聖や遊行聖によって創造・伝播されたこと、日本歴史上の重要な課題である「神仏習合」「神仏分離」の問題も、庶民信仰の立場からは「習合以前も以後も、分離以前も以後も変化がなかった」といわれ、大部分の日本人の仏教は「祖霊崇拝と祖先崇拝」の仏教として、一貫した形態を現在まで残していることを主張されている。この日本仏教の一貫性について、先生は「日本人の精神生活の一貫性」に求められ、これを保持した「庶民信仰の一貫性」にあることを、戦後近代化の今日においても、各家で神棚と仏壇の併存という事実を指摘して、その一証左としてあげておられる。

本書は、以上のことからも知られるように、古代から中世・近世を通じて厳然と存在してきた庶民信仰に根ざした日本人の仏教を、下部構造から組立られた体系的日本仏教通史である。ここに読者は真の日本人の仏教の歴史を見出すとともに、本書から多くの有益な示唆を得ることであろう。あわせて本書を通じて「日本人にとって仏教とは何であるのか」という重要問題について考えなおす手掛かりを得られることは、底本の刊行から三十四年経た今も、まったく変わることはないのである。

本書は、一九八九年に角川書店から刊行された『日本人の仏教史』（角川選書）を底本とした。

本文中には、「乞食」「蹇《あしなえ》」「狂女」といった、今日の人権意識や歴史認識に照らして不適切な語句や表現がある。しかし、扱っている題材の歴史的状況およびその状況における著者の記述を理解するためにも、底本のままとした。

日本人《にほんじん》の仏教史《ぶつきようし》

五来《ごらい》 重《しげる》

令和5年 10月25日 初版発行
令和6年 11月25日 再版発行

発行者●山下直久

発行●株式会社KADOKAWA
〒102-8177 東京都千代田区富士見2-13-3
電話 0570-002-301(ナビダイヤル)

角川文庫 23872

印刷所●株式会社KADOKAWA
製本所●株式会社KADOKAWA

表紙画●和田三造

ISBN 978-4-04-400794-2 C0115

◆◇◇

角川文庫発刊に際して

角川源義

第二次世界大戦の敗北は、軍事力の敗北であった以上に、私たちの若い文化力の敗退であった。私たちの文化が戦争に対して如何に無力であり、単なるあだ花に過ぎなかったかを、私たちは身を以て体験し痛感した。西洋近代文化の摂取にとって、明治以後八十年の歳月は決して短かすぎたとは言えない。にもかかわらず、近代文化の伝統を確立し、自由な批判と柔軟な良識に富む文化層として自らを形成することに私たちは失敗して来た。そしてこれは、各層への文化の普及滲透を任務とする出版人の責任でもあった。

一九四五年以来、私たちは再び振出しに戻り、第一歩から踏み出すことを余儀なくされた。これは大きな不幸ではあるが、反面、これまでの混沌・未熟・歪曲の中にあった我が国の文化に秩序と確たる基礎を齎らすためには絶好の機会でもある。角川書店は、このような祖国の文化的危機にあたり、微力をも顧みず再建の礎石たるべき抱負と決意とをもって出発したが、ここに創立以来の念願を果すべく角川文庫を発刊する。これまで刊行されたあらゆる全集叢書文庫類の長所と短所とを検討し、古今東西の不朽の典籍を、良心的編集のもとに、廉価に、そして書架にふさわしい美本として、多くのひとびとに提供しようとする。しかし私たちは徒らに百科全書的な知識のジレッタントを作ることを目的とせず、あくまで祖国の文化に秩序と再建への道を示し、この文庫を角川書店の栄ある事業として、今後永久に継続発展せしめ、学芸と教養との殿堂として大成せんことを期したい。多くの読書子の愛情ある忠言と支持とによって、この希望と抱負とを完遂せしめられんことを願う。

一九四九年五月三日

角川ソフィア文庫ベストセラー

山の宗教
修験道案内
五来 重

世界遺産に登録された熊野や日光をはじめ、古来崇められてきた全国九箇所の代表的な霊地を案内。日本の歴史や文化に大きな影響を及ぼした修験道の本質に迫り、日本人の宗教の原点を読み解く！

西国巡礼の寺
五来 重

霊場はなぜ、どのように生まれたのか。われわれの祖先はそこで何を信仰し何に祈りを捧げたのか。三井寺、善峰寺、華厳寺ほか、西国三十三所観音霊場を案内。その宗教的意義や霊場としての環境をやさしく解説。

宗教歳時記
五来 重

お正月に食べる餅が、大寺院の修正会へと繋がっていく――。歳時記の趣向で宗教にまつわる各地の年中行事を取り上げ、その基底に流れる日本古代の民俗と、祖先が大切に守ってきたものを解き明かした名著。

仏教と民俗
仏教民俗学入門
五来 重

祖霊たちに扮して踊る盆踊り、馬への信仰が生んだ馬頭観音、養蚕を守るオシラさま――。庶民に信仰され変容してきた仏教の姿を追求し、独自の視点で日本人の原型を見出す。仏教民俗学の魅力を伝える入門書。

高野聖
五来 重

高野山を拠点に諸国を遊行した高野聖。彼らはいかに民衆に根ざした日本仏教を広め、仏教の礎を支えてきたのか。古代末期から中世の聖たちが果たした役割と、日本宗教の原始性を掘りおこした仏教民俗学の名著。